ADOLESCENTES EM CONFLITO
VIOLÊNCIA, FUNCIONAMENTO ANTISSOCIAL E TRAÇOS DE PSICOPATIA

Gabriel José Chittó Gauer
Silvio José Lemos Vasconcellos
Tárcia Rita Davoglio
(ORGANIZADORES)

ADOLESCENTES EM CONFLITO
VIOLÊNCIA, FUNCIONAMENTO ANTISSOCIAL E TRAÇOS DE PSICOPATIA

© 2012 Casapsi Livraria e Editora Ltda.
É proibida a reprodução total ou parcial desta publicação, para qualquer finalidade, sem autorização por escrito dos editores.

1ª Edição
2012

Editor
Ingo Bernd Güntert

Capa
Casa de Ideias

Preparação de original
Entrelinhas Editorial

Diagramação
Sergio Gzeschnik

Revisão final
Irene Leme / Leila Brito

Dados Internacionais de Catalogação na Publicação (CIP)
(Câmara Brasileira do Livro, SP, Brasil)

Adolescentes em conflito: violência, funcionamento antissocial e traços de psicopatia / organizadores Gabriel José Chittó Gauer, Silvio José Lemos Vasconcellos, Tárcia Rita Davoglio. – São Paulo: Casa do Psicólogo®, 2012.

Vários autores.
Bibliografia.
ISBN 978-85-8040-008-3

1. Adolescência 2. Adolescentes - Aspectos psicossociais 3. Adolescentes - Comportamento antissocial 4. Adolescentes infratores 5. Personalidade - Distúrbios 6. Psicologia do adolescente 7. Psicopatias 8. Psicopatologia 9. Violência I. Gauer, Gabriel José Chittó. II. Vasconcellos, Silvio José Lemos. III. Davoglio, Tárcia Rita.

12-03427   CDD-155.5

Índices para catálogo sistemático:
1. Adolescência e ato infracional : Psicologia do adolescente 155.5
2. Adolescentes em conflito com a lei : Psicologia do adolescente 155.5

Impresso no Brasil
Printed in Brazil

Reservados todos os direitos de publicação em língua portuguesa à

Casapsi Livraria e Editora Ltda.
Rua Simão Álvares, 1020
Pinheiros • CEP 05417-020
São Paulo/SP – Brasil
Tel. Fax: (11) 3034-3600
www.casadopsicologo.com.br

PREFÁCIO

O convite para a realização deste prefácio foi motivo de dupla alegria. Em primeiro lugar, porque se trata de uma obra coordenada por pesquisadores de ponta da Faculdade de Psicologia da Pontifícia Universidade Católica do Rio Grande do Sul (PUCRS) e do Curso de Psicologia da Universidade Federal de Santa Maria (UFSM), cuja pesquisa na área desponta como uma das melhores do país e, quiçá, da América Latina. Em segundo lugar, porque se trata de um livro que traz a público os resultados de pesquisa sobre adolescentes, a qual pude acompanhar de perto e aguardo com muita expectativa. Afinal, os estudos do grupo de pesquisa dos organizadores já são conhecidos pela profundidade e seriedade com que vem tratando o tema há alguns anos. O resultado, portanto, não poderia ser outro: são 12 artigos que mostram o fenômeno em um nível de complexidade e detalhamento invejáveis. Dessa forma, não me parece exagerado afirmar que a presente obra se firmará logo e logo como obra de referência na área.

A qualidade do livro teve, porém, quanto à elaboração do presente prefácio, efeitos colaterais não tão positivos. Explico: ao iniciar a leitura, os textos aprofundavam detalhes das relações de conflito dos adolescentes e descortinavam tantos aspectos problemáticos e profundos do tema, que a tentação de entrar em diálogo crítico com os autores sobre cada novo argumento acompanhou toda a elaboração deste texto. Na prática, o desejo de fazer jus ao trabalho acurado de pesquisa dos autores e autoras provocava a redação de páginas e mais páginas, que pareciam exceder o esperado de um prefácio.

Entretanto, terminada a leitura veio à luz o propósito principal da obra, que deveria ser ressaltado: ampliar a compreensão de um fenômeno ao mesmo tempo complexo e triste da situação de jovens, que, de certa forma, não têm encontrado, nem por parte da sociedade nem por parte do Estado, um reconhecimento digno. Para um jurista, o livro soará como provocação interdisciplinar, um convite para repensar um fenômeno que não cabe em conceitos jurídicos dogmáticos ou que, pelo menos, os extrapola expondo o nível existencial mais concreto da humanidade. Para o psicólogo, o livro enriquecerá com um debate incrivelmente bem articulado entre teoria e prática, entre empiria e teoria psicanalítica e entre realidade concreta e realidade psíquica. Para o leigo, será, sim, uma porta de acesso a uma realidade esquecida pela mídia ou quase sempre apresentada por ela de forma superficial, como, enfim, é a característica dos meios de comunicação de massa.

Naturalmente, cabe a ressalva: aos leitores iniciados na criminologia, talvez a pesquisa etiológica desenvolvida aqui soasse excessivamente "lombrosiana". Esses leitores poderiam ter a tendência, quase que automática, de fazer a crítica de unilateralidade da empreitada científica da psicologia, procurando mostrar que a centralidade da pesquisa no "autor do fato", ou seja, no "adolescente", pecaria por não dar conta da complexidade do fenômeno criminológico, que envolve outros âmbitos da pesquisa, como o sociológico-crítico. Haveria uma tendência de vincular as conclusões da presente obra à tradição do "Direito Penal do Autor". Nada mais injusta seria essa observação, dado que não é esse o escopo da presente pesquisa. Não se trata aqui de estigmatizar jovens e adolescentes, mas de tentar entender o contexto social e psicológico em que surgem os conflitos por eles gerados ou presentes no meio em que foram criados. Trata-se, portanto, de mapear as relações que compõem o fenômeno do conflito no mundo adolescente. Um mundo, aliás, permeado de simbologias, experiências emocionais conflitantes, traumas e fugas do enquadramento em um mundo de regras sociais, ainda não internalizadas completamente.

Portanto, pelo contrário, a leitura do livro levanta a pergunta sobre se o Direito Penal, se o Estado e suas regras seriam os candidatos ideais para lidar com esse tipo de conflito. O funcionamento antissocial adolescente deve ser enfrentado pelo Estado com leis penais ou há outras formas de mediação que poderiam ter resultados mais eficazes? A presente obra aponta para uma série de alternativas discutidas na literatura contemporânea e que ainda não encontraram eco nas instituições jurídicas brasileiras. Em especial, as alternativas oferecidas pela justiça restaurativa são aprofundadas e relacionadas com a situação de "adolescentes em conflito".

Enfim, o livro é uma das joias raras da literatura brasileira sobre adolescentes e merece todo destaque, elogio e aplauso. Parabéns aos autores e autoras! Vocês fizeram um excelente trabalho e nos brindaram com um livro que deixará sua própria marca.

Giovani Agostini Saavedra Professor do Programa de
Pós-graduação em Ciências Criminais da Pontifícia Universidade
Católica do Rio Grande do Sul Porto Alegre, março de 2012.

APRESENTAÇÃO

A expressão "adolescentes em conflito com a lei" tem se mostrado recorrente na literatura nacional, principalmente a partir da década de 1990, quando do advento do Estatuto da Criança e do Adolescente. Visando substituir denominações como "menor infrator" ou "delinquente juvenil", a expressão popularizou-se, porém, manteve-se enigmática. Em conjunto, tais denominações se revelam abrangentes, tanto na perspectiva jurídica quanto na clínica; ainda que não devidamente explicativas, carregam consigo inúmeros fenômenos latentes.

Um indivíduo, seja ele adolescente ou não, pode estar em conflito com a lei por motivos tão variados quanto complexos. As diferentes formas de delinquência decorrem de fatores múltiplos e, por vezes, quase inescrutáveis. Em termos conceituais, torna-se mais fácil, portanto, evidenciar a existência do conflito do que, propriamente, identificar as suas causas e implicações.

Utilizando-se apenas da expressão 'adolescentes em conflito', os autores deste livro propõem uma abordagem ainda mais ampla para a temática. Esta obra reflete um tempo presente que insere movimento e possibilidade de intervenção, remetendo a algo que ainda não se cristalizou, estando, portanto, aberto e permeável a novos pressupostos. Uma proposital abrangência relacionada à denominação desta produção sugere atenção a dinâmica subjacente à adolescência. Entre os adolescentes, a presença de conflitos não é necessariamente patogênica, tampouco estranha, sendo muitas vezes uma manifestação ativa e viva em prol do desenvolvimento, da autonomia e da socialização, demandando olhares atentos de pais, de educadores, de profissionais e da própria sociedade.

Em vista desse cenário, são muitos os conflitos que podem anteceder e, ao mesmo tempo, imbricar nas diferentes formas de conflito com a lei, denunciadas no âmbito social e forense. Entende-se que compreender a realidade de adolescentes em conflito com a lei é, antes de tudo, investigar os fatores e os agentes que contribuem para a transgressão. Considerar potencialidades e limitações relacionadas à construção do psiquismo, ao desenvolvimento da personalidade, à aquisição de habilidades interpessoais e vínculos sociais, à dinâmica familiar e ao contexto cultural são também um modo de melhor entender a inter-relação de realidades envoltas em tais conflitos. Assim, nesta obra, apresentam-se doze capítulos fundamentados a partir de uma perspectiva biopsicossocial relacionada ao funcionamento antissocial e aos atos de infração na adolescência, ou à própria criminalidade na idade adulta.

No capítulo de abertura, os autores Cristiane Teresinha de Deus Virgili Vasconcellos e Silvio José Lemos Vasconcellos apresentam uma revisão das muitas terminologias que antecederam e influenciaram o construto que, na atualidade, denomina-se psicopatia. Buscando melhor fundamentar o uso de expressões, tais como traços de psicopatia, transtorno de personalidade antissocial e psicopatas, os autores realizam um exame histórico de alguns conceitos que se aproximam dos termos listados acima, discutindo ainda algumas das suas implicações. Implicações essas cuja discussão também serve de alerta para que alguns dos vocábulos já consagrados na literatura científica sejam empregados com parcimônia, possibilitando pensar determinados fenômenos mais adequadamente, evitando, dessa forma, a proliferação de meros estigmas.

No segundo capítulo, os autores Gabriel José Chittó Gauer, Tárcia Rita Davoglio e Silvio José Lemos Vasconcellos enfocam as perspectivas históricas da adolescência, ressaltando o elevado índice de violência que atinge os jovens atualmente. A conceituação e a avaliação de comportamentos antissociais e traços de psicopatia na infância e adolescência são debatidos, bem como é apresentada uma breve descrição dos principais instrumentos usados para avaliá-los. Apesar da polêmica e das preocupações referentes aos benefícios e riscos, a identificação precoce de traços de psicopatia em jovens é uma realidade no campo da pesquisa que deve ser considerada por conta de suas contribuições preventivas. O capítulo propicia a familiarização com essa esfera específica da avaliação psicológica, permitindo maior conhecimento em relação à aplicabilidade, às possibilidades ou mesmo aos limites de alguns instrumentos usados na atualidade.

No terceiro capítulo, as autoras Tárcia Rita Davoglio e Silvia Pereira da Cruz Benetti, tendo por base a teoria das relações objetais e do apego, sumarizam os avanços psicanalíticos relacionados ao funcionamento antissocial e à personalidade psicopática. Por meio das contribuições de Otto Kernberg, Sidney Blatt e Peter Fonagy, são abordados os diferentes níveis de psicopatologia do superego, o papel da construção do *self* e da identidade na organização da personalidade, o desenvolvimento da representação mental do objeto e os déficits na capacidade de simbolização e mentalização que permeiam as relações de apego. O capítulo fundamenta as contribuições psicanalíticas contemporâneas no campo da psicopatologia, apresenta, também, algumas possibilidades e dificuldades esperadas nas intervenções feitas nessas estruturas, cuja amplitude pode melhor embasar o trabalho de pesquisadores e profissionais que atuam diretamente com adolescentes em conflito.

No capítulo seguinte, Tárcia Rita Davoglio, Marina Davoglio Tolotti e Deise Fonseca Fernandes enfocam, sob diversas perspectivas teóricas, alguns mecanismos, conceitos e princípios que estão vinculados à noção de família, a qual tanto se apresenta como fator de proteção ao surgimento de manifestações desviantes na criança quanto como fator desencadeante para os desvios. As autoras explicitam, inicialmente, as influências da família e das experiências infantis precoces, físicas e psíquicas, iniciadas na relação com os pais mesmo antes do nascimento. Definem, nesse mesmo trabalho, o funcionamento antissocial em crianças e adolescentes que acaba por denunciar uma situação de conflito, patológica ou não. São abordados alguns resultados de estudos empíricos atuais, contextualizando aspectos da realidade brasileira, envolvendo adolescentes em conflito com a lei.

No quinto capítulo, Silvio José Lemos Vasconcellos, Roberta Salvador Silva e Márcio Mór Giongo canalizam-se em um tema de expressiva repercussão midiática, que ainda demanda, entretanto, maior compreensão por parte dos estudiosos de diferentes áreas. Logo, a relação

Apresentação

entre *bullying* e traços de psicopatia é explorada nesse capítulo, contemplando não apenas uma revisão teórica, mas exemplos advindos da experiência dos autores no que se refere à avaliação de traços de psicopatia com base no *Psychopathy Checklist: Youth Version* (PCL:YV). O capítulo abarca, dessa forma, dados resultantes de algumas pesquisas que, por sua vez, podem melhor fundamentar trabalhos preventivos e intervenções em situações de *bullying* em diferentes contextos.

No capítulo posterior, Marcello Jahn, Guilherme Machado Jahn e Silvio José Lemos Vasconcellos abordam, a partir da teoria de desenvolvimento moral de Kohlberg, a maneira de compreensão da norma jurídica por parte de adolescentes em conflito com a lei. Para tanto, os autores explicam os principais pressupostos dessa teoria, discutindo, na sequência, as possibilidades e impossibilidades relacionadas à função das leis, impostas diante de diferentes tipos de atos infracionais. A insuficiência das medidas repressivas e a necessidade de que as medidas socioeducativas considerem o nível de desenvolvimento moral do adolescente infrator constitui o cerne da análise proposta.

No capítulo seguinte, os autores Gabriel José Chittó Gauer, Tárcia Rita Davoglio e Marina Davoglio Tolotti, tomando como ponto de partida as ideias de Hector Fiorini, apresentam e discutem dez categorias diagnósticas a partir de um caso ilustrativo de um adolescente em conflito com a lei, em atendimento psiquiátrico. O capítulo visa favorecer a perspectiva didática da investigação clínica, resultante de um meticuloso e gradual trabalho de construção diagnóstica, refletindo a preocupação com uma visão integral do adolescente, contemplando os inúmeros processos que se associam à realidade deste. A partir dessa abordagem, os autores evidenciam que a integração de diferentes diagnósticos pode abrir caminho para abordagens terapêuticas, psicossociais e socioeducativas mais enriquecedoras.

No oitavo capítulo, as autoras Tárcia Rita Davoglio e Daniela Canazaro de Mello discorrem sobre agressão, criminalidade e delinquência, no que se refere à realidade feminina. A personalidade psicopática associada às questões de gênero é apresentada como um tema emergente que suscita questionamentos e desafios empíricos e metodológicos. São discutidas, ainda, as demandas da mulheres relacionadas ao sistema prisional. Conforme assinalam as autoras, as consequências, na vida dos filhos, do aprisionamento materno é um problema social praticamente desconhecido pela literatura especializada, de forma que o funcionamento antissocial associado ao gênero feminino é ainda mais preocupante e complexo do que o masculino. Elucidar e propiciar bases teóricas para novos e abrangentes trabalhos sobre essa realidade é, portanto, o objetivo principal desse capítulo.

O capítulo subsequente contempla o tratamento de traços antissociais na adolescência a partir da abordagem cognitivo-comportamental. Os autores Helena Diefenthaeler Christ, Tatiana Helena José Facchin e Gabriel José Chittó Gauer explicam os principais preceitos teóricos, bem como determinadas técnicas empregadas na terapia cognitivo-comportamental em indivíduos com transtorno de personalidade antissocial. Essas técnicas podem ser igualmente aplicadas a adolescentes com tendências comportamentais semelhantes. O trabalho apresenta-se como uma forma de melhor instrumentalizar profissionais da área clínica e/

ou aqueles que atuam mais diretamente em instituições voltadas para o cumprimento de medidas socioeducativas.

No décimo capítulo, as autoras Analice Brusius e Liana Lemos Gonçalves utilizam-se de suas experiências em instituições nas quais adolescentes cumprem medidas socioeducativas de privação de liberdade. Dessa forma, elas integram aspectos práticos e teóricos sobre o tema. Além de contextualizar a problemática do adolescente autor de atos infracionais, o capítulo apresenta dados estatísticos que auxiliam na compreensão da violência existente entre os adolescentes no Brasil, discutindo ainda as medidas socioeducatvas preconizadas no estatuto e seus respectivos efeitos.

No capítulo que sequencia a obra, as autoras Patrícia Ana Neumann e Luísa Fernanda Habigzang elegem como foco de análise as medidas socioeducativas em meio aberto. Destacam, para esses fins, aspectos conceituais sobre adolescência, atos infracionais e medidas socioeducativas. A partir dessas questões, relatam a intervenção psicossocial desenvolvida para adolescentes que estão cumprindo essas medidas em uma cidade da região metropolitana de Porto Alegre, discutindo, assim, alternativas viáveis em situações dessa natureza.

No capítulo final, as autoras Jana Gonçalves Zappe, Cristiane Rosa Dos Santos e Ana Cristina Garcia Dias discutem as novas alternativas oferecidas pela justiça restaurativa no que diz respeito ao tratamento de adolescentes em conflito com a lei. Além de valer-se da análise de alguns casos específicos, o capítulo também enfoca a necessidade de que diferentes trabalhos fundamentados nessas práticas propiciem a restauração de relações fragilizadas e a utilização de recursos simbólicos pertinentes para esses fins.

De um modo geral, este livro procura abranger diferentes perspectivas e contextos que a realidade atual apresenta, sem a pretensão de contemplar todos os aspectos que envolvem a avaliação e as intervenções com adolescentes em conflito com a lei. O trabalho direciona-se não apenas para estudantes, profissionais e pesquisadores do campo da psicologia e psiquiatria, mas também a todos os interessados em aprofundar os conhecimentos nas ciências criminais. Entende-se que compartilhar o conhecimento oriundo das pesquisas e intervenções já realizadas pelos autores é também uma forma de fomentar a necessária transformação dessa realidade: uma realidade que requer novas e eficazes formas de abordagem, advindas do trabalho interdisciplinar, capaz de subsidiar maior compreensão sobre os adolescentes, a sociedade e seus verdadeiros conflitos.

SUMÁRIO

Prefácio 5

Apresentação 7

Capítulo 1
Quem eram os psicopatas? A história de alguns conceitos e suas implicações 13
Cristiane Teresinha de Deus Virgili Vasconcellos, Silvio José Lemos Vasconcellos

Capítulo 2
Avaliação de traços antissociais em adolescentes: perspectivas atuais 35
Gabriel José Chittó Gauer, Tárcia Rita Davoglio, Silvio José Lemos Vasconcellos

Capítulo 3
Contribuições psicanalíticas para a compreensão do funcionamento antissocial 53
Tárcia Rita Davoglio, Silvia Pereira da Cruz Benetti

Capítulo 4
Relações familiares e o funcionamento antissocial na infância e adolescência:
proteção e risco 77
Tárcia Rita Davoglio, Marina Davoglio Tolotti, Deise Fonseca Fernandes

Capítulo 5
Bullying e traços de psicopatia na adolescência: considerações jurídicas e sociais
sobre o tema 97
Silvio José Lemos Vasconcellos, Roberta Salvador Silva, Márcio Mór Giongo

Capítulo 6
O entendimento da norma penal segundo a teoria do desenvolvimento moral
de Kohlberg 115
Marcello Jahn, Guilherme Machado Jahn, Silvio José Lemos Vasconcellos

Capítulo 7
Comportamentos antissociais e questões diagnósticas: a propósito de um caso 127
Gabriel José Chittó Gauer, Tárcia Rita Davoglio, Marina Davoglio Tolotti

Capítulo 8
Agressão, delinquência e criminalidade: um enfoque sobre a realidade feminina 147
Tárcia Rita Davoglio, Daniela Canazaro de Mello

Capítulo 9
Tratamento cognitivo-comportamental para transtorno antissocial 167
Helena Diefenthaeler Christ, Tatiana Helena José Facchin, Gabriel José Chittó Gauer

Capítulo 10
Adolescência e ato infracional: reflexões sobre o sentido da socioeducação na privação de liberdade 183
Analice Brusius, Liana Lemos Gonçalves

Capítulo 11
A execução das medidas socioeducativas em meio aberto de prestação de serviços à comunidade (PSC) e liberdade assistida (LA): pressupostos teóricos e relato de intervenções 205
Patrícia Ana Neumann, Luísa Fernanda Habigzang

Capítulo 12
A pertinência das práticas restaurativas no contexto do atendimento ao adolescente em conflito com a lei 223
Jana Gonçalves Zappe, Cristiane Rosa dos Santos, Ana Cristina Garcia Dias

CAPÍTULO 1

Quem eram os psicopatas? A história de alguns conceitos e suas implicações

Cristiane Teresinha de Deus Virgili Vasconcellos[1]
Silvio José Lemos Vasconcellos[2]

Na atualidade, é possível discorrer sobre traços de psicopatia em adolescentes considerando questões de avaliação, etiologia, comorbidade e a relação desses mesmos traços com diferentes variáveis psicossociais. Dessa mesma forma, estudos com psicopatas buscam identificar as raízes desse transtorno e os mecanismos que favorecem a sua consolidação na idade adulta. Uma base neurobiológica pode desempenhar um papel significativo para a sua ocorrência, ainda que não se mostre condição suficiente para tanto. Pesquisas recentes têm, por exemplo, destacado uma diferença estrutural relacionada ao tamanho da amígdala, que se mostra menor em psicopatas quando comparada a grupos controle (Yang, Raine, Narr, Colleti & Toga, 2009). No entanto, a funcionalidade envolvendo algumas áreas do córtex frontal com a amígdala, a exemplo do córtex ventromedial, sugerem que a psicopatia não é apenas um problema vinculado a um determinado lócus cerebral (Blair, 2008). Estudos mais amplos, ou que se mostrem capazes de replicar resultados anteriores, revelam-se ainda necessários nesse campo. Tais achados, no entanto, atrelam-se à própria noção de que o transtorno existe e pode ser identificado a partir de critérios diagnósticos bem estabelecidos.

A Escala Hare, usada para avaliar psicopatia e traços de psicopatia também em sua versão para jovens, contempla esses mesmos critérios, constituindo-se de 20 itens diferentes e que, por sua vez, representam uma ampliação dos critérios estabelecidos por Cleckley já em 1941.

---

[1] Licenciada em História pela Universidade do Vale do Rio dos Sinos (Unisinos).
[2] Psicólogo, Mestre em Ciências Criminais (PUCRS) e Doutor em Psicologia (UFRGS). Professor Adjunto do Curso de Psicologia da Universidade Federal de Santa Maria (UFSM).

Esses mesmos itens foram, inicialmente, agrupados em dois grandes fatores. Esses mesmos fatores evidenciam que psicopatas caracterizam-se, em termos gerais, por apresentarem problemas significativos na esfera afetiva, manifestando comportamentos antissociais condizentes com essa mesma sintomatologia. Em outras palavras, revelam um distanciamento afetivo diante das pessoas com as quais interagem, agindo, muitas vezes, contra essas mesmas pessoas.

Considerando as afirmações anteriores, entende-se, dessa forma, que um transtorno cuja etiologia também abarca causas neurobiológicas e cuja manifestação envolve tendências comportamentais ligadas à vida em sociedade, pode, a partir de alguns conceitos aproximativos, ter sido foco de uma série de tentativas anteriores quanto às formas de descrevê-lo e tratá-lo. Indubitavelmente, não é possível pensar em uma equiparação entre esses mesmos conceitos, mas tão somente supor que os mesmos estiveram voltados para realidades que, em termos nosológicos, envolviam delimitações distintas, porém parecidas.

Dito de outro modo, seria equivocado dizer que as terminologias usadas por Morel, Prichard e outros, mostram-se plenamente equivalentes ao psicopata descrito, em termos mais recentes, por autores como Harvey Cleckley e Robert Hare. Por outro lado, a existência de indivíduos verdadeiramente indiferentes aos demais, mostrando-se espantosamente cruéis em sua época, não pode ser, nesse sentido, entendida como um fenômeno recente.

Diferentes olhares contribuíram para as diversas formas de classificá-los, ou mesmo para explicar a origens dos seus atos. Nesses termos, ainda que a compreensão do transtorno esteja igualmente atrelada a questões de época e lugar, é possível pensar em pontos de intersecção, com base em um resgate histórico de conceitos, que se aproximam da psicopatia, tal como é hoje entendida.

O presente capítulo busca, portanto, explicar alguns desses conceitos aproximativos e suas respectivas utilizações. Parte também, de exemplos decorrentes da pesquisa em fontes primárias, envolvendo a realidade do Rio Grande do Sul e do Brasil. Entende-se que essa mesma exemplificação pode contribuir para um melhor entendimento sobre um transtorno que continua intrigando leigos e pesquisadores. A revisão proposta também objetiva ir ao encontro de outros trabalhos que integram esta obra, voltados para a avaliação de traços de psicopatia em adolescentes. Afinal, a identificação desses mesmos traços atrela-se ao próprio entendimento de quem é o adulto psicopata na atualidade. De outro modo, tal como anteriormente salientado, ainda que sem preconizar equiparações conceituais, o presente trabalho objetiva investigar quem eram os psicopatas em outras épocas. Entende-se que um olhar para o passado, com esse mesmo enfoque, pode, por certo, contribuir para a fundamentação de novas e mais abrangentes pesquisas no futuro.

Dificuldades atuais ou antigos problemas de classificação

Se nas últimas décadas é possível encontrar, nas mais recentes edições do DSM (Manual Diagnóstico e Estatístico de Transtornos Mentais), a categoria Transtorno de Personalidade

Antissocial, sem que a mesma contemple as especificidades da psicopatia destacadas por Robert Hare (2009), imagina-se como foi difícil, senão impossível, realizar uma relação precisa para a denominação desse transtorno, em outras épocas. Algumas patologias que tinham apenas um nome, hoje podem ser divididas em vários subgrupos. É possível mencionar, como exemplo, a *"moral insanity"*, aludida por Prichard: uma designação que foi muito criticada por abranger um excessivo número de transtornos psíquicos em um único termo. Tal categoria abarca sintomas que, na atualidade, dizem respeito tanto a um psicopata, como também a uma pessoa com Transtorno de Personalidade Borderline (Dalgarroando e Vilela, 1999), dependente químico ou indivíduo com Transtorno Bipolar (Patrick, 2010). Conforme Gastó e Vallejo (2000): "El término moral insanity, acuñado por Prichard, hacía especial referencia al caráter emocional della patologia más que a conotação éticas" (p. 173). Pode-se entender, nesse sentido, que o termo em questão designa uma ou várias desordens do comportamento que guardam como característica comum a própria ausência de delírios. O historiador Whitlock (1982) afirma que a utilização desse conceito como sinônimo para o atual Transtorno de Personalidade Antissocial está equivocada. Apesar dessas críticas, Prichard ainda é uma referência quando se pretende buscar a origem para o atual termo referente à psicopatia.

Dessa forma, optou-se, no presente trabalho, por um enfoque histórico linear do termo, porém, apenas para fins didáticos, sem o intuito de estabelecer uma fidedigna nomeação. Salienta-se ainda que alguns autores, em termos mais recentes, pensam em um constructo categorial e outros postulam um constructo dimensional no que se refere à psicopatia. Identificam-se com a concepção categorial aqueles que acreditam que é possível diferenciar claramente aquele que possui o transtorno, daquele que não o possui. Já para os adeptos da concepção dimensional, os traços da psicopatia são variáveis contínuas e, diante disso, as diferenças são circunscritas a graus distintos. Ou seja, conduta/comportamento, pensamento condizente com Prichard já em 1835, *versus* traços de personalidade, condizente com o entendimento de Kock (Magro e Sánchez, 2005). Dessa forma, temos, da tradição inglesa de Prichard, a base para o que seria chamado, nas várias edições do DSM, de Transtorno Sociopático de Personalidade, Reação Antissocial e o atual Transtorno de Personalidade Antissocial. De outro modo, da tradição alemã iniciada por Kock (Magro e Sánchez, 2005), (que acredita que mesmo existindo comportamentos inaptos para as normas sociais, o que realmente importa não são as condutas e sim os traços da personalidade), temos uma maior aproximação com a Organização Mundial da Saúde, na última versão do CID-10 (Pallaro e González-Trijueque, 2009). Evidencia-se, assim, a importância de conhecermos um pouco da história da formação desse conceito.

Soeiro e Gonçalves (2010) descrevem quatro formas diferentes de entendermos a psicopatia: a clínica, a categorial, a tipológica e a dimensional. Na primeira, encontra-se Hervey Cleckley, que realizou uma descrição clínica detalhada da psicopatia e as diversas formas como ela manifesta-se, sendo que a principal característica, para esse autor, seria a deficitária resposta afetiva em relação aos outros. A segunda estaria ligada ao aspecto comportamental encontrado nas diversas edições do DSM, inclusive no DSM – IV – TR, permitindo, assim que delinquentes comuns e reincidentes, com grande histórico criminal, sejam colocados nessa categoria, enquanto indivíduos realmente psicopatas são excluídos por não apresentarem comportamentos tão claramente antissociais. A terceira seria verificada no conceito de Karpman, que descrevia o psicopata como aquele que possui reações emocionais simples, sendo capaz de simular tais estados para conseguir seus propósitos frente aos outros, existindo, desse modo, dois tipos: o agressivo-predador e o passivo-parasita. Também na forma tipológica, podem ser incluídas as pesquisas que utilizaram para classificação desse conceito algumas concepções decorrentes de análises estatísticas, em especial a análise fatorial, como também a psicopatia definida como primária (agressiva) e a secundária (neurótica). Na concepção dimensional, encontra-se o trabalho de Hare, não concordando plenamente com conceitos tipológicos do tipo secundário e primário, pois, para o autor, existem dimensões que não se constituem em tipologias específicas. Conforme Soeiro e Gonçalves (2010), Cooke e Michie acreditam que o constructo bifatorial de Hare deveria ser dividido em três fatores correlacionados: interpessoal e afetivo (observação clínica) e atitudes impulsivas e irresponsáveis (observações comportamentais). Para Hare, o comportamento antissocial seria um sintoma, já para Cooke e Michie o mesmo é uma consequência da psicopatia. Hare pondera essas críticas, criando um modelo com quatro fatores, no qual, no entanto, o núcleo central do problema permanece. Assim, a discussão continuou fazendo surgir a CAPP (Avaliação compreensiva da personalidade psicopática, que define a psicopatia através de cinco fatores) de Cook, Hart, Logan, Michie em 2004 afirmando que o comportamento antissocial não deve ser visto como um sintoma e sim uma consequência da personalidade psicopática. (Soeiro e Gonçalves, 2010). Analisando essas quatro concepções, Soeiro e Gonçalves (2010) chegam à conclusão de que o modelo categorial é limitado, e que, entre a abordagem dimensional de Hare (que possui forte influência de autores que trabalham com uma perspectiva clínica) e a tipológica, deveria existir uma articulação, pois isso resultaria em uma melhor compreensão desse constructo, principalmente para o estudo com os indivíduos criminosos. Mas, continuam com a dúvida: o comportamento antissocial é um sintoma ou uma consequência da psicopatia? Ou seja, podemos postular a concepção dimensional como a forma mais atual de compreensão do constructo, mas não como uma resposta unânime para essa mesma questão.

Com base nessas considerações, a primeira questão que pode ser colocada e que certamente também foi feita por estudiosos que vieram antes é: existe uma patologia que faz com que o indivíduo que a possua, seja considerado maléfico? O senso comum afirma que a maldade é uma característica do psicopata. Evidências dessa forma de conceber a maldade estão presentes em filmes de terror ou livros do gênero, não apenas em romances, mas, em alguns casos, na obras de "especialistas" que irão encarregar-se de promover a associação entre um transtorno mental e um juízo de valor.

Associações desse tipo já decorriam, no entanto, dos trabalhos do criminologista Ceszare Lombroso. Suas ideias já eram criticadas por alguns de seus contemporâneos, no Segundo Congresso de Antropologia Criminal, que ocorreu em Paris, no ano de 1889 (Darmon, 1991). Uma parte significativa de renomados estudiosos do assunto já contestavam, de forma veemente, seus achados. O mesmo não ocorria entre os jornalistas e leigos que o descreviam como "a última palavra no assunto". Nesse contexto, encontrava respaldo a ideia do criminoso nato sendo vinculada ao saber científico, mesmo um tempo depois desse termo ter caído em descrédito.

No Brasil, Tobias Barreto (1884/2003) defendia a herança biológica, mas acreditava que ela podia ser educada. Conforme suas próprias palavras:

> Eu considero o crime uma das mais claras manifestações do princípio naturalístico da *hereditariedade*, e como tal, quando mesmo ele fosse o que seja, quero dizer, um fenômeno mórbido, um resultado de doença, nada proibia que, também neste domínio, como em todos os outros da natureza, a *adaptação* procurasse eliminar as irregularidades da *herança*. Se por força da seleção natural ou artística, até as aves mudam a cor das plumas, e as flores a cor de suas pétalas, por que razão, em virtude do mesmo processo, não poderia o homem mudar a direção de sua índole? (p. 43).

Referente a esse mesmo período, encontra-se no jornal A *Federação*, de 21 de agosto de 1896, a descrição de um assassinato de uma adolescente de 14 anos realizado por um rapaz de 20 anos no 4° districto do termo de Encruzilhada (São José). Observa-se, nesses termos, que o próprio relato é precedido de um adjetivo capaz de dimensionar a maldade atribuída ao criminoso. Salienta-se que, para fins das análises propostas, esses mesmos relatos são reproduzidos a partir das palavras e estrutura gramatical usadas na época.

> Mostruoso!
> No 4° districto do termo da Encruzilhada (S. José) acabaram de dar-se factos horripilantes, cujo protogonsta revelou-se n'elles uma **degenerescência** repellente da espécie humana, um criminoso hediondo, um monstro aterrador.
> D. C, crioulo de 20 annos de idade, tentou deflorar uma pardinha de 14 annos, de nome A., que se achava só em casa, n'essa ocasião.
> A menor resistiu tenazmente, oppondo ao ataque lascivo e bestial de D., a mais decidida defesa de sua honestidade assediada.
> Não recuou, porém, o macho desvairado, e foi até onde podia ir seu desespero de luxuria estravasante: levou as mãos crispadas, verdadeiras grarras, a garganta da mulatinha, e a estrangulou-a. Em seguida (...) o abomonavel cevou toda a sua libidinagem horripilante no cadaver de sua victima. (...) Provavelmente, a sociedade porto alegrense terá occasião, dentro em breve tempo, de ver a photographia d'esse **sinistro typo lombrosiano,** que, penetra na galeria dos grandes criminosos pela perpetração de delitos de que não se póde ouvir a história sem o erriçamento dos cabellos que o terror produz. (grifo nosso).

Nessa mesma perspectiva, escreve Austregesilo (1916):

> As morbidezas do amor chegam ao extremo de depravação da ética: ha loucos que profanam cadaveres: são os *necrofilos*. Registram-se em psiquiatria os casos dos crimonosos Sargent,

> Bertrand e Ardisson. Este ultimo era débil mental e exercia a profissão de coveiro. Não param aí as vesanias sexuais. No *sadismo*, nome originado do Marquez de Sade, a sexualidade só é satisfeita pelas torturas físicas ou morais, sobretudo físicas, praticadas em ontrem. O *masoquismo* é a formula inversa e dolorosa do sadismo, o individuo quer ser maltratado, ofendido. O nome origina-se da triste novela *Sachen Masoch*, cuja degeneração residia neste desvio do instinto. A loucura, póde dominar completamente o fio mórbido sexual do individuo. Ora são perseguidores, vingativos, assassinos cruentos, monstros horrendos e onsaciaveis, cujos repastos morais são vitimas imbeles. (p. 101).

Acirradas discordâncias sobre a possibilidade de um indivíduo já conter o mal em si ou tornar-se maléfico em decorrência da sua própria história fizeram parte de uma época. Conforme essas concepções, tentativas de compreender a razão de diferentes atos de crueldade e de uma inexorável frieza que pudesse estar no cerne desses comportamentos chegam às instâncias jurídicas.

No século XIX, com o advento da Revolução Industrial e tudo que ela acarretou, os médicos são chamados aos tribunais para manifestarem opiniões técnicas sobre criminosos atípicos, aqueles em que o crime foge a compreensão dos leigos, assim como também para verificar a loucura ou não de um acusado. Nesse contexto, os especialistas são chamados para explicar o que é "inexplicável", ou seja, o que motivou os atos criminosos? Alguns irão aludir o meio em que o indivíduo desenvolveu-se, possíveis situações de degeneração familiar. Restam, de outro modo, poucas conclusões sobre os "bem-nascidos". Indivíduos supostamente incapazes de cometer um ato tido como "bárbaro".

Nesses termos, antes a loucura era visível, os juristas pediam a opinião dos conhecidos, amigos, familiares do suposto louco. A loucura percebida pela comunidade era, portanto, visível ao olhar comum. Mas, a partir da noção de monomania (a loucura escondida sobre a capa da sanidade) isso irá mudar, não sendo mais possível afirmar se um indivíduo é ou não alienado, uma vez que a própria loucura só poderia ser compreendida por um perito. Conforme Cunha (1986):

> O parentesco entre loucura e crime, presente desde meados do século em concepções como a "monomania" de Esquirol ou a "loucura moral" de Pritchard, constituiu um aporte básico para a expansão do alienismo para além dos muros do hospício, ao dissociar loucura e razão e abrindo a possibilidade teórica de uma loucura sem delírio, remetida exclusivamente à esfera dos comportamentos. A ampliação do conceito de loucura, iniciada aí, torna a psiquiatria um dispositivo mais eficaz e refinado: de "furiosa", a loucura torna-se insidiosa, gruda-se à própria pele do indivíduo; torna-se, ademais, invisível – exceto para o olhar do especialista, que vê reforçada sua competência – e uma ameaça infinitamente maior a ser enfrentada. (p. 24-25).

Pressupostos do direito clássico iluminista eram em cheque, possibilitando, a partir disso, novas teorias explicativas. O direito clássico (os liberais acreditavam que o indivíduo possuía consciência livre e soberana, portanto ele deveria ser punido, se cometesse um crime) punia para exemplificar que o "crime não compensava", entretanto, o encarceramento não estava produzindo a intimidação desejada. Fatos que contribuíram para o nascimento do direito positivo, influenciado pela crença nos pressupostos científicos do final do século XIX. Fomentava-se, então, a crença de que a genética e o meio social agiam no indivíduo, e, dessa forma, o indivíduo anormal ou doente deveria ser localizado, tratado, curado ou segregado para sempre. Conforme destaca Carrara (1998): "Na verdade, a expressão Escola Positiva de Direito Penal ou Criminal tem sido utilizada para designar um conjunto muito amplo de autores que, no final do século XIX, buscavam explicar o crime cientificamente" (p. 102) e, dentre elas, está a escola italiana a partir de uma concepção biodeterminista das ações humanas.

As primeiras tentativas de definição

É comum encontrarmos em alguns trabalhos mais recentes, o nome de Benjamin Rush como o primeiro a definir uma categoria supostamente equivalente ao constructo psicopatia. Também são citados Pinel ou Prichard como precursores no estudo de indivíduos que hoje também poderiam ser inseridos na categoria de psicopatas. Almeida (2007) chama atenção para o fato de que o conceito de psicopatia nasce a partir das classificações oriundas de pelo menos três linhagens distintas da medicina mental: a classificação francesa, a classificação inglesa (ambas datando de meados do século XIX) e a classificação alemã, situada no final do século XIX e início do século XX. De um modo mais específico, o foco principal deste trabalho não é discorrer sobre qual o primeiro autor a definir ou, em termos primordiais, qual o autor que melhor definiu os antecedentes desse constructo. Busca-se, de outro modo, considerar denominações para as quais o rol de sintomas e das manifestações comportamentais contempladas aproximam-se significativamente do que hoje denomina-se psicopatia. Não se pretende, além disso, alcançar a abrangência do trabalho de Isaías Pessotti(1999), ao escrever a obra que tem por título "Os nomes da Loucura". A partir de uma revisão bastante sucinta, mas igualmente focada em questões de época e lugar, os autores buscam, na sequência, destacar apenas uma sucessão de conceitos que, a partir de uma paráfrase explicativa, poderia ser denominada aqui como "Os nomes da psicopatia". Dessa forma, são apresentados, na sequência, alguns termos, diante dos quais é possível presumir algum nível de aproximação conceitual.

Philip Pinel (1745-1826): Descreve uma loucura/mania sem delírio: "que representava um claro contra-senso perante as classificações das alienações mentais do período, pois era precisamente o delírio que permitia as definir enquanto manifestações de loucura" (Almeida, 2007). Em seu "Tratado Médico-Filosófico sobre a Alienação Mental ou Mania", publicado em outubro de 1800, Pinel (2007/1800) destaca o:

> Caráter específico da mania sem delírio
> Ela é contínua ou marcada por acessos periódicos. Nenhuma alteração sensível nas funções do entendimento, da percepção, do julgamento, da imaginação, da memória etc.; mas perversão

nas funções afetivas, impulsão cega para atos de violência, ou mesmo de uma fúria sanguinária, sem que se possa assinalar ideia alguma dominante, e nenhuma ilusão da imaginação que seja a causa determinante destas funestas tendências. (p.174).

Conforme Magro e Sánchez (2005), Pinel definia, com esse termo, indivíduos que possuíam intelecto normal, mas comportamento que entrava em conflito com as normas morais, sociais ou legais, capazes de ter acessos de ira sem possuírem sentimento de culpa pelos seus atos.

Benjamin Rush (1746-1813) é considerado o pai da psiquiatria americana e escreve sobre a Moral Degenerada ou Depravação Moral (inata). Em 1812, Rush descreve essa patologia da moral, na qual o intelecto estava intacto e fazia com que o indivíduo tivesse uma dificuldade em diferenciar o bem do mal. Ela teria uma origem congênita e, mais tarde, foi identificada como a "moral insanity" de Prichard (Magro e Sánchez, 2005).

Jean Étienne Esquirol (1772-1840) – discípulo de Pinel – amplia a trabalho deste com o conceito de monomania (loucura parcial), acreditando resolver o problema criado pela "loucura sem delírio" de seu mestre.

Esquirol tentou definir aquilo que seria essa doença invisível que inocentaria o crime monstruoso; reuniu seus sintomas: o sujeito age sem cúmplices e sem motivo; seu crime nem sempre diz respeito a pessoas conhecidas; e uma vez realizado, "tudo se acabou para ele, o objetivo foi alcançado; após o assassinato, ele fica calmo, não pensa em ocultar-se" (Esquirol, 1838. Citado por Foucault, p.520, 1997). Assim seria a "monomania homicida" (Foucault, M. p. 519-520, 1997).

Esquirol descreve os tipos de monomanias:

> observei loucuras sem delírio, tive que me submeter à autoridade dos fatos". Esses fatos novos são revelados principalmente pela própria atividade de perícia. Eles "demonstram que, se os alienados enganados pelo delírio, pelas alucinações, pelas ilusões etc.; matam; que, se os alienados atados de *monomania raciocinante*, matam após terem premeditado e raciocinado o homicídio que irão cometer; existem outros monomaníacos que matam por impulso instintivo. Esses últimos agem sem consciência, sem paixão, sem delírio, sem motivo; *eles matam por arrebatamento cego, instantâneo, independente de sua vontade*; encontram-se num acesso de monomania sem delírio. (Esquirol, 1827, p. 796, citado por Castel, p. 166, 1991).

Étiene Georget (1795-1928) – discípulo de Esquirol (Harris, 1993) – descreveu a:

> *monomanie instinctive*, um diagnóstico radical que contradizia tanto o que já se sabia sobre insanidade como as descobertas de seus maîtres clínicos. Com efeito, ele foi além da análise de Esquirol e proclamou que os assassinos eram loucos embora não evidenciassem sinais de perturbação intelectual. Georget reconhecia que eles **raciocinavam perfeitamente bem,** e até moralmente recusavam-se a aceitar seus atos. Sustentava ainda que os assassinos tinham sido induzidos por uma necessidade irresistível, cometendo crimes com total conhecimento do horror que representavam. Georget argumentava que, mais do que demonstrar, os "maníacos homicidas" sofriam

de uma "lesão da vontade", que deixava as faculdades racionais intactas e o discernimento moral ileso. (p. 18). Grifos nossos.

James Cowles Pritchard (1786-1848) médico inglês que, em 1835, descreve a "moral insanity", conforme Magro e Sánchez (2005), como:

> *Uma perversión patológica de los sentimentos, afectos y de la capacidad de acción, sin que aparezcan ilusiones, alucinaciones u otras alteraciones del pensamiento, destacando que em ocasiones se há observado uma tendência hereditária, sobre todo de la tenencia de sentimentos de fúria o malicia sin que medie provocación alguma.* (p. 139).

Para alguns autores, a monomania raciocinante dos alienistas franceses equivale à Moral Insanity de Prichard (Kummer, 2010, Carrara, 1998, Darmon, 1991). Magro e Sánchez (2005) acreditam que a teoria de Prichard foi muito aceita, contribuindo para a criação, na legislação inglesa, do termo "Imbecilidade Moral", em 1913. Expressão esta que permitiu designar sujeitos que, na mais tenra idade, demonstravam possuir defeito em sua moral, de forma permanente, com fortes tendências ao crime e ao vício, não tendo o castigo, para eles um forte efeito.

A definição elaborada por Prichard ajudou a criar escolas que tinham a função de educar jovens que possuíam esse comportamento. Recebeu, no entanto, significativos questionamentos, tanto na área jurídica como na esfera religiosa, considerando o fato desse termo incluir outras anomalias, não condizentes com o que seria hoje a psicopatia, como também pelo uso da palavra moral (Soeiro, Gonçalves, 2010). Por outro lado, conforme Costa (2006):

> É possível que Prichard não tivesse ficado na História da Psiquiatria Forense se um seu compatriota Maudsley não tivesse retomado a ideia, permitindo que, por sua vez, Lombroso se inspirasse nela para explicar a psicologia e a psicogenia do delinquente. (p. 492).

Bénédict-Augustin Morel (1809-1873) escreveu o *Traité dês Maladies Mentales* onde (Pessoti, 1999): "propõe uma nova classificação das loucuras, fundada num critério mais sólido, segundo ele, a etiologia" (p 83). Em seu tratado, Morel descreveu seis espécies nosológicas e entre elas estão as alienações hereditárias que são derivadas de uma formação defeituosa, física ou moral. Nela se encontram aquelas patologias que se manifestam principalmente por intermédio de delírio dos atos: loucura lúcida "raisonnante", loucura moral, loucura instintiva (Pessoti, 1999). A degeneração, para Morel, seria o resultado das modificações mórbidas do ser humano primordial criado por Deus (Harris, 1993) e o louco racional realmente existia e era produto da sua hereditariedade mórbida (Darmon, 1991).

Darmon (1991) observa que Morel criticou Esquirol e o conceito de monomania, pois o alienado menos sintomático estava no mesmo nível de prejuízo cerebral que o mais extravagante dos alienados, afinal suas funções cerebrais estavam prejudicadas em sua totalidade e não apenas em uma parte. Dessa forma, o conceito de monomania/delírio parcial era uma ilusão.

Conforme esse mesmo autor, foi Morel quem demonstrou a diferença entre o louco moral e o homem perverso, ou simplesmente mau, ninguém antes dele era capaz de realizar essa distinção.

Jules Falret (1824-1902). De acordo com Piccinini (2002), Falret defendeu, logo após a morte de Esquirol, a inexistência das monomanias. A respeito dos loucos morais, Falret (1891, p. 187. Citado por Darmon, 1991) afirmou que eles eram um verdadeiro flagelo para as famílias, uma vez que: "A experiência pessoal e as duras provas da vida, que servem de ordinário para corrigir as naturezas mais insubmissas, não atuam sobre essas naturezas excepcionais, destinadas ao mal desde o nascimento e que nada podem corrigir" (p. 129).

Henry Maudsley (1835–1918) escreveu sobre a loucura afetiva ou patética que tem como subgrupo a alienação moral própria. Pessotti (1999) destaca que, conforme esse estudioso, "A esta se avizinha, sem atingir o grau de verdadeira loucura, o "temperamento aloucado" (p. 112). Para Maudsley, a loucura moral será um mal hereditário, na qual as pessoas portadoras dessa patologia entenderiam que aquilo que é o bem é, de fato, o mal e o que é o mal é, de outro modo, o bem. Não saberiam, portanto, diferenciar o bem do mal. (Darmon, 1991). Para esse autor, o caráter de um indivíduo era determinado pela estrutura de seu cérebro, mas as leis psicológicas eram uma determinação de Deus (Alexander, Selesnick, 1966). Pessotti (1999) acrescenta que:

> Maudsley escreveu, depois que muito já se disse sobre a *Manie sine delírio*, de Pinel, a *Monomanie raisonnante ou sans délire*, de Esquirol, ou *Moral insanity*, de Prichard. E é esse o quadro básico para admitir a existência de espécies de loucura sem "distúrbios de ideação", embora perigosíssimas por seus efeitos afetivos devastadores. (p. 107).

Richard Von Krafft-Ebing (1840-1902) escreveu o Tratado Clínico e Prático das Doenças Mentais. Neste, a loucura moral era assinalada por uma deficiência dos sentimentos éticos e por ideias decorrentes dessa falta, (Pessoti, 1999) "a *loucura moral*, lembrando de perto a *manie sine delírio* de Esquirol, ou a *moral insanity* de Maudsley, ou a *loucura lúcida*, de outros autores" (pp. 126-136).

Julius Ludwig Kock (1841-1908), psiquiatra alemão, cria o termo Inferioridade psicopatica constitucional, que teria uma forma congênita e permanente (Magro & Sánchez, 2005):

> *Com el que pretende dejar de relieve la base biológica o constitucional de esta anomalia psicológica que no puede ser encuadrada dentro del concepto de enfermedad mental. Entre los indivíduos que padecem esta dolência (...), el autor distingue entre los que son uma carga para si mesmo y los que lo son también para los demás.* (p. 3).

Cesare Lombroso (1835-1909), aos 23 anos, foi laureado em medicina, especializou-se em psiquiatria e com essa experiência editou, em 1870, seu primeiro livro: *Gênio e Loucura*. Sua escola é o Positivismo Evolucionista, inspirado em Darwin (Lombroso, 1867/2007), foi nomeado em 1864 para a direção do asilo de alienados da cidade de Pavia, tornando-se responsável pelo curso de psiquiatria na mesma cidade. Obteve, por intermédio de concurso público, em 1876, a cátedra de Medicina Legal da faculdade de Turim (Darmon, 1991), no mesmo ano em que havia publicado sua mais famosa obra: *L'Uomo delinquente*.

Ele é considerado o "pai da criminologia", ainda que existam discordantes desse título, pois, antes de Lombroso, a ciência do homem criminoso já havia sido objeto da atenção dos alienistas, (Darmon, 1991). Defendia a ideia do criminoso nato, ou seja, a biologia do crime, postulando que existiriam pessoas nascidas para cometer delitos. Essa mesma teoria obteve grande influência no meio jurídico e científico da época e também inúmeras críticas. Mas, "mais tarde enfatizou a loucura, a educação pobre e a condição social como causas da criminalidade". (Piccinini, 2002).

A partir do Segundo Congresso de Antropologia Criminal, suas ideias passaram a sofrer severas críticas, oposição essa organizada pelo Prof. Lacassagne. Mas, conforme Darmon (1991), mesmo assim:

> Contra ventos e marés, Lombroso agüenta firme. Alternadamente enfadado, incisivo ou mal-humorado, ele não cessa de reafirmar a infalibilidade de sua doutrina. No entanto, pouco a pouco, e como que inconscientemente, deixa-se invadir pelas teses sociológicas, de sorte que no seu último livro, O crime, causas e remédios (tradução francesa, 1906), sem que tenha renunciado ao seu criminoso nato, acaba rendendo uma homenagem inconsciente às teorias de Lacassagne. (p. 38).

Lombroso continua sendo uma figura extremamente importante quando pensamos no livre-arbítrio e no determinismo, quer suas teorias estejam hoje superadas ou exista uma "volta lombrosiana" como alguns afirmam, o fato é que sua busca por uma razão da "maldade" ainda hoje é, em termos históricos, relevante e seu amplo trabalho reconhecido, independente de seus equívocos.

Emil Kraepelin (1856-1926) sua grande obra foi publicada em 1883, com o nome de 'Compêndio', mas nas vezes que foi reeditada recebeu a denominação de 'Tratado de Psiquiatria', sendo que sua classificação das várias formas da loucura modificou-se de uma edição para outra. Descreveu a personalidade psicopática como sendo composta pelos: delinquentes natos, instáveis, mentirosos e fraudadores mórbidos e os pseudo-querelantes (Pessotti, 1999).

Eugen Bleuler (1857-1939) – Revisou, em parte, a classificação feita por Kraepelin (no 'Tratado de Psiquiatria', em 1955, editada por Manfred Bleuer) e agrupou os distúrbios de personalidade em dois grupos, divididos pela sua causa congênita: psicopatias marcadas por relações de patologia constitucional, com as psicoses endógenas e aberrações éticas permanentes e oligofrenias (estados deficitários congênitos e precocemente adquiridos), (Pessotti, 1999).

Kurt Schneider (1887/1967) – Schneider pesquisou o que ele chamaria de 'Personalidades Psicopáticas' e buscou diferenciá-las da doença mental, uma vez que eram marcadas por desvios quantitativos (traços psíquicos) de uma personalidade considerada normal. Pois, conforme Henriques (2009):

a concebia como sendo o fruto de desvios quantitativos, e não como uma manifestação mórbida em si mesma. Para Schneider, as personalidades psicopáticas seriam subtipos de personalidades anormais (variações estatísticas da média normal), com a peculariedade de sofrerem ou fazerem sofrer a sociedade com sua anormalidade. (p.288).

Estudou, dessa forma, a personalidade psicopática e as vivências que proporcionaram a formação desta e a dividiu em dez categorias distintas: hipertímicos, depressivos, inseguros, fanáticos, carentes de valor, lábeis de humor, explosivos, apáticos, abúlicos e astênicos (Soeiro e Gonçalves, 2010). Sobre o tema 'loucura moral' destacamos Zarlenga (2000):

> *Como síntesis de lo hasta aquí expuesto, transcribo la sinonimia con la que encabeza su trabajo el citado Pablo Subirá: "Moral Insanity (Pritchard). Insania Maliciosa (Kieser). Monomanía instintiva (Marck). Manía Latente, Manía sin delirio (Pinel). Locura de acción (Bierre de Boismont). Locura lúcida (Trelat). Manía razonante (Campagne, Esquirol, Falret). Estesiomanía (Berhier). Pseudomonomanía (Delasiauve). Idiocia moral (Grohman). Locura de los actos, etcétera".* (Subir, 1904, p. 27, citado por Zarlenga, 2000).

Isais Pessotti (1999) menciona que o alienista Solfanelli, médico do manicômio da cidade de Roma e membro da sociedade freniátrica italiana, em 1883 publicou o "Trattato Elementare e Pratico di Psichiatria", no qual escreve:

> A *Loucura* moral de Prichard (1835), para alguns é sinônimo, para outros não é, da *Loucura sem delírio* de Pinel e de Esquirol, que foi chamada de Loucura de ação por Guislain (1852), Loucura lúcida, por Trélat (1861), Mania raciocinante, por Campagne (1868). (Solfanelli, 1883, 20-21 citado por Pessotti, p. 156, 1999).

A partir desses comentários, Solfanelli pretendia salientar que as classificações pautadas apenas nos quadros sintomáticos são "classificações artificiais". Solfaneli acreditava numa forma eclética, para a sua classificação, buscando não apenas os sintomas, mas também a patogênese, anatomia e etiologia. Em 1883, publicou o 'Trattato Elementare e Pratico di Psichiatria', colocando a loucura moral como pertencente às psicoses degenerativas. (Pessotti, 1999).

Casos que ilustram concepções e impasses

A análise de alguns casos vinculados a uma realidade nacional possibilita um olhar histórico amplo sobre o tema e, ao mesmo tempo, ilustrativo da realidade local. Justifica-se com base em diferentes aspectos. Os médicos que aqui atuavam eram, na sua grande maioria, formados na Europa. Destaca-se também o fato de que a primeira faculdade de medicina do Rio Grande do Sul foi fundada em 1898, sendo que a língua culta padrão da época era o francês. Ao mesmo tempo, destaca-se o fato de que a França foi o país considerado como o próprio berço do alienismo. Piccinini (2002) salienta que: "Utilizando a bibliografia coletada no Índice Bibliográfico Brasileiro de Psiquiatria, constatamos que um terço dos artigos publicados até o ano de 1900 tratam de assuntos médico-legais e é marcada a influência francesa". Nesse sentido, discorrer sobre a realidade brasileira é também falar sobre a forma como eram adaptados os conhecimentos internacionalmente difundidos. Para tanto, recorre-se, neste capítulo, à uma série de documentos primários (jornais, processos crimes e relatórios), produzidos no Rio Grande do Sul versando sobre esse mesmo tema.

Embora o crime não seja sinônimo de psicopatia, pode-se, em alguns casos, investigar o entendimento direcionado aos "loucos morais" por intermédio de alguns relatos históricos relacionados a atos criminosos. Analisam-se, assim, crimes cometidos por sujeitos que realizavam atrocidades condizentes com as que um doente mental faria, mas não apresentavam delírios, demonstrando ter seu raciocínio intacto. Citam-se, ainda, casos de inimputáveis (que cometeram assassinato) para ilustrar como era o tratamento preconizado.

Os chamados "loucos" sempre tiveram seu tratamento dependente das inúmeras particularidades e súbitas mudanças. Dessa forma, antes da fundação do Hospício São Pedro, os indivíduos tidos como loucos eram recolhidos à Santa Casa de Misericórdia, bem como à Cadeia Pública. Os chamados "mansos" iam para a Santa Casa, já os "furiosos", para a Cadeia Civil. Em decorrência do clamor público e do pedido de médicos e juristas, em 1884 foi inaugurado o Hospício São Pedro, na capital. Nessa mesma época, também ocorre uma reivindicação diante da necessidade de um lugar adequado para os "loucos" que cometeram "crimes", considerando que o hospício não fornecia condições adequadas. Somente em 1925 é inaugurado o Manicômio Judiciário, em uma ala do Hospital São Pedro. Esse não é, por certo, o final da discussão sobre o tema crime/loucura e como diagnosticar adequadamente quem comete crimes em decorrência de doença mental ou que é tão somente um criminoso. Conforme assinala Piccinini (1999): "Os doentes mentais eram recolhidos às prisões, mantidos em cárcere privado no fundo das fazendas ou recolhidos pela caridade pública aos porões da Santa Casa de Misericórdia". (p.96).

A afirmação de Piccinini de que os doentes eram mantidos em cárcere privado é, por sua vez, corroborada pelo processo crime de B. P. de Q. de 1874. Há, no citado documento, um relato explícito quanto ao fato de que a referida mulher havia fugido da reclusão (em sua própria residência), quando assassinou um escravo. Não podendo ser considerada criminosa, o ato foi tido como improcedente, assim o promotor público escreve, no Processo Crime n. 2785, do ano de 1874: "advertindo mais, que no caso de ter de conservar-se a alienada em poder da família, que se tomem as cautelas necessárias, a fim de evitar a repercussão de fatos idênticos".

Verifica-se ainda, nesse mesmo processo, uma série de testemunhos proferidos por diferentes indivíduos, nos quais são encontradas afirmações referentes ao fato de que a mesma sofria das faculdades mentais, estando reclusa em um quarto, conforme pode-se ler a seguir:

"B. P. de Q., que disem soffrer de alienação mental, evadiu-se da prisão em que se achava, fasendo grande barulho; e conseguindo perpetrou um assassinato na pessoa de M., escravo de C."

"a morte do dito escravo foi commettida em um accesso de loucura, depois de arrombar a prissão que se achava". (Processo crime n° 2.789, ano 1874.) (s/p)

Tratamentos para alienados de ambos os sexos eram oferecidos na Santa Casa nesse período, mas de acordo com o provedor da época, não existia, entretanto, condições de tratamento para pessoas que haviam perdido a razão. Em piores condições estavam os alienados que eram remetidos à cadeia, conforme atesta o provedor da Santa Casa Coelho Jr (1873): "E há de continuar uma sociedade christã e civilizada, a collocar aquelles que perderam a razão, muitas vezes por injustiças da própria sociedade, nas mesmas condições em que colloca o malvado e o criminoso" (p.6).

No século XIX, multiplicaram-se teorias a respeito da loucura, bem como a construção de locais especializados para o tratamento de doentes mentais. No contexto do manicômio, surge a psiquiatria como especialidade médica, sendo que a loucura, nesse período, é basicamente entendida como o comprometimento duradouro da racionalidade ou do autocontrole. (Pessotti, 1996, 1999). Mas se hoje é possível observar em psicopatas ou adolescentes com traços de psicopatia, comportamentos relacionados à mentira e manipulação das impressões, constata-se que manifestações dessa natureza também recebiam atenção dos estudiosos da época. Simular tal comprometimento já preocupava, portanto, os avaliadores nesse mesmo contexto.

O Criminoso Simulador, o Pseudolouco e o Louco Moral no Rio Grande do Sul

Indivíduos que cometiam crimes e eram considerados loucos eram, conforme anteriormente destacado, internados no hospício para confirmação de sua doença. Essa difícil tarefa que tanto os médicos reclamavam, devido à incapacidade de se realizar um diagnóstico acertado em tão pouco tempo, ou de possuir em suas dependências pacientes criminosos, irá terminar no Hospício São Pedro somente com a inauguração do Manicômio Judiciário em 1925. Um pouco antes desse período, Jung (1904) já afirmava que "o reconhecimento da simulação de insanidade mental é uma das tarefas mais difíceis da arte diagnosticar" (p. 183). Tanto no Brasil como em diferentes países do mundo, a mencionada tarefa era quase sempre realizada em presos ou condenados.

Forjar uma loucura para escapar de um delito, uma vez que sendo louco não seria criminoso, ou simplesmente simular uma alienação mental eram atitudes, vistas antes de Pinel, como próprias da loucura. Não existindo, nesse sentido, uma divisão. De outro modo, no decorrer do século XIX, a correta averiguação do que era verdade e do que era mentira a respeito dos sintomas manifestos pelo provável alienado é exigida. De todas as loucuras, aquela que era considerada a mais perigosa era, portanto, a loucura moral. Sendo ela uma loucura invisível, difícil de ser averiguada. Mas se um crime cometido por um doente mental reconhecido como tal era perdoável, o mesmo deveria ocorrer com aquele onde sua doença tinha a sutileza de não se mostrar visível.

A doença deveria ser tratada e o crime punido. Sendo assim, e os loucos que cometeram crimes, deviam ser julgados como criminosos? Tanto o Código Criminal do Império do Brazil de 1830 (que afirmava que não se julgarão criminosos os loucos de todos os gêneros, salvo se tiverem lúcidos intervalos e neles cometeram o crime), como o Código Penal de 1890 em seu artigo 29, não permitiam tais medidas. Dessa forma, uma vez fora de seu juízo, tais indivíduos não poderiam ser responsabilizados pelos seus atos.

O louco moral era definido como um indivíduo sem lugar, de acordo com Rocha (1904, p. 338, citado por Engel, 1998/1999). Era, portanto, "Intolerável na sociedade, todos acham que o lugar dele é no hospício. Intoleráveis no hospício, intoleráveis nas cadeias, eles se tornam uns desclassificados". Dessa forma, a necessidade de um local que não fosse a cadeia nem o hospício, nasceu. Entretanto, as discussões sobre as dificuldades de identificar uma "loucura" na qual a razão não está comprometida e que o desvio encontra-se na ordem da moral, permanecem. Considera-se ainda que a relevância dessa identificação reside justamente no fato de que somente após a sua ocorrência é que estipular-se-ia um lugar para a mesma. Exemplos de alguns encaminhamentos condizentes com as concepções e os impasses destacados podem ser obtidos a partir de alguns periódicos e processos crime da época.

O jornal A *Federação*, de 31 de janeiro de 1907, noticia:

> O dr. L. L., assassino do noivo da viúva B., facto sensacional que preoccupou o espírito da população desta capital, foi recolhidido ao Hospicio Nacional de Alienados, em observação. Motivou essa resolução o estado de exitação que demonstra aquelle medico. (p.2).

No mesmo jornal, de 14 fevereiro de 1908, é possível encontrar a continuação desse caso: "Medicos fizeram exame de sanidade no dr. L. L. que aseassinou um seu rival, na Tijuca, caso em que esteve envolvida a viúva B. Foram de opinião que elle praticou o crime em perfeita consciência".

No Processo Crime do Município de Porto Alegre, n. 180, do ano de 1907, encontra-se a seguinte descrição:

> Reu J.S.
> Preso J. é recolhido ao xadrez da chefatura foi ahi observado pelos médicos legistas, observação essa continuada por lguns dias quando já ele se achava no Hospicio S. Pedro (11 de dezembro de 1907)
> Delegacia de Policia
> A Vista do exposto, parece-me não haver duvida de que J.S. cometteu esses crimes em estado de completa perturbação de sentidos de inteligencia e por esse motivo de acordo com o art.30

do código Penal requisitei a sua internação no Hospicio S. Pedro, onde ainda se acha recolhido p.6 (12 de dezembro de 1907)

Hospicio São Pedro
Parecer
Pelo histórico que colhemos, a observação que fazemos desde 16 de novembro de 1907, e pela leitura do processo, tudo referente a J. S., internado neste hospício para julgarmos do seu estado mental, somos levados ao seguinte parecer: J. S., antes de praticar o crime, apresentava phenomenos psychoastenicos e neurastênicos, acompanhados de ideias melancholicas, de ..., ideias que até hoje conserva, com exaltação da sensibilidade affetiva. É um débil mental. Todas nossas investigações são negativas, no sentido de ser elle um simulador que não o é. Somos de opinião que o crime por elle praticado não foi tributario da vontade e sim debaixo do domínio do automatismo, em fuga pathologia, verdadeiro estado..., dominado pela impulsividade, como se dá em muitos psychoses, maximé na epilepsia onde a ammenesia é mais completa, e no caso o é, sem nos parecer haver simulação de esquecimento.
D.P.
J.C.F (18/08/1908).

Em 25 de junho do ano de 1910, o jornal A *Federação* publica um laudo sobre a sanidade mental de um assassino:

As conclusões do longo relatorio medico legal, apresentado pelos drs. P. P. e C. P. sobre o estado mental de D. G. S. que matou em Uruguaiana a uma meretriz que se negara a repartir o leito com o homicida, são estas:
1° D. G. S. não é alienado nem epiléptico.
2° Provado que estivesse alcoolisado na noite do crime, a pratica deste acto podia ter sido effectuada estando G. em crise de embriaguez inconsciente pathologica, da qual resulta uma "amnesia" dos factos consummados "durante" a acção criminosa e momentos antes e depois.
Isso porque a "embriagues inconsciente pathologica" é commum em quem tem a anammenese pathologica que possue G. :"alienação mental" dum avô materno, do pae e dum irmão; "alcoolismo" nos ascendentes, pelas duas linhas materna e paterna; 'criminalidade' (um fraticidio praticado por um outro irmão); e, por fim, suicídio também dum irmão.
3° Não se deve confundir, psychiatricamente, "embriagues inconsciente" com "embriaguez completa". Aquela é uma derimente, na opinião de todos os alienistas e esta é apenas uma attenuante para a lettra da maioria dos codigos penaes. A anmesia na "embriaguez incosciente" explica a completa perturbação dos sentidos ou da inteligencia. (p.4).

De outro modo, um caso significativamente mencionado por estudiosos da história da doença mental, no Rio Grande do Sul, é o de P. C. que cometeu o assassinato de sua filha de

16 meses, na cidade de Garibaldi, mas, como era considerada alienada foi para o Hospício São Pedro (Processo crime n° 1009, maço 30, est 6, ano 1909):

> P. C. apresenta o syndromo mental impulso por obcessão psychasthenica, syndromo este que se correlaciona, na doente aqui em questão, com estygmas psychicos peculiares a degeneração inferior (typo: moral insanity dos inglezes) e com estygmas de ordem depressiva, proprias á pychose hystero-neurasthenica, necessitando, porém, o presente caso uma obervação demorada de mezes para uma classificação psychiatrica exata e segura. Para fins judiciais, entretanto, ha o sufficiente nos dados acima relatados para concluir-nos que P. C. devia ter sido uma irresponsavel, no sentido medico-legal do termo, quando agiu commettendo o crime de que é accusada. (p.30)

Sua demência é assim explicada, conforme as teorias da época, pelo médico-legal da chefatura de Polícia de Porto Alegre, encontrado no mesmo processo crime, mas realizado em 1911.

> E que a consciência pode estar intacta, mas a inrracionalidade do individuo (loucas Moraes (moral insanity), histericas, psychasthemicas) o impede de resistir o seu impulso' (Dufour, Pitres, Régis, Morselli).
> Si bem que a doutrina lombrosiana não deva ser aceita no seu absolutismo, não é entretanto duvidoso que o criminoso de morte é um anormal, um degenerado inferior no sentido em que o entendera Morel, Foville, Margan etc, e um degenerado em que se desenvolvem mais particularmente as perversões dos instintos nocivos.
> "loucos Moraes (moral insanity) em que a degeneração inferior é só da esphera moral ou affectiva".
> (A palavra louco nessa expressão parece paradoxal, porque o louco moral apresenta intelligencia muitas vezes perfeita e lúcida e até fora do comum; há genios históricos que tem sido loucos morais)"
> "os casos similadres ao de P. constituem ainda os problemas mais graves da medicina mental e legal"
> "Causas da melhora:
> Afastamento do meio familiar (isolamento hospitalar)
> Tratamento medico, sobretudomoral (Psychotherapia)". (p.37).

Entretanto, observa-se que a mesma não se dizia louca e sim criminosa. Assim como Pierre Rivière justificou o seu parricídio (Foucault, 2000), P. justificou o assassinato de sua filha. Assassinato este, assim como os delitos de Pierre, premeditado. E como ele, P. C. também escreveu um dossiê a partir de suas cartas (Wadi, 2002). Já o caso de outra mulher que sofria das faculdades mentais, e tinha cometido um crime, foi noticiado pelo jornal A *Federação*: 4 de novembro de 1910:

> Foi examinada, hoje, pelos medicos legistas da policia, A. M. J.. que em dias do mez próximo passado estrangulou uma menina, filha de um seu vizinho e pretendia matar outra quando foi presa. Este facto teve logar no Roncador, 2° districto de S. Sebastião do Cahy. Pelo exame procedido ficou averiguado que A. M. J. acha-se soffrendo das faculdades mentaes, devendo ser, hoje, internada no Hospício São Pedro. (s/p)

Indivíduos que não eram tidos como loucos pelos médicos eram chamados de dissimuladores, ou pseudoloucos. Como podemos ler em notícia do mesmo jornal de 14 de junho do ano de 1910:

> Continuam em observação, no hospício S. Pedro, J. de B. e I. S., auctores da morte de um irmão desta, no logar denominado Pau Fincado em Santa Maria.
> Da Observação procedida pelos medicos legistas da policia Drs. C. P. e P. P., resulta quasi a certeza de que J. de B. é realmente louco, o mesmo não acontecendo a I., pois, segundo parece, trata-se de uma pseudo louca.(p.4)

Essa mesma situação de insegurança encontra destaque na notícia do jornal A *Federação*, de 22 de janeiro de 1906: "O dr. T. F., 2° promotor publico, requereu a policia judiciária que se procedesse à exame na pessoa de J. F. S., que há dias assassinou um seu companheiro, no hospício S. Pedro" (p.2).

No jornal A *Federação*, de 21de fevereiro de 1907, noticia-se que:

> Os jornaes do Recife discutem o caso de uma senhora casada que foi recolhida ao hospicio de alienados, sustentando o dr. R. da C. o diagnostico de estar ela soffrendo de "moral insanity (nervação das faculdades affectivas moraes).
> Um irmão e o marido da referida senhora explicam o facto e defendem-na pelo "Jornal de Recife". (p.2)

Os jornais também noticiavam crimes ocorridos em outros países, mas que, devido à "raridade" do ato praticado, eram publicados. Como no artigo do jornal A *Federação*, de 23 de julho de 1897, que trata sobre uma mãe que gostava do marido de sua filha e era correspondida por este. A mãe matou sua filha e a cortou em pedaços, assando-a e servindo-a para uma visita (que era um gerdarme – soldado encarregado de manter a ordem pública), como se fosse um assado qualquer. A visita não só comeu como indicou o mesmo assado a um brigadeiro (comandante da brigada, seu superior):

> o qual sentiu logo appettite, e foi também reclamar um pedaço do assado portentoso. A mulher desceu novamente á adega, mas, como se demorasse ai muito tempo, o gerdame foi ter com Ella, e a primeira cousa que lhe saltou aos olhos foi a cabeça da victima que sobresaia da extremidade da bandeja.
> O genro e a sogra foram presos, e o processo corre seus tramites. Jornal A *Federação* (p.1)

Nota-se, diante disso, que as notícias de crimes impactantes, ainda hoje amplamente difundidas em telejornais e jornais impressos, eram frequentes no século XIX, em Porto Alegre.

Considerações Finais

Psicopatas, quando agem com extrema violência, são notícias em jornais e revistas. Despertam o interesse de leitores que, em parte, acreditam que esses mesmos atos explicam-se apenas em função de uma maldade indissociável. Porém, em muitos casos, são também vistos, tais como indivíduos psicóticos, como possuidores de uma capacidade de autodeterminação comprometida. O diagnóstico representa, ainda, um impasse para o Direito Penal, bem como um sinônimo de controvérsia entre estudiosos, no que se refere às reais possibilidades de tratamento curativo. Atestam, nesse sentido, que inúmeros impasses persistem na interface entre operadores do Direito e estudiosos e profissionais ligados à Psicologia Jurídica e Psiquiatria Forense.

Em termos gerais, este capítulo buscou evidenciar que tais controvérsias revelam-se verdadeiramente antigas, ainda que a categoria de doença mental em questão seja relativamente nova. Sendo assim, para a análise proposta, buscou-se um resgate de denominações voltadas para sintomatologias diante das quais é possível pensar algumas sobreposições com a psicopatia. Em outras palavras, ao referenciar notícias e processos crimes envolvendo, dentre outros, os assim chamados loucos morais, é possível conceber aproximações tanto no que se refere aos diagnósticos estabelecidos, como às medidas legais, na época, direcionadas a esses indivíduos.

A utilização de fontes primárias permitiu não apenas uma análise histórica da realidade regional, como também um entendimento das ideias vigentes em um contexto bem mais amplo, considerando ainda as suas principais implicações sociais. Se por um lado é possível afirmar que a sociedade não sabe o que fazer com psicopatas que cometem atos antijurídicos, por outro, indivíduos "moralmente comprometidos", para os quais a decisão entre medidas punitivas ou terapêuticas mostrava-se geradora de controvérsias, existiam há mais de um século.

Mais do que tentar responder quem eram os psicopatas, uma questão que só poderia ser plenamente enfocada a partir de simplificações conceituais, este trabalho procurou mostrar que determinadas tendências antissociais, não passíveis de serem explicadas pelo total comprometimento da capacidade de autodeterminação, já se revelavam enigmáticas em outras épocas. Nesse sentido, algumas das controvérsias que, em termos históricos, foram aqui destacadas, justificam a própria necessidade de pesquisas na atualidade. Em uma obra que sumariza achados de alguns trabalhos de pesquisa ou relatos de intervenções envolvendo jovens em conflito com a lei, uma maior compreensão da história de alguns conceitos e suas implicações jurídicas revela-se pertinente. Conhecer antigos impasses é também uma forma de agregar dados para que as medidas judiciais, preconizadas na atualidade, possam igualmente considerar questões de psicopatologia, mas possam ser também representativas de avanços nessa mesma área.

Referências

Alexander, F. G e Selesnick, S. T.(1968). *História da Psiquiatria: uma avaliação do pensamento e da prática psiquiátrica desde os tempos primitivos até o presente* (A. Arruda, trad.). São Paulo: IBRASA.

Almeida, F. M.(2007 dez). História da Psiquiatria: Máscaras da Insanidade: Emergências e ressurgências do conceito de psicopatia na psiquiatria contemporânea.* *Psychiatria on-line*, 12. Recuperado em 20 de julho de 2011, de http://www.polbr.med.br/ano07/wal1207.php

Austregesilo, A.(1916). *Pequenos Males: Cultivo artificial da dor, neuroses do medo, erros do pão e erros do Amor, a doença da mentira, a preguiça patológica, a moléstia do ciúme, imitar*. Rio de Janeiro: Jacintho Ribeiro dos Santos.

Barreto, T. (2003). *Menores e Loucos em Direito Criminal*. (A. C. Rezende, atualizada). Campinas: Editora Romana. (Trabalho original publicado em 1884).

Blair,R. J. R. (2008). The Cognitive Neuroscience of Psychopathy and implications for judgments of Responsibility. *Neuroethics*, 1, 149-157.

Carrara, S. (1998). *Crime e Loucura: O aparecimento do manicômio judiciário na passagem do século*. Rio de Janeiro: UERJ, USP.

Castel, R. (1991). *A Ordem psiquiátrica: a idade de ouro do alienismo*. (2a ed.) (M. T. da C. Albuquerque, trad.). Rio de Janeiro: Edições Graal.

Código Criminal do Imperio do Brazil. (1830, 16 de dezembro). Recuperado em 19 de julho de 2011, de http://www.planalto.gov.br/ccivil_03/Leis/LIM/LIM-16-12-1830.htm

Codigo Penal dos Estados Unidos do Brasil. (1890, 11 de outubro). Recuperado em 19 de julho de 2011, de http://www6.senado.gov.br/legislacao/ListaPublicacoes.action?id=66049

Coello Jr, J. C. (1873). Relatório do Estado da Santa Casa de Misericordia da Capital da Provincia do R. G. S. do anno de 1873.

Costa, J. P. da (2006). O Direito e a Dimensão Mental da Pessoa Humana no Tempo e no Espaço. *Revista da Faculdade de Direito da Universidade do Porto*, 3, 485-503.

Cunha, M. C. P.(1986). *O Espelho do Mundo: Juquery a História de um Asilo*. Rio de Janeiro: Paz e Terra.

Dalgalarrando, B. & Vilela, W. A. (1999). Transtorno Bordeline: História e Atualidade. *Revista Latinoamericada de Psicopatologia Fundamental*, 2, 52-71.

Darmon, P.(1991). *Médicos e Assassinos na Belle Époque*. (R. G. de Agostino, trad.) Rio de Janeiro: Paz e Terra.

Engel, M. G. (1998/1999). As fronteiras da anormalidade: psiquiatria e controle social. *História, Ciências, Saúde. Manguinhos*. 3, 547-63. Recuperado em 20 de julho de 2011, de http://www.scielo.br/scielo.php?script=sci_arttext&pid=S0104-59701999000100001

Foucault, M. (1997). *História da Loucura na Idade Clássica*. (5. ed.) (J. T. Coelho Neto, trad.). São Paulo: Editora Perspectiva.

Foucault, M. (Org.). (2000) *Eu, Pierre Rivière, que degolei minha mãe, minha irmã e meu irmão.* (6. ed.) (D. L. de Almeida, trad., G. Lamazière, rev. técnica). Rio de Janeiro, Edições Graal.

Gastó, C. y Vallejo, R.V. (2000). Aspectos históricos. In J. V. Ruiloba, Ferrer, C. (Org.), *Trantornos afectivos: ansiedad y depresión.* (2a. ed. pp. 165-186). Barcelona: Masson.

Hare, R. D. (2009). *Sin Conciencia: El inquietante mundo de los psicopatas que nos rodean.* (R. Santandreu, trad.). Barcelona: Paidós.

Harris, R. (1993). *Assassinato e Loucura: Medicina, leis e sociedade no fin de siecle.* (T. M. Rodrigues, trad.). Rio de Janeiro: Rocco.

Henriques, Rogerio Paes.(2009) De H. Cleckley ao DSM IV: a evolução do conceito de psicopatia rumo à medicalização da delinquência. *Revista latinoamericana de psicopatologia fundamental.* São Paulo, 2(12), 285-302.

(1896, 21 de agosto) Mostruoso! *Jornal A Federação*, s/p.

(1897, 23 de julho) Hediondo. *Jornal A Federação*, p. 1.

(1906, 22 de janeiro) *Jornal A Federação*, p. 2.

(1907, 31 de janeiro) *Jornal A Federação*, p. 2.

(1908, 14 fevereiro) *Jornal A Federação*, p. 2.

(1910, 14 de junho) *Jornal A Federação*, p. 4.

(1910, 25 de junho) *Jornal A Federação*, p. 4.

(1910, 04 de novembro) *Jornal A Federação*, s/p.

Jung, C.G. (1994). *Estudos Psiquiátricos.* (L. M. E. Orth, trad.). Petrópolis: Vozes.

Lombroso, C. (2007). *O Homem Delinqüente.* (S. J. Roque, trad. e seleção). São Paulo: Ícone Editora. (Trabalho original publicado em 1876)

Magro, C. L., Sánchez, J. I. R. (2005) Aproximación Histórica Al Concepto de Psicopatía. *Psicopatología Clínica, Legal y Forense*, 5: 137-168.

Pallaro, H., González-Trijueque, D. (2009). Informe Forense: Imputabilidad e Transtorno Antisocial de La Personalidad. *Cuad Med Forense* 15 (55): 55-66.

Patrick, C. J. (2010). Transtorno de Personalidade Antissocial e Psicopatia. In O'Donohue, W., Fowler, K. A., Lilienfeld, S. O. Roca (Org.) *Transtorno de Personalidade: Em direção ao DSM V.* (pp. 107-162). São Paulo: Roca.

Pessotti, I. (1996). *A Loucura e as Épocas.* (2a. ed.). São Paulo: Editora 34.

Pessotti, I. (1999). *Os nomes da loucura.* São Paulo: Editora 34.

Piccinini, W. J. (1999). Breve história da psiquiatria do Rio Grande do Sul à luz das suas publicações. *Revista de Psiquiatria do Rio Grande do Sul*, 21 (2): 95-103.

Piccinini, W. J. (2002). Psiquiatria Forense no Brasil a partir das suas publicações (I). *Psychiatry on line Brasil.*, V.7, n. 5. Disponível em: <http://www.polbr.med.br/ano02/wal0502.php>.

Phinel, P. (2007). *Tratado Médico-Filosófico: Sobre a Alienação Mental ou a Mania*. Porto Alegre: Editora da UFRGS. (J. A. Galli, trad., M. U. Christoff e A. M. G. R. Oda, ver. técnica). (Trabalho original publicado 1800)

Processo Crime n. 2.789 – Cartório Júri, maço 172, estante 29, ano: 1874, Arquivo Público RS.

Processo Crime n. 1009, maço 30, estante 6, ano: 1909, município: Porto Alegre Arquivo Publico RS.

Processo Crime n. 180 maço/cx: 09, ano 1908, Município: Porto Alegre, Org/Vara: Júri, Arquivo Público RS.

Soeiro, C. Gonçalves, R. A. (2010) O Estado de Arte do Conceito de Psicopatia. *Análise Psicológica* 1 (27), 227 – 240.

Kummer, L. O. (2010) A *Psiquiatria Forense e o Manicômio Judiciário do Rio Grande Do Sul: 1925-1941*. Tese de Doutorado em História, Universidade Federal do Rio Grande do Sul, Porto Alegre.

Wadi, Y. (2002). *Louca pela vida: a história de Pierina*. Tese de doutorado, Pontifícia Universidade de São Paulo, São Paulo.

Whitlock, F. A. (1982). A Note On Moral Insanity and Psychopathic Disorders. *The Psychiatrist: Formerly the psychiatric bulletin*, 6, 57-59. Recuperado em 20 de julho de 2011, de http://pb.rcpsych.org/cgi/reprint/6/4/57.pdf

Yang, Y., Raine, A., Narr, K.L., Colletti, P., & Toga, A.W. (2009). Localization of deformations within the amygdala in individuals with Psychopathy. *Arch Gen Psychiatry*, 66, 986-994.

Zarlengal, M. E. (2000, julho) El "loco moral" en la Facultad de Medicina (1876-1917). *Revista Argentina de Clínica Neuropsiquiátrica*. Buenos Aires 1(9) Recuperado em 20 de julho de 2011, de http://www.alcmeon.com.ar/9/33/Zarlenga.htm

CAPÍTULO 2

Avaliação de traços antissociais em adolescentes: perspectivas atuais

Gabriel José Chittó Gauer[1]
Tárcia Rita Davoglio[2]
Silvio José Lemos Vasconcellos[3]

Atualmente, há um crescente interesse científico na pesquisa com situações de violência envolvendo adolescentes, considerando que os comportamentos antissociais, violentos e criminosos têm sido cada vez mais observados nessa população. Entre os jovens brasileiros, o impacto da violência letal, entre a idade de 12 a 18 anos, atinge índices preocupantes. Essa violência continua presente e chega ao ápice entre a idade de 20 a 24 anos (UNICEF, 2010). Essas considerações enfatizam a relevância de se explorar o fenômeno ainda durante a adolescência.

O interesse específico dos estudos contemporâneos é tentar distinguir e contextualizar a realidade dos jovens que cometem atos delinquentes e/ou violentos, daqueles que apenas transgridem a lei. Especificamente, é relevante diferenciar quando a transgressão ocorre na presença de elementos que indicam preocupação e consideração pelos demais, arrependimento e comoção, das ocasiões em que não há nenhum interesse pelo bem-estar alheio. Considera-se, portanto, a heterogeneidade e a subjetividade que se associa a qualquer ato de violência. Essa violência pode ser observada em termos de tipos de delitos cometidos, severidade e cronicidade do comportamento antissocial e, sobretudo, em termos de motivações subjacentes que a

---

[1] Psiquiatra. Professor Adjunto de Pós-Graduação em Psicologia da Faculdade de Psicologia; e em Ciências Criminais da Faculdade de Direito da Pontifícia Universidade Católica do Rio Grande do Sul (PUCRS). Bolsista Produtividade CNPq 300659/2010-5.

[2] Psicóloga/Psicoterapeuta. Doutoranda em Psicologia (Bolsista CAPES) do Programa de Pós-Graduação em Psicologia da PUCRS. Mestre em Psicologia Clínica (PUCRS); Especialista em Psicoterapia Psicanalítica (UNISINOS), Perita em avaliação psicológica; Docente de Ensino Superior.

[3] Psicólogo, Mestre em Ciências Criminais (PUCRS) e Doutor em Psicologia (UFRGS). Professor Adjunto do Curso de Psicologia da Universidade Federal de Santa Maria (UFSM).

produzem. Dessa maneira, os pesquisadores dedicados à temática acreditam que a diferenciação de aspectos que, diretamente ou por implicação, exercem influência para que os jovens entrem em conflito com a lei. Pesquisas nesse sentido podem auxiliar no desenvolvimento de estratégias de prevenção e/ou intervenção que reflitam a diversidade entre potenciais delinquentes e jovens que apenas infringem a lei, preferencialmente, antes que os comportamentos cristalizem-se e assumam repercussões mais dramáticas. Pesquisas com jovens podem, então, contribuir para o desenvolvimento de estratégias de intervenções precoces, concebidas para minimizar a trajetória grave e persistente do comportamento antissocial, que pode ou não estar associado à personalidade psicopática (Forth, Kosson, & Hare, 2003).

Este capítulo tem por objetivo elucidar aspectos fundamentais da avaliação de adolescentes envolvidos com comportamentos antissociais, destacando, para tanto, instrumentos que podem auxiliar nesse processo. Compreender a realidade do adolescente em conflito com a lei e discorrer sobre as melhores estratégias avaliativas que possam subsidiar intervenções eficazes é, portanto, a proposta central deste capítulo. A seguir, os autores apresentam uma contextualização histórica do problema, algumas das mais atuais implicações sociais e jurídicas, bem como algumas considerações sobre a pertinência de maior instrumentalização no processo de avaliação, aludindo, assim, a alguns recursos possíveis e aplicáveis para esse fim.

Adolescentes Ontem e Hoje

A Organização Mundial da Saúde (1977) propôs a definição de adolescência como sendo a segunda década de vida do ser humano (10 a 20 anos de idade), um critério etário que veio a ser amplamente utilizado. As estatísticas em saúde pública frequentemente são apresentadas separadamente para o período inicial (10 a 14 anos) e final (15 a 19 anos) da adolescência, levando em consideração importantes diferenças biológicas e psicossociais entre esses grupos etários. O prolongamento do período adolescente para o início da vida adulta e o termo juventude também se tornaram de uso comum nas ciências da saúde, compreendendo a faixa etária entre 15 a 24 anos.

Embora, somente no século XX, a adolescência tenha sido reconhecida e estudada como um período específico do desenvolvimento humano, referências a essa fase de vida e interesse pelas peculiaridades e problemas dos jovens datam de meados da antiguidade egípcia e greco-romana. Descrições da juventude que permeiam obras de filósofos gregos surpreendem pela similaridade com os discursos contemporâneos, ao descrever comportamentos típicos dessa etapa de vida:

> "Os nossos jovens parecem amar o luxo. Têm maus modos e desdenham a autoridade. Desrespeitam adultos e gastam seu tempo vadiando por aí, tagarelando uns com os outros. Estão sempre prontos a contradizer seus pais, monopolizam a atenção em conversas, comem insaciavelmente, e tiranizam seus mestres" (Sócrates, 469-399 a.C. citado por Chipkevitch, 1994, p.112).

A impulsividade e turbulência da juventude, já eram notadas também muito antes da se estabecer a adolescência como uma fase do desenvolvimento psicossocial. Platão, por exemplo, que acreditava na dualidade corpo e alma, em sua época já propunha que o pensamento racional e crítico, ausente na criança, surgiria ao final da infância, levando ao estágio mais elevado do desenvolvimento da alma. Somente a partir dessa idade, após anos de ensinamentos e educação, os jovens, do gênero masculino apenas, instruídos, eram considerados cidadãos. Mas são as palavras de Aristóteles (884-322 a.C. citado por Chipkevitch, 1994,p.112) que melhor traduzem os traços adolescentes:

> "Os jovens são apaixonados, irascíveis, e tendem a se deixar levar por seus impulsos, particularmente os sexuais, e nesse sentido não conhecem a continência. Também são volúveis, e seus desejos inconstantes, além de transitórios e veementes. Levam tudo ao extremo, seja amor, ódio ou qualquer outra coisa. Acham que sabem tudo..."

Durante mais de mil anos – desde o colapso do Império Romano até a Renascença – a Europa mergulhou na "idade das trevas". Há poucas referências sobre a adolescência na Idade Média. Crianças e adolescentes não detinham nenhum status especial na sociedade medieval e, tão logo as crianças eram desmamadas (por volta dos 6 anos), tinham acesso ao mundo dos adultos, tanto no que se refere ao trabalho quanto ao lazer, acompanhando o que era estabelecido para cada gênero e status social. Eles eram vistos como adultos em miniatura, e sua educação visava reprimir os impulsos pecaminosos, no caminho à redenção, sob a égide da cultura cristã.

Durante séculos, a adolescência não foi distinguida da infância como uma categoria etária específica, e esta, a infância, era muito reduzida. A Renascença trouxe luz para uma compreensão mais otimista da natureza humana. Dessa forma, a adolescência começava a ser entendida como o estágio final do desenvolvimento, caracterizada pela aquisição da racionalidade e do pensamento abstrato, da identidade e da autodeterminação, um conceito muito semelhante ao que temos hoje (Rocha & Levy, 2003).

Londoño (1996) observa que a palavra "menor", utilizada no contexto brasileiro, passa a vigorar no final do século XIX, tornando-se, a partir da década de 1920, usada para designar 'criança em situação de abandono e marginalidade'. Nessa época, já era possível observar diferenciações relacionadas ao tipo de abandono. Fazia-se, portanto, distinção entre menores materialmente abandonados e menores moralmente abandonados, conforme destaca Londoño (1996).

O fato de a adolescência ser um período de transformações evolutivas torna difícil a avaliação do comportamento desviante, violento e/ou em desacordo com a lei. Além disso, o fato do adolescente praticar um delito ou transgredir a legislação não necessariamente significa que na vida adulta ele se tornará uma pessoa que continuará a cometer tais atos, levantando a relevante questão acerca da estabilidade do funcionamento desviante ao longo do tempo. Um estudo realizado por Lee Robins localizou, por volta dos 30 anos de idade, 524 indivíduos que, aos 13 anos, tinham sido enviados a uma corte juvenil. A maioria deles apresentava melhora e não recebeu diagnóstico de transtorno mental, como o transtorno de personalidade antissocial. Alguns, que ainda evidenciavam problemas em relação a comportamentos antissociais, encontravam-se entre o grupo dos que demonstraram problemas mais severos e precoces na infância, os quais tinham apresentado ao menos seis tipos diferentes de comportamento antissocial ou um episódio muito grave (Black, 1999).

No que se refere à realidade brasileira mais recente, constata-se que a situação dos jovens que são vítimas de violência assemelha-se à situação dos jovens que protagonizam atos de violência (Zappe & Dias, 2010). A mortalidade juvenil é, conforme destacam Zappe e Dias (2010), um aspecto revelador da situação de vitimização envolvendo adolescentes, considerando o próprio fato de que a proporção de mortes por homicídios é significativamente maior na população jovem em comparação à população não jovem.

Um estudo envolvendo 5.425 jovens infratores, com idades variando entre 12 a 17 anos, no período de 1988 até 1991, no município de São Paulo, evidenciou que o envolvimento de jovens com o crime violento manteve o mesmo padrão observado na população geral. A continuidade desse trabalho, então com 3.893 jovens infratores, no período compreendido entre 1993 a 1996, assinalou mudanças no comportamento destes, apontando para a adesão ao crime organizado, bem como para o engajamento em gangues. A comparação relativa ao padrão de crime na população geral, com atos envolvendo violência entre os jovens, evidenciou um aumento maior no tocante à violência perpetrada por jovens (Adorno, 1999, citado por Priuli & Moraes, 2007).

Dados como esses sugerem a importância de que novas políticas públicas sejam concebidas a partir de conhecimento relevante e condizente com a realidade brasileira. Assim sendo, para um trabalho preventivo, faz-se necessário também conhecer e problematizar as alternativas atuais para avaliar constructos psicológicos que não são, por certo, inteiramente descritivos quanto aos fenômenos destacados, mas podem contribuir para a elucidação de inúmeros fatores associados.

Avaliação de Transtornos na Infância e Adolescência, a partir de Critérios da Associação Americana de Psiquiatria e Organização Mundial de Saúde

A utilização de instrumentos de avaliação que se apoiam em entrevistas estruturadas e/ou semiestruturadas tem sido uma prática bastante observada para o diagnóstico de transtornos mentais em crianças e adolescentes. No entanto, entende-se que instrumentos de avaliação não têm, por si mesmos, autonomia e responsabilidade para determinar hipóteses diagnósticas. Representam recursos facilitadores para a síntese de informações relevantes, mas demandam sempre por uma integração de dados pautada na consideração de todos os fatores que dizem respeito ao sujeito e ao constructo investigado. Alguns desses instrumentos, comumente indicados para avaliar aspectos relacionados a comportamentos antissociais, são utilizados também no Brasil.

1. Schedule for Affective Disorders and Schizophrenia Epidemiological version for School-Age Children (KIDDIE-SADS-E)

A Entrevista Semiestruturada para Diagnóstico em Psiquiatria da Infância – Versão Epidemiológica (K-SADS-E) consiste em uma entrevista diagnóstica semiestruturada, disponível na versão em português do Brasil (Polanczyk et al., 2003). Esta visa avaliar inúmeros trantornos mentais presentes na infância e adolescência, segundo os critérios do DSM-III-R e DSM-IV, considerando o momento atual e episódios passados. A entrevista é realizada por meio de perguntas e critérios objetivos sobre os sintomas. Um dos pais, ou ambos, são entrevistados e, em seguida, o mesmo ocorre com a criança. Todas as perguntas devem ser adequadas à faixa etária do entrevistado, entre 6 a 18 anos. Para que seja possível a obtenção de uma pontuação conclusiva, é necessário incluir todas as fontes de informações possíveis, tais como: escola, prontuários de saúde e relatórios institucionais.

O instrumento possui cinco suplementos diagnósticos, sendo eles: 1) Transtornos afetivos, 2) Transtornos psicóticos, 3) Transtornos de ansiedade, 4) Transtornos do comportamento, 5) Abuso de substâncias e outros transtornos. A ordem de aplicação dos suplementos segue a ordem do aparecimento dos sintomas. Quando estes se encontram sobrepostos, deve-se aplicar primeiro o suplemento dos transtornos que podem influenciar o curso dos demais. A administração e pontuação do K-SADS-E envolve seis etapas.

A primeira delas é uma entrevista introdutória não estruturada, realizada em aproximadamente 15 minutos, que não pode ser omitida, na qual são registrados dados demográficos, de saúde, de queixas atuais, dados de tratamento psiquiátrico anterior, de funcionamento escolar, de hobbies, de relacionamento com a família e com os pares.

A segunda etapa é uma entrevista de rastreamento diagnóstico que pesquisa os principais sintomas dos diferentes diagnósticos avaliados. Caso a resposta seja afirmativa para a presença de um sintoma, pergunta-se quando este esteve presente e se esteve presente atualmente, no passado ou ambos. Após a realização da entrevista de rastreamento, é necessário verificar os critérios de avanço para episódios de transtorno no momento atual e no passado, se a criança atende a critérios de avanço ou se a criança tem manifestações clínicas dos sintomas principais associados a diagnósticos específicos. Os critérios de avanço irão determinar quais listas de checagem dos suplementos serão preenchidas, essas listas constituem a terceira etapa da aplicação. Por intermédio desses suplementos, é possível avaliar o episódio atual (EA) e o de maior gravidade no passado (EMGP). Em seguida, é feito o registro, na folha de resumo dos diagnósticos, de todos os dados obtidos a partir de todas as fontes. Para cada diagnóstico é possível registrar a presença ou ausência de episódios de transtornos no passado ou atualmente; idade de início do primeiro episódio; episódio atual; número total de episódios; soma do tempo de duração de todos os episódios e informações referentes a tratamentos. Em seguida, aplica-se a escala de avaliação global de crianças (CGAS), sendo que esta estima o nível geral de funcionamento da criança no momento atual. Quando a criança, ou adolescente, não possui história de problemas psiquiátricos, registra-se apenas a pontuação do CGAS. Se houver história de problemas psiquiátricos no momento atual ou no passado, são realizados dois tipos de pontuação no CGAS.

Por fim, a pontuação é feita utilizando-se uma escala que varia de zero a três para a maioria dos itens na K-SADS-E. Os demais itens são pontuados em uma escala de zero a dois, atribuindo-se zero quando não existem informações; um quando o sintoma está ausente e dois quando está presente. Entretanto, esse instrumento apenas fornece o diagnóstico de transtorno de conduta ou de transtorno opositivo, não determinando o grau de comprometimento do adolescente e das áreas que se encontram mais afetadas, além de limitar-se aos critérios categóricos do DSM.

2. Child Behavior Checklist – CBCL

O Child Behavior Checklist (CBCL; Achenbach, 1991), ou Lista de Verificação Comportamental para Crianças ou Adolescentes (Bordin, Mari & Caeiro, 1995), é o instrumento mais utilizado mundialmente para identificar problemas de saúde mental em crianças e adolescentes entre 6 a 18 anos. O CBCL é um questionário de fácil aplicação, que pode ser preenchido pelos pais ou responsáveis que possuam capacidades básicas de leitura, ou pode ser aplicado por um entrevistador previamente treinado para tanto. Composto de 138 itens divide-se em duas partes que visam avaliar questões de competência social e problemas de comportamento. O inventário fornece um resultado global, que varia entre zero e 140, e resultados específicos para cada fator identificado.

A primeira parte, referente à competência social, inclui 20 itens relativos à competência do indivíduo em áreas como participação em esportes, passatempos, interações sociais e desempenho escolar. Os resultados são agrupados em três escalas de atividade, sociabilidade e escolaridade, cuja soma fornece o escore final de competência social. A segunda parte, que avalia problemas de comportamento, possui 118 informações relativas a diferentes problemas de comportamento e/ou perturbações emocionais, divididas em duas escalas, uma de internalização e uma de externalização. Fazem parte da escala de internalização: retraimento, queixas somáticas, ansiedade e depressão. A escala de externalização é dividida em comportamento delinquente e comportamento agressivo.

Existem ainda subescalas de problemas de contato social, problemas de pensamento e atenção. A pontuação vai de zero a dois, sendo zero quando o item não é verdadeiro, um quando é, algumas vezes, verdadeiro e dois para frequentemente verdadeiro. A soma total das subescalas comportamentais leva ao escore total de problemas de comportamento. Achenbach (1991) aponta que a percepção do pai e da mãe a respeito do comportamento do filho pode ser diferente de acordo com o grau de insight de cada um, devido às exposições situacionais e à interação parental desenvolvida, resultando em diferentes respostas quando pai e mãe são solicitados a informar sobre o filho.

3. M.I.N.I. – International Neuropsychiatric Intervew

O MINI consiste em entrevista diagnóstica padronizada breve (15 a 30 minutos), que pode ser utilizada por clínicos após um treinamento rápido compatível com os critérios diagnósticos do DSM-III-R e DSM-IV e da CID-10 (versões distintas), designada para utilização na prática clínica e na pesquisa em psiquiatria. O MINI possui tradução para o português (Amorim, 2000). Organizado por módulos diagnósticos independentes, elaborados de forma a otimizar a sensibilidade do instrumento, permite a redução da duração de tempo da entrevista. A prioridade é a exploração dos transtornos atuais, de forma a guiar o clínico na escolha da terapêutica mais adaptada, para, em seguida, realizar a cotação das questões de forma dicotômica (sim/não). Em todas as seções diagnósticas (exceto a seção de transtornos psicóticos), uma ou duas questões de entrada, que exploram critérios obrigatórios, permitem excluir o diagnóstico em caso de respostas negativas. Alguma disfunção induzida pelos transtornos e a exclusão de causas somáticas e/ou tóxicas dos sintomas não são sistematicamente exploradas, apesar de os algoritmos serem integrados à estrutura do questionário, permitindo estabelecer ou excluir os diagnósticos ao longo da entrevista.

Há duas versões do MINI desenvolvidas para responder aos objetivos diagnósticos específicos de diferentes contextos de utilização. (1) Uma destinada principalmente à utilização em cuidados primários e em ensaios clínicos: esta versão compreende 19 módulos que exploram 17 transtornos do eixo I do DSM-IV, o risco de suicídio e o transtorno da personalidade antissocial. Ao contrário dos outros módulos que geram diagnósticos positivos, o módulo 'síndrome psicótica' explora os sintomas do critério A da esquizofrenia, com o intuito de excluir a existência provável de um transtorno psicótico. (2) Outra destinada à avaliação aprofundada dos transtornos mentais ao longo da vida, na clínica e na pesquisa em psiquiatria, denominada MINI Plus, explora sistematicamente todos os critérios de inclusão e de exclusão e a cronologia (data do início e duração dos transtornos, e o número de episódios) de 23 categorias diagnósticas do DSM-IV. O módulo Transtornos Psicóticos gera o diagnóstico positivo de sete subtipos de psicoses: (1) transtorno psicótico decorrente de uma condição médica geral e/ou induzido por substâncias, (2) esquizofrenia, (3) transtorno esquizofreniforme, (4) transtorno esquizoafetivo, (5) transtorno psicótico breve, (6) transtorno delirante e (7) transtorno psicótico sem especificação.

Apesar da relevância e da disseminação desses instrumentos como suporte técnico para a difícil tarefa de identificar transtornos mentais na infância e na adolescência, nenhum deles contempla de modo satisfatório as peculiaridades envolvidas no funcionamento antissocial precoce e grave. As pesquisas e avanços ocorridos nas últimas décadas, então, têm se mostrado determinantes para o desenvolvimento de novos conceitos e métodos diagnósticos especialmente voltados para a população jovem, com relação aos aspectos antissociais.

Conceituação e Avaliação de Comportamentos Antissociais e Traços de Psicopatia na Infância e Adolescência

Na atualidade, há muitos debates e controvérsias acerca da extensão do constructo da psicopatia para a infância e a adolescência, considerando que a própria personalidade psicopática não é identificada como uma entidade nosográfica específica, segundo os atuais manuais de classificação dos transtornos mentais. Além disso, os jovens ainda estão construindo sua personalidade, sujeitos, assim, ao desenvolvimento de características e sintomas reativos e não estáveis, que não refletem a essência de seu funcionamento ao longo do tempo. Há ainda outros argumentos que se associam à etiologia multifatorial dos traços psicopáticos, tornando relevante a preocupação com a centralização dos componentes psicopatológicos em aspectos que recaiam sobre o próprio indivíduo em formação, podendo desconsiderar os demais elementos de ordem socioeconômica, ambiental, cultural e ideológica, imbricados no desenvolvimento e manutenção desses traços.

No entanto, a literatura tem evidenciado que problemas de externalização em crianças pequenas, em alguns casos, no lugar de representarem apenas reações específicas a situações ou etapas evolutivas, podem vir a constituir sintomas mais tarde associados aos transtornos mentais, como o transtorno de conduta e o desafiador opositivo, segundo critérios do DSM-IV-R (APA, 2002). Sob a denominação de problemas de externalização, encontram-se aspectos de conduta agressiva, desobediência, intolerância à frustração, oposicionismo, impaciência, fraco controle dos impulsos, fugas e roubos ocasionais (Achenbach, 1991/ Bordin, Mari & Caeiro, 1995; Lambert, Wahler, Andrade, & Bickman, 2001), entretanto, não necessariamente indicam a presença de psicopatologia. São considerados "problemas", pela natureza incipiente, que tanto podem encontrar uma solução quanto podem se agravar, persistir ou associar-se a outras alterações, demandando por observação atenta. Quando se tornam repetitivos, persistentes e atingem contextos diversos, nos quais a criança está inserida, representam um risco de tornarem-se o modo habitual de reagir, um traço que identifica a sua maneira de ser, apontando para a presença potencial de elementos psicopatológicos.

O transtorno de conduta (TC), tipicamente, manifesta-se muito cedo, entre o final da infância e a puberdade, e pode persistir até a idade adulta, com taxas de prevalência que variam de 6 a 16% para o sexo masculino (APA, 2002). Pode ser acompanhado por comorbidades, como o transtorno de déficit de atenção e hiperatividade (TDAH), comportamento agressivo, déficit intelectual, convulsões e comprometimento do sistema nervoso central (por conta do consumo de álcool/drogas no período pré-natal, infecções, uso de medicamentos, traumas cranianos), além de antecedentes familiares positivos para hiperatividade e comportamento antissocial. Essas comorbidades tendem a ser mais frequentes quando o transtorno de conduta inicia-se antes dos 10 anos. É frequente também o TC apresentar-se associado ao baixo rendimento escolar e a dificuldades de relacionamento com pares, resultando em limitações acadêmicas e sociais ao indivíduo (AACAP, 1997). Além disso, a presença de TC na infância ou na adolescência é um dos critérios para o diagnóstico de transtorno de personalidade antissocial na idade adulta (APA,2002). Assim, comportamentos antissociais podem ser encontrados com relativa frequência entre crianças e adolescentes, nem sempre indicando a presença de diagnósticos psicopatológicos. A persistência e o início dessas manifestações são, porém, importantes elementos para a distinção diagnóstica e prognóstica. Estudos empíricos têm confirmado que há enorme diversidade de manifestações antissociais entre jovens, as quais podem assumir diferentes significados, representando, portanto, um conjunto heterogêneo de condições e sintomas (Frick & Marsee, 2006; Moffitt, 1993; Moffitt et al., 2001). Quando as manifestações antissociais limitam-se à adolescência ou idades anteriores, ficando circunscritas à juventude e associadas à busca de gratificação imediata ou à influência dos pares, é esperado que esses indivíduos possuam alguma capacidade de manifestar atitudes pró-sociais quando percebidas como recompensadoras (Moffit, 1993). Para alguns pesquisadores, quando perpassam as etapas evolutivas precoces, tais comportamentos antissociais iniciados ainda na infância são protótipos de comportamentos delinquentes que poderão manifestar-se só mais tarde, sob a forma de transtornos de personalidade (Farrington, 1995; Veirmeiren, 2003).

Pesquisadores como Lynam (1997; 1998) propuseram, por intermédio de seus estudos, a hipótese de que alguns transtornos de conduta poderiam ser melhor descritos como traços incipientes de psicopatia. A partir dessa possibilidade, pesquisas empíricas com crianças que apresentavam comorbidades de TC, hiperatividade e impulsividade passaram a ser mais frequentes. Tais pesquisas, ainda que envolvam inúmeras considerações metodológicas e cuidados éticos, vêm gerando subsídios para a distinção de padrões de comportamento antissociais mais graves, persistentes, agressivos ou associados a déficits neuropsicológicos (por exemplo, pobres respostas na modulação afetiva ou incapacidade para postergar gratificações).

A identificação de características específicas encontradas em associação com os comportamentos antissociais iniciados precocemente trouxe à tona a relevância de questões etiológicas, preditivas e protetivas envolvidas na personalidade psicopática, em fases incipientes. As pesquisas direcionadas para o reconhecimento, que, em geral, mostram-se associados a aspectos afetivos, cognitivos e relacionais ainda muito pouco explorados e conhecidos, vêm ganhando destaque nas últimas décadas. Menciona-se como exemplo a identificação de dificuldades precoces relacionadas ao reconhecimento de emoções negativas em trabalhos sugestivos em relação à própria etiologia da psicopatia (Stevens, Charman & Blair, 2001). Com tais pesquisas, instrumentos de avaliação de traços psicopáticos dirigidos a populações infantis e adolescentes passaram a receber maior atenção e, gradualmente, esses instrumentos vêm contribuindo de modo substancial para ampliar o conhecimento do constructo em jovens.

Alguns instrumentos de avaliação

As pesquisas atuais de investigação de traços de psicopatia em crianças e adolescentes surgiram focadas ou com o intuito de descrever subgrupos de severos problemas de comportamento associados aos transtornos de conduta (Frick & Hare, 2001). A justificativa e relevância dessas pesquisas centram-se no pressuposto de que somente por intermédio da identificação de elementos precursores desses transtornos é possível o desenvolvimento de intervenções preventivas e clínicas, além do gerenciamento efetivo dos danos a esses jovens (Johnstone & Cooke, 2004).

O desenvolvimento de medidas confiáveis e válidas para a identificação desses traços pode tornar possível a compreensão e a prevenção de graves transtornos psicopatológicos (Farrington, 2005). Entre essas medidas, algumas, como as que serão apresentadas a seguir, têm se mostrado promissoras, ainda que demandem extensos estudos envolvendo suas propriedades psicométricas em diferentes contextos e em diferentes amostras. Além disso, são medidas que podem assinalar evidências de elementos essenciais à psicopatia, mas não determinam com absoluta certeza a presença de transtornos. Ou seja, a análise não pode prescindir sempre da sua relativização face à história clínica individual e aos próprios avanços na compreensão do constructo produzidos a partir dos estudos empíricos que vêm sendo realizados.

1. Childhood Psychopathy Scale – CPS (Lynam, 1997)

O CPS consiste em uma escala construída a partir das informações produzidas pelo PCL-R (Hare Psychopathy Checklist –Revised; Hare, 2003) e de outras escalas como o CBCL, o que permitiu gerar vários grupos de itens que corresponderiam aos do PCL-R. Após a eliminação de itens que produziam redução na consistência interna da medida, a escala ficou com 41 itens. As pontuações atribuídas aos itens são somadas, resultando em um índice único de traços de psicopatia, sendo obtidas a partir do relato de informantes. Uma versão de autorrelato (mCPS), contendo 55 itens, já foi testada empiricamente (Spain, Douglas, Poythress, & Epstein, 2004). Embora a escala tenha se mostrando interessante, o número de estudos utilizando a CPS ainda é insuficiente para produzir resultados generalizáveis.

2. Antisocial Process Screening Device – APSD (Frick & Hare, 2001)

É uma escala composta de 20 itens, utilizada para identificar características de psicopatia compatíveis com o que pode ser observado em crianças, pontuada a partir do relato de informantes (pais e professores), e há ainda uma versão de autorrelato. Originalmente denominada de PSD (Psychopathy Screening Device), o desenvolvimento da APSD também partiu dos princípios do PCL-R. A pontuação é realizada em escala ordinal de três pontos, tendo sido identificada, inicialmente, uma estrutura de dois fatores: traços de insensibilidade/sem emoção e impulsividade/problemas de conduta (Frick, O'Brien, Wooton, & McBurnett, 1994). Um estudo mais recente, com uma amostra de 1136 crianças, obteve uma estrutura de três fatores para a escala, os dois anteriores e mais um relacionado ao narcisismo. Escalas de relato de informantes, como o ASPD, apesar de sua importância, recebem, em geral, muitas críticas associadas ao possível viés do informante, tanto no sentido de minimizar como também exacerbar as características observadas, com base na própria subjetividade e ligação com o indivíduo avaliado (Hare,1991; Kosson et al., 1997).

3. Youth Psychopathic Traits Inventory – YPI (Andershed, Kerr, Sattin & Levander, 2002)

Consiste em uma escala de autorrelato desenvolvida, originalmente, por um grupo de investigadores suecos (Andershed, Kerr, Sattin & Levander, 2002) para uso na população adolescente comunitária, entre 12 a 18 anos de idade. É composta por 50 itens pontuados seguindo uma escala de zero até quatro pontos, sendo alguns itens codificados de forma inversa. Os itens formam dez subescalas, não incluindo aspectos direcionados exclusivamente aos comportamentos antissociais. Há também uma versão para uso na infância (Youth Psychopathic Traits Inventory Child-Version; YPI-CV), em crianças entre 9 a 12 anos de idade que mantêm as mesmas subescalas da escala original.

4. Hare Psychopathy Checklist: Youth Version – PCL:YV (Forth, Kosson, & Hare, 2003)

O PCL:YV (Inventário de Psicopatia de Hare: Versão Para Jovens; Gauer, Vasconcellos, & Werlang, 2006) é uma versão adaptada do PCL-R, especialmente desenvolvida para a identificação de traços de psicopatia em jovens entre 12 a 18 anos. O instrumento foi desenvolvido buscando adequar-se às características próprias do desenvolvimento do adolescente, aplicado por meio de entrevista semiestruturada, que foca em aspectos relacionados à concepção de psicopatia tradicional. Inclui 20 itens que são avaliados durante a entrevista e complementados por intermédio de informações colaterais, obtidas, por exemplo, por meio de prontuários, de familiares, de funcionários de abrigos e de instituições socioeducativas.

O PCL:YV avalia as características interpessoais, afetivas, comportamentais e antissociais da psicopatia, de modo similar ao PCL-R, utilizando o formato de pontuação por um perito. Os itens são pontuados em uma escala ordinal de três pontos, de acordo com o grau em que o traço avaliado apresenta-se equiparado à descrição feita pelo manual para cada um dos itens. Há ainda a possibilidade de, em casos excepcionais, a pontuação do item ser omitida devido a inexistência de informações suficientes para uma pontuação confiável. O escore total é obtido pela soma simples dos valores de cada item, e no caso de itens omitidos, um ajuste específico é proposto pelo manual. Também para amostras de populações já normatizadas, há a possibilidade de converter os escores brutos em escores padrões, agrupando-os em escores fatoriais. Porém, ao contrário das versões adultas do PCL, o PCL:YV não utiliza um ponto de corte, considerando, especialmente, a questão da estabilidade dos traços de personalidade e as características intrínsecas do constructo quando associado à adolescência (Forth et al., 2003). O manual técnico PCL:YV (Forth et al., 2003) descreve 19 estudos em três diferentes países, totalizando 2438 participantes, contemplando amostras de adolescentes institucionalizados, amostras clínicas e da comunidade em geral. Segundo os autores, ainda que apresentem limitações, o conjunto dessas pesquisas tem revelado uma boa capacidade diagnóstica do instrumento, o qual tem contribuído para evidenciar características e especificidades da psicopatia em amostras de adolescentes.

Atualmente, o PCL:YV está em processo de validação no Brasil, aguardando a autorização da Multi-Health Systems, detentora dos direitos autorais. O instrumento já foi traduzido e adaptado para o português do Brasil por intermédio do processo de tradução reversa, e a versão final da escala foi aprovada pela Multi-Health Systems. Alguns resultados psicométricos preliminares, obtidos com amostras de adolescentes em medida socioeducativa de privação da liberdade, mostram-se similares aos internacionais e já estão publicados, como aqueles de confiabilidade interavaliadores (Ronchetti, Davoglio, Salvador-Silva, Vasconcellos, & Gauer, 2010).

Antes da utilização do PCL:YV, o manual técnico recomenda que o avaliador receba um treinamento específico para minimizar o risco da aplicação indevida ou inadequada. Por essa razão, preliminarmente à utilização da versão brasileira do PCL:YV nos estudos que estão sendo realizados com adolescentes brasileiros, envolvendo evidências psicométricas (confiabilidade, análises fatoriais, teoria de resposta ao item, validade convergente e discriminante). Esse processo contou ainda com a vinda ao Brasil de um dos autores do instrumento para treinar a equipe que desenvolve a pesquisa com esse instrumento, atualmente centralizada no programa de Pós-Graduação da Faculdade de Psicologia da Pontifícia Universidade Católica do Rio Grande do Sul.

A publicação do PCL:YV traz consigo preocupações a respeito de como este será usado e aplicado. O manual técnico foi escrito para encorajar pesquisadores a explorarem esse campo e proporcionar diretrizes para o uso judicioso do PCL:YV em contextos aplicados (Forth et al., 2003), descrevendo o tipo de pesquisa de validação que vem sendo conduzida e tornando explícitas as limitações do uso clínico e forense. Embora uma quantidade considerável de pesquisas atestem sua confiabilidade, validade e utilidade, permanecem em discussão questões fundamentais a respeito da natureza da psicopatia em adolescentes. Pesquisas futuras serão necessárias para determinar, com maior especificidade, como o PCL:YV está relacionado com resultados clínicos significativos, tais como as pontuações do PCL-R em adultos, o comportamento institucional e em comunidade, as taxas gerais de reincidência, a violência, a criminalidade e a responsividade às intervenções institucionais.

5. Interpersonal Measure of Psychopathy – IM-P (Kosson, Steuerwald, Forth, & Kirkhart, 1997)

A IM-P (Medida Interpessoal de Psicopatia) já está traduzida para o português do Brasil (Vasconcellos, Davoglio, Ronchetti, & Gauer, 2008), foi desenvolvida para ser um instrumento coadjuvante na avaliação da personalidade psicopática. Foca-se, especificamente, nos fatores interpessoal e afetivo, identificados nas análises fatoriais das escalas Hare. Ainda que tenha sido inicialmente desenvolvida para uso com adultos, não há nenhuma contraindicação para sua utilização com adolescentes. Consiste em uma escala de 21 itens que o avaliador utiliza para mensurar uma variedade de interações interpessoais e comportamentos não verbais, estabelecidos entre o participante e o entrevistador, durante a entrevista de avaliação, e são sugestivos da presença de traços de psicopatia. A IM-P é pontuada em uma graduação de zero a três, de acordo com a frequência e a intensidade da presença do aspecto observado por um avaliador neutro que acompanha a entrevista ao vivo ou por intermédio de gravação em vídeo e áudio. Em geral, é recomendado que a IM-P seja pontuada por meio da mesma entrevista realizada para pontuar as versões das escalas Hare, assim, evitando o gasto de tempo e a repetição de informações pelo participante.

A pontuação da IM-P, portanto, está baseada exclusivamente no funcionamento interpessoal observado na entrevista e nas impressões subjetivas do avaliador, enquanto as escalas Hare baseiam-se em respostas a perguntas específicas e informações colaterais. A IM-P não depende, então, da história prévia, refletindo a frequência com que determinados comportamentos e reações ocorrem no momento atual. Há diversas pesquisas utilizando a IM-P em amostras adultas e jovens (Kosson et al., 1997; Vassileva, Kosson, Abramowitz, & Conrod, 2005; Zolondek, Lilienfeld, Patrick, & Fowler, 2006). Um estudo recente revelou a presença da estrutura fatorial da IM-P composta por três fatores – dominância, grandiosidade e violação de limites – fortemente correlacionados a aspectos interpessoais da personalidade psicopática (Vitacco & Kosson, 2010). Atualmente, a IM-P está em uso em pesquisas com amostras brasileiras de adolescentes em conflito com a lei, sendo utilizada em associação ao PCL:YV, priorizando as evidências psicométricas do instrumento para o contexto brasileiro (Davoglio, Gauer, Vasconcellos & Lühring, 2011).

Considerações finais

Apesar da polêmica e das preocupações referentes aos benefícios e riscos da extensão do constructo da psicopatia para a infância e a adolescência, acredita-se que há diversos argumentos que justificam o desafio de produzir pesquisas voltadas para essa temática. Sabe-se que há muitos transtornos, especialmente os que dizem respeito à personalidade, cuja prevenção constitui a abordagem mais eficaz. A identificação precoce de traços de psicopatia em jovens é, portanto, vital para minimizar a possibilidade de que esses traços se tornem estáveis e cristalizados na idade adulta, com implicações não apenas para o desenvolvimento do indivíduo, mas também para o contexto social no qual ele está inserido.

Os instrumentos de avaliação assumem relevância nessas pesquisas, porém, é fundamental haver critérios psicométricos confiáveis e abrangentes que sustentem a validade das medidas. Métodos tradicionalmente utilizados para medir a consistência interna, por exemplo, têm sido, atualmente, considerados pouco ideais por oferecer informações discriminantes entre os instrumentos. Além disso, a estrutura subjacente à construção das escalas que se associam às variáveis latentes do constructo da psicopatia em jovens, também não são consensuais entre os pesquisadores. Desse modo, continuamente recomenda-se a utilização de técnicas mais sofisticadas de modelagem estatística para produzir evidências psicométricas dos instrumentos a serem utilizados nas avaliações de traços de psicopatia, tais como as análises fatoriais e a teoria de resposta ao item.

Indubitavelmente, o maior indicador da utilidade de uma medida psicométrica para uso em avaliação, quer clínica ou forense, é sua capacidade de demonstrar e evidenciar a eficiência do diagnóstico. Nesse sentido, os estudos longitudinais com amostras de adolescentes mostram-se um caminho necessário, ainda que árduo, e de acesso nem sempre fácil, demandando investimentos e início imediato.

Referências

American Academy of Child and Adolescent Psychiatry (AACAP; 1997). Practice parameters for the assessment and treatment of children and adolescents with conduct disorder. *Journal American Academy Child and Adolescent Psychiatry*; 36(10),122-39.

Achenbach, T.M. (1991). *Manual for the child behavior checklist/4-18 and 1991 Profile*. Burlington, VT: University of Vermont, Department of Psychiatry.

Amorin, P. (2000). Mini-International neuropsychiatric interview (MINI): validação de entrevista breve para diagnóstico de transtornos mentais. *Rev Bras Psiquiatr*; 22(3),106-15.

Andershed, H., Kerr, M., Stattin, H., & Levander, S. (2002). Psychopathic traits in nonreferred youths: a new assessment tool. In: Blaauw, E. & Sheridan, L. (Ed.). *Psychopaths: Current Internacional Perspectives*, pp.131-158. The Hague: Elsevier.

Black, D.W. *Bad Boys, Bad Men*. New York: OXFORD, 1999.

Bordin, I. A.S; Mari, J.J., & Caeiro, M. F. (1995). Validação da versão brasileira do "Child Behavior Checklist" (CBCL) – Inventário de Comportamentos da Infância e Adolescência): Dados preliminares. *Revista ABP-APAL*, 17, 55-66.

Chipkevitch, E. (1994). *Puberdade & Adolescência: apectos biológicos, clínicos e psicossociais*. São Paulo: Roca.

Davoglio, T.R., Gauer, G.J. C., Vasconcellos, S. J. L., & Lühring, G. (2011). Medida Interpessoal de Psicopatia (IM-P): Estudo preliminar para o contexto brasileiro. *Trends Psychiatry Psychother*, 33(3),147-155.

Farrington D. P. (2005). The Importance of Child and Adolescent Psychopathy. *Journal of Abnormal Child Psychology*, Vol. 33, No. 4, p. 489–497.

Farrington, D. P. (1995). The challenge of teenage antisocial behavior. In: M. Rutter (Org.), *Psychosocial disturbances in young people: Challenges for prevention Cambridge: Press Syndicate of the University of Cambridge*. p. 83-130.

Forth, A. E., Kosson, D. S., & Hare, R. D.(2003). *The Psychopathy Checklist: Youth Version manual*. Toronto: Multi-Health Systems.

Frick, P. J., &Hare, R. D.(2001).*The Antisocial Process Screening Device*. Toronto: Multi-Health Systems.

Frick, P. J., & Marsee, M.A.(2006). Psychopathy and developmental pathways to antisocial behavior in youth. In: C.J.Patrick (Ed.) *Handbook of psychopathy* (pp. 355-374). New York: Guildford.

Frick, P. J., O'Brien, B. S.,Wootton, J. M., & McBurnett, K.(1994). Psychopathy and conduct problems in children. *Journal of Abnormal Psychology*,103,700–707.

Gauer, G.J.C., Vasconcellos, S.J.L., & Werlang, B.G. *Inventário de Psicopatia de Hare: Versão Jovens (PCL:YV)*.Toronto: Multi-Health Systems Inc. 2006. (Tradução não publicada).

Hare, R.D. (2003). *Manual for the Psychopathy Checklist-Revised*. Toronto, ON, Canada: Multi-Health Systems.

Johnstone, L. & Cooke, D. J. (2004). Psychopathic like traits in childhood: Conceptual and measurement concerns. *Behavioral Science and the Law*, 22 (1), 103-125.

Lambert, E., Wahler, R., Andrade, A., & Bickman, L. (2001). Looking for the disorder in conduct disorder. *Journal of Abnormal Pychology*, 110,110-123.

Kosson, D.S., Steuerwald, B.L, Forth, A.E. & Kirkhart,K.J. (1997). A new method for assessing behavior of psychopathic individuals: preliminary validation studies. *Psychological Assessment*, 9 (2), 89-101.

Londoño, F. T. (1996) A origem do conceito menor. In: Del Priore, M. (Ed.). *História da Criança no Brasil* (pp.129-145). São Paulo: Contexto.

Lynam, D. R. (1997).Pursuing the psychopath: Capturing the fledgling psychopath in a nomological net. *Journal of Abnormal Psychology*,106, 425-438.

Moffitt, T. E., (1993). Adolescence-limited and life-course-persistent antisocial behavior: A developmental taxonomy. *Psychological Review*,100, 674-701.

Moffitt, T. E., Caspi, A., Rutter, M., & Silva, P. A.(2001). *Sex differences in antisocial behaviour: Conduct disorder, delinquency, and violence in the Dunedin Longitudinal Study*. Cambridge: Cambridge University Press.

Polanczyk, G.V., Eizirik, M., Aranovich, V., Denardin, D., Silva, T.F., Conceição,T.V., Pianca, T.G., & Rohde, L.A.P. (2003). Interrater agreement for the Schedule for Affective Disorders and Schizophrenia Epidemiological version for school-age children (K-SADS-E). *Revista Brasileira de Psiquiatria (Brazilian Journal of Psychiatry)*, 25, 2, 87-90.

Priuli, R. M. A., & Moraes, M. S. (2007). Adolescentes em conflito com a lei. *Ciência & Saúde Coletiva*, 12, 1185-1192.

Rocha, G. M. P. & Levy, R. Adolescência. IN: Cataldo Neto, Alfredo; Gauer, Gabriel José Chittó; Furtado, Nina Rosa. *Psiquiatria para Estudantes de Medicina*. Porto Alegre: EDIPUCRS, 2003.

Ronchetti R, Davoglio TR, Silva RS, Vasconcellos SJL, Gauer GJC. Inventário de Psicopatia de Hare: Versão Jovens (PCL:YV): estudo preliminar em amostra adolescente brasileira. *Revista Interamericana de Psicologia/Interamerican Journal of Psychology*. 2010; 44(3), 411-17. (no prelo).

Spain, M. A.,Douglas, K. S.,Poythress, N. G., & Epstein, M.(2004). The relationship between psychopathic features, violence and treatment outcome: The comparison of three youth measures of psychopathic features.*Behavior Science and the Law*, 22,85–102.

Stevens, D., Charman, T., & Blair, R. J. R. (2001). Recognition of emotion in facial expressions and vocal tones in children with psychopathic tendencies. *Journal of Genetic Psychology*, 162, 201–211.

Vasconcellos, S.J.L., Davoglio, T.R., Ronchetti, R., & Gauer, G.J.C. (2008). *Medida Interpessoal de Psicopatia*. (Tradução não publicada).

Vassileva, J., Kosson, D.S, Abramowitz,C., & Conrod, P. Psychopathy versus psychopathies in classifying criminal offenders. *Legal and Criminological Psychology*. 2005; 10(1): 27-43.

Veirmeiren, R. (2003). Psycopathology and delinquency in adolescents: A descriptive and developmental perspective. *Clinical Psychology Review*, 23, 277-318

Vitacco, M. J, Kosson DS. Understanding psychopathy through an evaluation of interpersonal behavior: Testing the factor structure of the Interpersonal Measure of Psychopathy in a large sample of jail detainee. *Psychological Assessment*.2010; 3:638-49. DOI 10.1037/a0019780.

Zappe, J. G. & Dias, A. C. G. (2010). Delinquência juvenil na produção científica nacional: distâncias entre achados científicos e intervenções concretas. *Barbaroi*, 33, 82-103.

Zolondek, S., Lilienfeld, S.O., Patrick, C.J., & Fowler, K. A.(2006). The Interpersonal Measure of Psychopathy: Construct and Incremental Validity in Male Prisoners. *Assessment*, 13(4), 470-82.

CAPÍTULO 3

Contribuições psicanalíticas para a compreensão do funcionamento antissocial

Tárcia Rita Davoglio[1]
Silvia Pereira da Cruz Benetti[2]

A possibilidade de influência analítica repousa em precondições bastante definidas, que podem ser resumidas sob a expressão 'situação analítica'; ela exige o desenvolvimento de determinadas estruturas psíquicas e de uma atitude específica para com o analista. Onde estas faltam – como no caso de crianças, delinquentes juvenis e, via de regra, criminosos impulsivos – algo diferente da análise tem de ser utilizado, embora algo que seja uníssono com a análise em seu intuito.

(Introdução ao Livro de August Aichhorn; Freud, 1925)

Desde o célebre prólogo de Freud (1925/1980), enviado a August Aichhorn, referindo-se aos desafios teóricos e técnicos da psicanálise diante da juventude desorientada e delinquente, muitas descobertas ocorreram no campo da personalidade, da conduta e da psiconeurologia. Esses avanços convergem no sentido de enfatizar a complexidade dos processos mentais subjacentes à psicopatologia grave associada aos comportamentos antissociais, sem necessariamente entrar em conflito com os pressupostos psicanalíticos.

---

[1] Psicóloga/Psicoterapeuta. Doutoranda em Psicologia (Bolsista CAPES) do Programa de Pós-Graduação em Psicologia da Pontifícia Universidade Católica do Rio Grande do Sul (PUCRS). Mestre em Psicologia Clínica (PUCRS); Especialista em Psicoterapia Psicanalítica (UNISINOS); Perita em Avaliação Psicológica; Professora de Ensino Superior.

[2] Psicóloga. Doutora em Psicologia pela Syracuse University (USA). Professora, pesquisadora e integrante do Programa de Pós-Graduação em Psicologia da Universidade do Vale do Rio dos Sinos (UNISINOS).

De modo incipiente, ainda no início do século passado, a psicanálise dera-se conta que o funcionamento dos jovens delinquentes era marcado por diferenças conceituais, econômicas e psicodinâmicas, distinguindo-se do funcionamento neurótico, este compelido a retornar a pontos de fixação sob a ação do recalcamento. Nas palavras de Freud vislumbravam-se as dificuldades inerentes à abordagem dos comportamentos desviantes e impulsivos, reconhecidos por ele nas questões transferenciais e de desenvolvimento psíquico, alertando para a necessidade de se fazer com esses indivíduos outra intervenção que não fosse exatamente a análise clássica, apesar de coincidir com esta no propósito de acessar as estruturas psíquicas. Portanto, Freud já percebia a necessidade de intervenções mais sensíveis às demandas desses quadros clínicos.

Posteriormente, Freud complementa essa compreensão do funcionamento psíquico do antissocial indicando que dois traços são fundamentais nas manifestações que envolvem a criminalidade. O primeiro é um intenso egoísmo; o segundo é uma necessidade de destruição, destacando que o ponto comum a esses traços é a ausência de amor e apreciação pelos objetos (Freud, 1928/1980).

Em conjunto com a tentativa de compreensão psicodinâmica de base psicanalítica, desde a primeira classificação do Manual Diagnóstico e Estatístico de Transtornos Mentais (DSM), foi dada ênfase para a necessidade de uma classificação adequada e válida para os transtornos relativos à personalidade e ao envolvimento com a lei e a violência. Desde então, o estabelecimento de critérios diagnósticos adequados e abrangentes para definir esses casos (Cooke & Michie, 2001; Gacono, 1990; Hare & Neumann, 2008) tem sido motivo de debates, especialmente acerca da excessiva valorização dos aspectos comportamentais e criminais em detrimento aos afetivos e interpessoais, concomitantes às manifestações desviantes (Hare & Neumann, 2010; Kosson, Forth, Steuerwald, & Kirkhart, 1997; Skeem & Cooke, 2010).

Apesar das classificações diagnósticas atuais em uso (DSM–IV-R e CID 10) enfatizarem os aspectos comportamentais vinculados às infrações à lei, a conceituação e a descrição das manifestações ditas psicopáticas foram, definitivamente, alteradas pelos estudos iniciados nas décadas de 1980 e 1990 (Cooke, & Michie, 2001; Cooke, Michie, Hart, & Clark, 2004; Hare, 1991, 1996, 2003), estabelecendo-se como um campo teórico distinto da personalidade antissocial em si. Historicamente, a descrição original da personalidade psicopática foi feita por Cleckley (1941/1988), apresentando alguns pontos fundamentais em relação às características dessa personalidade, diferenciando o comportamento antissocial inadequadamente motivado dos quadros psicóticos e de outras síndromes cerebrais orgânicas, frente à ausência de delírios e alucinações.

Por sua vez, na Psicanálise, Otto Kernberg (1991, 1995a), valorizando as contribuições de Cleckley, retomou a ênfase nos aspectos estruturais subjacentes às manifestações antissociais, apontando que "o comportamento antissocial, em termos ideais, deve ser definido mais em função de seus significados psicológicos do que comportamentais ou legais" (p. 76). Para os psicanalistas, portanto, os diagnósticos de personalidade exigem que se leve em conta os aspectos estruturais subjacentes à organização básica da personalidade, os quais podem permitir a compreensão dessa organização integrada com seus múltiplos componentes (Kernberg, Weiner, & Bardenstein, 2003).

Dessa forma, as contribuições dos avanços psicanalíticos referentes às inúmeras manifestações condensadas sob a denominação antissocial envolvem conceitos teóricos relacionados ao papel da construção do *self* na organização da personalidade, aos processos mentais resultantes do desenvolvimento da representação mental do objeto e às características de apego com as figuras de apego nos primeiros anos de vida. São relevantes, ainda, as falhas na constituição de um núcleo identitário que permita ao *self* estabelecer uma perspectiva de continuidade e estabilidade temporal e, também, de reconhecer-se distinto dos demais (Blatt & Luyten, 2009; Campos, 2003). Além disso, destacam-se, igualmente, os estudos que apontam a complexa inter-relação entre elementos neurobiológicos e psíquicos associados às falhas da representação objetal e do *self* (Kernberg & Michels, 2009) ao estilo de apego (Fonagy, 1999) e às dificuldades graves na capacidade de mentalização representadas pela incapacidade de interpretar ações e afetos próprios e dos demais, acionando o ato violento (Bateman, & Fonagy, 2010).

No que tange à própria Psicanálise, todos esses conceitos mobilizam a retomada do debate contemporâneo acerca da necessidade dos psicanalistas travarem um diálogo integrador com outras disciplinas. Tal diálogo pressupõe investigação e pesquisa que contextualize os conceitos psicanalíticos já sedimentados, sobre os quais se podem construir novos saberes e favorecer a interlocução com outros avanços científicos (Fonagy, 2003). Dessa forma, psicanalistas visionários, inspirados talvez na perseverança do próprio Freud, conseguiram tecer, ao longo de mais de um século, boa parte da teorização necessária à compreensão e abordagem de alguns outros transtornos além das neuroses. Tornou-se possível, assim, contornar limitações e dificuldades encontradas, tais como nos transtornos psicóticos e borderline, outrora tão pouco explorados pela Psicanálise quanto os que se referem hoje ao funcionamento antissocial. É a partir dessa perspectiva que a divulgação de novos conceitos e de pesquisas clínicas emergentes torna-se fundamental para o desenvolvimento psicanalítico no enfrentamento desses transtornos.

Tomando como base as características do desenvolvimento psíquico proposto por Otto Kernberg para a compreensão do funcionamento da organização borderline de personalidade na dimensão antissocial, neste capítulo são apresentadas as contribuições desse autor, além de contribuições trazidas por outros psicanalistas, como Bowlby, Blatt e Fonagy. Inicialmente, é discutido o desenvolvimento psíquico baseado em aspectos psicanalíticos voltados aos progressos no campo da psicopatologia, finalizando com as possibilidades e dificuldades esperadas nas intervenções terapêuticas focadas nesses conceitos teóricos abordados.

Questões de Desenvolvimento na Infância e Adolescência e Transtornos de Personalidade

Embora a presença de transtornos de personalidade na infância e na adolescência seja um tópico discutível (Farrington, 2005; Forth & Burke, 1998; Frick, 2009; NAMHC, 1995) e não recomendado como classificação diagnóstica nessas idades (APA, 2002), há várias descrições de padrões de personalidade desviantes e duradouros desde o final da pré-escola. Tais padrões são identificados por manifestações agressivas, comportamentos e características infantis persistentes, que se associam a apegos inseguros e estratégias de enfrentamento inflexíveis, mais tarde relacionados à depressão, ao uso de drogas e ao comportamento antissocial e criminoso (NAMHC, 1995). Dessa forma, ainda que essas manifestações sintomáticas na infância e na adolescência não se constituam, necessariamente, como indicadores de transtorno de personalidade, diversos trabalhos já indicam que os sintomas devem ser cuidadosamente avaliados e acompanhados, pois têm sido apontados como precursores do desenvolvimento das estruturas borderline (Miller, Muehlenkamp, & Jacobson, 2008).

Nas populações jovens, os padrões de funcionamento inadaptados e persistentes, não tipicamente esperados para aquela etapa evolutiva, são considerados indícios incipientes e relevantes para o desenvolvimento de transtornos de personalidade. Quando se tornam inflexíveis e persistem ao longo do tempo, tais padrões são critérios para transtornos de personalidade (Kernberg et al., 2003). Estes transtornos, entre a população geral adulta, atingem prevalência de cerca de 10%, indicando a importância e a necessidade de estudos dirigidos para o problema, onde abordagens psicanalíticas que contemplam os avanços da ciência em áreas afins têm sido cada vez mais promissoras (Lenzenweger, 2010).

Nesse sentido, interfaces conceituais importantes da teoria psicanalítica clássica e das pesquisas em psicopatologia do desenvolvimento e psiquiatria acerca da manifestação da psicopatologia na infância e na adolescência foram desenvolvidas. Pesquisadores e clínicos da área da psicopatologia do desenvolvimento, focados na compreensão psicanalítica derivada da teoria das relações objetais e teoria do apego, têm realizado extensos estudos, tanto voltados para a compreensão da psicopatologia quanto para o desenvolvimento de intervenções psicoterápicas (Fonagy, Gergely, Jurist, & Target, 2002).

Segundo a teoria das relações objetais, as representações internas vão sendo gradualmente construídas desde o nascimento e pressupõem que nos primeiros anos de vida a criança tenha conseguido estabelecer adequada regulação homeostática e fisiológica, diferenciação afetiva e modulação da atenção, estimulação interna, desenvolvimento de relações de apego seguro e um sentido de diferenciação interna e externa (Blatt & Auerbach, 2003). São as interações afetivas entre pais e filhos caracterizadas pelo envolvimento emocional positivo e consistente, encorajando a autonomia psicológica e facilitando o processo de individuação, que propiciam o desenvolvimento afetivo e o ajustamento psicológico da criança ou do adolescente.

Partindo da noção freudiana do papel dos impulsos libidinais e agressivos na constituição psíquica do sujeito, a teoria das relações objetais, então, destaca o caráter relacional dessa perspectiva. Em outras palavras, os impulsos são experienciados em relação às interações com o outro (o objeto externo). Essas experiências, por sua vez, são internalizadas e organizam-se como uma representação mental do objeto, formando blocos constituintes das estruturas psicológicas que servem para orientar o comportamento e a motivação do sujeito. Portanto, as experiências com o objeto, em sua estrutura, incluem as representações das interações do *self* e do objeto, o afeto correspondente a esta interação e a representação específica do objeto. Em termos intrapsíquicos, entende-se que os sintomas emocionais refletem no funcionamento psíquico característico de determinada estrutura psicológica (Kernberg, Yeomans, Clarkin, & Levy, 2008).

Esse modelo interno das representações afetivas parentais tem recebido suporte de diferentes aportes teóricos, incluindo tanto as teorias psicanalíticas das relações objetais como os trabalhos baseados na teoria do apego. Blatt, Auerbach e Levy (1997) propõem a Psicanálise contemporânea como integradora dos conceitos da teoria do apego e da escola das relações objetais, visto que ambas fundamentam-se na noção de que o desenvolvimento psicológico ocorre em uma matriz relacional, a qual, por sua vez, influenciará as representações internas do *self*.

A perspectiva da Teoria do Apego fundamenta-se no trabalho de Bowlby (1988/1989), o qual destacou o caráter inato do sistema motivacional do recém-nascido, voltado para a busca de proximidade e proteção nas figuras cuidadoras primárias, envolvendo fundamentalmente a maternagem. Esta consiste na relação afetiva e de cuidado indispensável para a sobrevivência da criança. Justamente a qualidade desse cuidado e da relação afetiva estabelecida entre a criança e o cuidador, apoiadas na sensibilidade e continência materna, é que determinará o estilo de apego desenvolvido pela criança nos primeiros anos de vida. Apego, então, caracteriza-se como uma espécie de vínculo no qual o senso de segurança está estreitamente ligado à figura de apego (Bowlby, 1969/1990). A partir desse relacionamento serão construídas as bases sobre as quais o indivíduo explorará o mundo e as demais relações (Bowlby, 1979/1997).

É com base nas experiências com as figuras de apego primárias que se desenvolve um sistema representacional interno ou um modelo de funcionamento interno, o qual se fundamenta em representações mentais derivadas das experiências. Essas representações mentais têm o papel de servir de modelo para a regulação e integração das experiências passadas e presentes, passando a sustentar a forma de vinculação com os outros, que se estabelecerá ao longo da vida. Portanto, essa compreensão das relações primárias oferece elementos importantes para a psicopatologia. Isso porque as experiências que fornecem uma base segura de relação entre o bebê e a mãe determinarão um sentimento de confiança básica, que resultará na capacidade infantil de exploração do ambiente. Ao contrário, situações de negligência e trauma podem gerar o estabelecimento de padrões de apego inseguro, evitativo ou ambivalente (Ainsworth, 1989) e, em situações mais severas, um padrão de apego do tipo desorganizado. As psicopatologias do apego relacionam-se mais aos padrões inseguros, principalmente ao padrão desorganizado.

No caso do psicopata, Meloy e Shiva (2007) destacam a relevância das descrições iniciais de Bowlby acerca dos padrões de apego de crianças emocionalmente desvinculadas, sem preocupação com os demais e que demonstram pouca emoção, como resultado do baixo investimento afetivo dos cuidadores. Da mesma forma, Mauricio, Tein e Lopez, (2007) também identificaram relações entre o estilo de apego evitativo e personalidade antissocial e entre o estilo de apego ansioso e personalidade borderline em homens violentos.

Portanto, no desenvolvimento embasado por experiências afetivas contingentes, amorosas e empáticas às demandas do indivíduo ao longo das fases evolutivas são constituídas as representações internas do *self* e do objeto. Essas representações, caracterizadas por um senso de coerência e integração, aliadas a vivências afetivas estáveis, culminam na organização do senso de identidade própria. É, justamente, a capacidade de reconhecer-se como separado do objeto, identificando-o como tendo características e vivências afetivas próprias, o que permite ao sujeito uma organização interna autônoma, com um senso de identidade própria, bem como uma experiência pessoal, com os demais, rica e criativa.

Assim, crianças ou adolescentes que se desenvolvem normalmente podem ser reconhecidos pela interação de diversos mecanismos que se voltam para o desenvolvimento da personalidade. Conseguem agir de acordo com as normas evolutivas referentes às expectativas de gênero, estabelecendo um senso de identidade adequado a sua faixa etária, utilizando-se de um nível de defesas psíquicas mais bem elaborado do que aquele das etapas anteriores do desenvolvimento, demonstrando capacidade de utilização flexível e adaptativa de mecanismos de defesa e enfrentamento. São capazes de estabelecer relações interpessoais, antecipar fatos, executar tarefas, usar humor e ter capacidade para sublimação, empatia e vínculos duradouros. Denotam possuir capacidade reflexiva e senso de realidade, sendo possível postergar reações impulsivas. Possuem uma identidade que já envolve um superego consistente, capaz de reconhecer regras, aprender com a experiência, sentir remorso e tentar fazer reparações (Kernberg et al., 2003).

Em contrapartida, crianças e adolescentes que, ao longo do desenvolvimento, têm experiências traumáticas, variando desde situações graves de maus-tratos e violência até eventos traumáticos acidentais, podem apresentar sequelas importantes que culminam no estabelecimento de estruturas psíquicas mais desorganizadas e instáveis na vida adulta. Esse funcionamento psicológico é típico das estruturas borderline de personalidade, as quais se caracterizam predominantemente pela incapacidade de integração das experiências afetivas, resultando em um funcionamento cindido em representações idealizadas do objeto, por um lado, e representações agressivas e hostis, por outro. Isso confere ao indivíduo vivências instáveis, polarizadas e dificuldade constante em manter relações contínuas e gratificantes com os demais, apresentando falhas importantes na organização do sentido de identidade (Kernberg et al., 2003).

A identidade, nessa perspectiva, é um componente subjetivo e um conceito central, tanto para a personalidade normal quanto para os transtornos de personalidade. A identidade possui características intrapsíquicas e intrapessoais, originalmente descritas por Erikson (1959), que apontam para a constância de si mesmas e são de continuidade no tempo, reconhecidas não apenas pela própria pessoa, mas também pelos demais. Na infância e início da adolescência é mais frequente que a identidade seja conceituada em termos de senso de *self*, o qual tende a se apresentar cada vez mais integrado, na medida em que o desenvolvimento prossegue, distinguindo com clareza crescente as representações do *self* e do outro, juntamente com a evolução da atividade mental independente dos outros. Em sentido estrutural, então, "a identidade é o resultado da integração da representação do *self* e das representações do objeto (ou seja, do outro) conectadas por laços afetivos e linguísticos" (Kernberg et al., 2003, p.53).

É na plasticidade do reconhecimento das experiências próprias e dos demais, dos limites pessoais e das necessidades do outro que se estabelecem relações interpessoais que permitem o alcance individual das metas e objetivos estabelecidos pelo sujeito. Desse modo, a identidade assume uma posição central na capacidade de estabelecer vivências ricas e prazerosas nos diferentes âmbitos pessoais.

Identidade e Desenvolvimento Psíquico: Contribuições de Sidney Blatt

O papel fundamental da noção de identidade, no processo de estruturação psíquica e na compreensão das manifestações da psicopatologia atual, foi destacado por Sidney Blatt. Ao reformular o modelo de desenvolvimento psicossocial de Erikson (1959), Blatt partiu do pressuposto de que diversas teorias do desenvolvimento enfocam, fundamentalmente, as características e experiências de vinculação e de separação do sujeito com figuras significativas, como elementos determinantes para a formação da personalidade (Blatt, & Luyten, 2009). Assim, com base nessa dupla polaridade, Blatt propôs que, de um lado, os processos relacionais (apego e vinculação) e, de outro, a definição pessoal (identidade e separação) são dimensões básicas para entender o desenvolvimento e a variação da personalidade, bem como a psicopatologia.

Embora diversas teorias do desenvolvimento considerem que o indivíduo experimenta relacionamentos e separações com figuras de apego, há a tendência a dar maior ênfase a um ou outro aspecto, sendo a integração de ambos a meta maior a ser adquirida ao longo do desenvolvimento (Blatt & Blass, 1992). É dessa dialética entre a autodefinição (*self* percebido como separado) e vinculação (*self* experienciado no relacionamento com os objetos) que surge a identidade (Blatt & Blass, 1996). Dentro dessa perspectiva, o modelo psicossocial de Erikson, sequencial e linear, composto de oito estágios, foi, então, reorganizado em dois eixos paralelos e complementares (Quadro 1). Esses dois eixos, no início do desenvolvimento, seriam relativamente independentes, mas por estarem em constante interação, acabariam por integrarem-se totalmente durante a parte final do ciclo vital, caso o desenvolvimento se processe de modo harmonioso.

Quadro 1 – Alterações propostas por Blatt ao modelo psicossocial de Erikson

Modelo Psicossocial de Erikson	Modelo proposto por Blatt	
	Relacionamento/Vinculação Constelação Anaclítica	Autodefinição/Separação Constelação Introspectiva
1. Confiança/Desconfiança	1. Confiança/Desconfiança	2. Autonomia/Vergonha
2. Autonomia/Vergonha		3. Iniciativa/Culpa
3. Iniciativa/Culpa		
4. Cooperação/Alienação	4. Cooperação/Alienação	5. Realização/Inferioridade
5. Identidade/Difusão da Identidade		6. Identidade/Difusão da Identidade
6. Intimidade/Isolamento		8. Generatividade/Estagnação
7. Generatividade/Estagnação	7. Intimidade/Relacionamento	9. Integridade/Desespero
8. Integridade/Desespero		

Nota: Adaptado de Blatt & Blass, (1992; 1996).

De acordo com o modelo proposto por Blatt, os processos de vinculação e separação não seriam apenas paralelos, mas, sim, complementares. De um lado, estaria a aquisição de uma capacidade de vinculação de qualidade e, de outro lado, a de um sentido de *self* individualizado. Esses processos são resultantes de esquemas cognitivos e afetivos que indicam como os sujeitos se estruturam e como as patologias se manifestam. Definem-se como modos de organização e processamento das informações, norteando o comportamento nas mais variadas situações e em relação ao próprio sujeito. Conforme as exigências do meio e as etapas de desenvolvimento nas quais a criança se encontra, os esquemas são adaptados às novas experiências.

Entretanto, quando essas exigências vão além do limite de acomodação, podem-se verificar perturbações no desenvolvimento dessas estruturas, causando falhas rígidas, que podem vir a se alterar por conta de acontecimentos posteriores (Blatt, & Luyten, 2009). Por conseguinte, ao integrar conceitos provenientes das teorias cognitivas, da teoria psicanalítica do desenvolvimento e do apego, a aproximação teórica de Sidney Blatt descreve vários momentos evolutivos dos esquemas cognitivo-afetivos, os quais, frente a perturbações em seu desenvolvimento, estariam associados às manifestações psicopatológicas.

Desse modo, a normalidade seria uma integração positiva entre o relacionamento e a autodefinição. Entretanto, todos os indivíduos têm tendências para um tipo de funcionamento, caracterizando duas configurações básicas de personalidade, a anaclítica e a introjetiva. Predisposições biológicas, características familiares e culturais tornam o desenvolvimento um processo complexo, fazendo com que formas compensatórias sejam desenvolvidas, assim como mecanismos defensivos (Blatt, & Luyten, 2009; Campos, 2003). Portanto, tanto a dimensão do relacionamento (vínculo) como da autodefinição (identidade) são consideradas dimensões interdependentes, cuja integração constitui os objetivos básicos do desenvolvimento da personalidade dos indivíduos em seus modelos estruturais (Blatt & Blass, 1992).

As primeiras experiências da criança com figuras importantes são fundamentais para o estabelecimento desses processos, visando: (1) o estabelecimento de relações interpessoais mais maduras, recíprocas, satisfatórias, estáveis e duradouras e (2) o desenvolvimento de uma identidade ou de um sentido de *self* consolidado, diferenciado, essencialmente positivo e cada vez mais integrado (Campos, 2003). Desse modo, o desenvolvimento harmonioso da personalidade, tanto em homens quanto em mulheres, está condicionado à ênfase igual e complementar na vinculação e no relacionamento interpessoal, tanto quanto na separação e na autodefinição (Guisinger, & Blatt, 1994).

O funcionamento da personalidade é compreendido como uma tentativa do indivíduo em proteger os aspectos positivos do objeto de vivências hostis dirigidas a ele. Ou melhor, em função das vivências pouco contingentes e frequentemente traumáticas na interação com os objetos ao longo do desenvolvimento, principalmente nos anos iniciais, a criança defende-se cindindo a representação mental em dois polos distintos, não integrados. Um desses polos representa os aspectos negativos do objeto, o outro, os aspectos idealizados. Essas representações não são meramente imagens cognitivas, mas carregam afetos inconscientes intensos e resultantes das experiências individuais particulares que irão influenciar a forma como o sujeito relaciona-se e principalmente vincula-se aos demais.

Os processos cognitivos subjacentes à personalidade anaclítica são mais figurativos, focalizados basicamente nos afetos e nas imagens visuais. Em termos de organização, os processos têm a característica de simultaneidade, em oposição a uma ordem sequencial, e uma ênfase na conciliação e síntese dos elementos de forma coesa, ao invés de uma análise crítica detalhada. Assim, a personalidade anaclítica orienta-se pela fusão, harmonia e integração, o que dá às experiências pessoais vivências de significado, sentimentos, afeto e reações emocionais, baseadas em dependência das respostas do contexto. Conforme Campos (2003), o pensamento é mais instintivo e determinado por sentimentos do que por fatos, preocupando-se em dar e receber afetos num ambiente harmonioso. As formas de expressão patológicas da personalidade anaclítica incluem as manifestações de esquizofrenia, depressão, personalidade infantil e transtornos de personalidade borderline, depressivo dependente e histérico. Estes se fundamentam em diferentes níveis de distorção da capacidade interpessoal de relacionamento, com uso de defesas evitantes, como a repressão e a negação.

Por sua vez, os processos mentais na personalidade introjetiva são muito mais literais e preocupados com a sequência, a crítica e a representação linguística. A ação prevalece, o comportamento lógico e manifesto é organizado pela lógica analítica e por detalhes, em oposição à integração. São também personalidades menos dependentes do contexto, sendo motivadas pelo reconhecimento e valorização pessoal, fazendo maior uso de defesas neutralizadoras, como a projeção, formação reativa e intelectualização. Por conseguinte, são sujeitos mais assertivos, guiados pelo prestígio, controle e utilização da agressividade como forma de sustentação da autodefinição, ao invés da intimidade e ligação. Na dimensão patológica relativa a dificuldades de autodefinição, identificam-se formas de esquizofrenia paranoide e paranoia, além do obsessivo-compulsivo, o depressivo crítico e a personalidade narcisista.

Especificamente em relação à compreensão de problemas externalizantes, agressividade e delinquência, Blatt destaca o elemento depressivo introjetivo, associado à autocrítica severa, o qual embasa um núcleo depreciativo do *self* e do objeto. As manifestações agressivas e antissociais estariam localizadas no espectro introjetivo, o qual inclui desde funcionamentos paranoicos até formas mais sofisticadas, ligadas às introjeções de representações hostis e a um superego exigente. Como alternativa, identifica-se também o narcisismo fálico, no qual o *self* é grandiosamente valorizado em seu poder e são ignoradas as preocupações com os demais como respostas defensivas frente a um objeto agressivo, as quais determinam comportamentos e afetos baseados na identificação com o agressor (Campos, 2003).

Complementar ao trabalho de Blatt e com base nas formulações sobre a identidade, o trabalho desenvolvido por Otto Kernberg foi além, principalmente, no sentido de propor como se originam as estruturas da personalidade. Desse modo, o autor deu ênfase à noção de que as estruturas psíquicas vão se organizando a partir das experiências na infância e na adolescência, tornando-se, na idade adulta, formas estáveis de funcionamento, constituindo-se em estruturas de personalidade (Kernberg et al., 2008).

A Perspectiva de Otto Kernberg

De acordo com Kernberg (1995a,b), as estruturas de personalidade são classificadas em três níveis de organização – neurótico, borderline e psicótico – diferenciados conforme critérios estruturais relativos ao nível de integração da identidade, às características dos mecanismos defensivos e ao teste de realidade. Considerando que a personalidade sintetiza aspectos do temperamento e do caráter, ela é definida como a integração desses elementos, pressupondo condições estruturais e dinâmicas. As primeiras, estruturais, dizem respeito ao grau de integração e internalização do *self* e das relações objetais, sendo que na organização neurótica há constância do objeto e sua total internalização. As segundas, dinâmicas, referem-se à questão pulsional, envolvendo libido e agressão, as quais, na organização neurótica, encontram-se integradas e com predomínio dos aspectos libidinais.

Por outro lado, o funcionamento da organização borderline de personalidade pressupõe a presença de difusão da identidade, mecanismos de defesa primitivos (como a cisão) e teste de realidade preservado. Este último é considerado fator essencial para a distinção de outros quadros psicopatológicos graves. Kernberg (1995a) afirma, por exemplo, que na personalidade psicopática nota-se a presença de muitos aspectos encontrados nas estruturas narcisistas graves, tais como: pobreza generalizada de reações afetivas, incapacidade para amar verdadeiramente, egocentrismo, autocentramento patológico, impessoalidade e desintegração na vida sexual, vínculos interpessoais superficiais e imaturos, ausência de culpa, remorso e empatia, incapacidade para aprender com a própria experiência, incapacidade para traçar planos de vida consistentes, insinceridade e não confiabilidade, todos apontando para distúrbios relacionados à estruturação do superego. Portanto, em termos clínicos (Kernberg, 1995 a,b), independentemente do nível de comprometimento delinquente, ou até mesmo a ausência deste, a presença de um transtorno narcisista de personalidade é o primeiro indicativo da possibilidade de existir um transtorno de personalidade antissocial, embora não seja um critério exclusivo.

A partir desses aspectos, Kernberg (1995a,b) enumera, então, diferentes níveis de psicopatologia envolvendo comportamentos antissociais e patologias vinculadas ao superego:

1. No nível patológico mais extremo, está o transtorno de personalidade antissocial, com características psicopáticas, o qual pode variar desde a passividade, a exploração e o parasitismo, até a criminalidade francamente sádica. Embora tais indivíduos compreendam as exigências da realidade externa envolvendo a moralidade, tratam-na como um "sistema de alerta" a ser explorado por eles e obedecido por outros indivíduos ingênuos ou dissimulados. Não consideram que seu comportamento corrupto possa afetar a relação com os demais, uma vez que desconhecem o significado de investimentos amorosos autênticos. Embora evidenciem integração do *self*, é um *self* grandioso e identificado com o princípio do prazer, frente a um superego vulnerável, que se infiltra na agressão e na busca egossintônica posterior por gratificação dos impulsos sádicos.
2. O próximo nível apresenta a personalidade narcisista com comportamentos antissociais egossintônicos, a qual não é propriamente uma personalidade antissocial, mas sim uma personalidade narcisista com funcionamento claramente borderline. Essa organização borderline pode ser associada tanto com características antissociais propriamente ditas quanto com características antissociais ligadas a formas malignas de narcisismo patológico. O comportamento antissocial apresenta uma qualidade agressiva, enraivecida e vingativa que se complementa com uma severa tendência paranoide, levando a atribuir o mesmo funcionamento aos demais indivíduos. Para o sujeito, a possibilidade de manter-se vivo está ligada à capacidade egossintônica de mentir e enganar, diante de imagens parentais sádicas ou violentas e fatores constitucionais de ordem biológica que dificultam a neutralização ou o controle da agressão primitiva. A agressão e o sadismo "selvagem" se evidenciam mais do que a desonestidade insensível ou debochada, podendo até haver alguns sinais de honestidade em relacionamentos sociais com os quais não estejam emocionalmente envolvidos.
3. Neste nível a desonestidade do indivíduo é o ponto mais evidente por meio da qual, cronicamente, as informações relacionadas à sua vida e subjetividade são suprimidas ou distorcidas. Há um intuito "autoprotetor", no qual o comportamento antissocial direto é claro e há certa qualidade nas relações interpessoais. Incluem-se aqui as estruturas borderline sem evidente psicopatologia narcisista, assim como alguns narcisistas com funcionamento borderline. O indivíduo mantém-se totalmente consciente da importância cognitiva e emocional envolvida nas questões por ele omitidas.
4. No nível seguinte, o indivíduo apresenta patologia do superego, com negação da responsabilidade moral sobre as próprias ações, bem como ausência de preocupação e intensa racionalização de seus atos, sem ser, no entanto, francamente antissocial. O indivíduo

possui uma personalidade narcisista típica, marcada pela incapacidade de aceitar a responsabilidade e preocupação contínua pelos demais, porém sem a desonestidade crônica no sentido literal e apresentando uma relativa ausência de comportamento antissocial associado à incapacidade para estabelecer relações afetivas profundas. O comportamento que não é francamente antissocial reflete, em sua egossintonicidade, a dissociação entre os precursores sádicos e idealizados do superego.

5. Há ainda indivíduos que apresentam características contraditórias do ego e superego como parte integrante da patologia borderline, porém sem características antissociais ou narcisistas, estando, assim, conscientes da própria incapacidade para controlar a impulsividade. Nesse nível há predomínio das operações defensivas primitivas de cisão, porém, com capacidade preservada para estabelecer relações objetais, com internalização de imagens parentais mais realísticas e mais próximas dos últimos estágios do desenvolvimento edípico. Eles podem ser agressivos com os demais, mas se sentem culpados quando agem agressivamente com pessoas íntimas.

6. E, finalmente, no nível menos patológico, os comportamentos antissociais que expressam culpa inconsciente são mais prováveis em indivíduos neuróticos ou com um desenvolvimento normal do superego, refletindo integração do *self* e representações objetais internalizadas. Aqui, os comportamentos antissociais caracterizam fantasias inconscientes específicas que podem evidenciar a submissão a um superego sádico, mas bem integrado, refletindo várias inibições do ego, formação de sintomas e repressão de impulsos agressivos e/ou sexuais, diante de conflitos de natureza essencialmente edípica, pouco distorcidos por questões pré-edípicas. Há dominância da moralidade infantil e da noção de proibição, sendo que o comportamento antissocial selecionado pode estar vinculado à expiação de culpa inconsciente. Tais indivíduos correspondem aos "criminosos por senso de culpa", referidos por Freud (1980), em 1916, os quais representam apenas uma pequena parcela dos indivíduos com comportamento antissocial.

A descrição desses elementos evidencia claramente a complexidade envolvida no diagnóstico da personalidade antissocial. Todavia, os critérios apontados são recursos fundamentais para o trabalho do clínico frente ao processo diagnóstico. Para além desses aspectos, a contribuição de Kernberg também destacou a necessidade do tratamento psicanalítico atentar para o impacto do funcionamento psíquico dos pacientes com patologia narcisista no trabalho clínico. Entretanto, antes de abordar especificamente os aspectos da intervenção clínica nas personalidades antissociais, é relevante conhecer outro trabalho contemporâneo importante nesse campo, realizado por Peter Fonagy.

A Função Reflexiva e a Mentalização: Contribuições de Fonagy

Destacando o papel da função reflexiva na capacidade de reconhecimento das próprias motivações e dos demais, bem como a associação entre a incapacidade de tal função e as manifestações da psicopatologia, Fonagy (Fonagy & Baterman, 2003) ampliou consideravelmente a compreensão dos estados mentais e do funcionamento psíquico nas estruturas borderline. A função reflexiva consiste, especificamente, em uma aquisição decorrente do desenvolvimento dos processos mentais que permite à criança reconhecer os estados mentais próprios (ou seja, pensamentos, sentimentos, crenças e desejos) e dar significado ao comportamento do outro, levando também à distinção entre a realidade interna e externa (Fonagy et al., 2002).

Todavia, o aspecto central das contribuições de Fonagy é o conceito de mentalização. O autor considera que a função reflexiva diz respeito à "operacionalização dos processos psicológicos subjacentes à capacidade de mentalizar" (Fonagy et al., 2002, p. 24), a qual, por sua vez, se refere à "capacidade para compreender e interpretar o comportamento humano em termos de estados mentais subjetivos" (Fonagy & Baterman, 2003, p.191). A mentalização é um processo pelo qual o indivíduo interpreta tanto de forma implícita como explícita suas ações e as alheias em termos de desejos, necessidades, crenças e motivos. Logo, três dimensões estão envolvidas na mentalização, (1) a implícita e a explícita que caracterizam o modo de funcionamento; (2) a relativa às relações de objeto (*self* e o outro); e (3) a referente ao conteúdo e processo (cognitivo e afetivo). A capacidade implícita de mentalização caracteriza-se pelos processos inconscientes e automáticos empregados na habilidade de imaginar os estados mentais. A capacidade explícita refere-se ao exercício deliberado e consciente de reconhecer os estados mentais. Ainda que representem polos distintos, essas capacidades não são excludentes e ocorrem simultaneamente.

Com base nesses conceitos, Fonagy elaborou tanto uma teoria sobre o desenvolvimento da capacidade de mentalizar desde os primeiros anos de vida quanto uma teoria acerca das influências dos desvios desse desenvolvimento no estabelecimento da psicopatologia. Da mesma forma, organizou um modelo de intervenção clínica fundado na promoção da capacidade de mentalização como cerne da mudança terapêutica. A função reflexiva parte essencialmente da teoria do apego, porém enfatizando o processo intersubjetivo estabelecido no contexto da relação mãe-bebê: a criança, ao descobrir sua existência nos estados mentais do seu cuidador, pode reconhecer os próprios estados mentais, desenvolvendo tanto o *self* quanto a capacidade reflexiva (Fonagy, 2001). A função reflexiva, pressupõe, portanto, a presença de um cuidador com capacidade de mentalizar representações do *self* coerentes e integradas, as quais serão internalizadas pela criança por meio de duas outras condições provindas dos cuidadores: a contingência e a discriminação. A contingência demanda que o cuidador seja capaz de combinar adequadamente a sua resposta afetiva e comportamental ao estado interno do bebê; enquanto a discriminação garante que o cuidador expresse de fato os estados mentais da criança, em vez dos que provêm de si mesmo (Fonagy & Bateman, 2003).

Na medida em que o cuidador se esforça para compreender e conhecer os estados mentais da criança em uma relação de apego seguro, a criança também desenvolve recursos para descobrir a mente do cuidador, na qual pode identificar uma imagem de si mesma como alguém desejante e dotado de intenções. Assim, "a teoria da mente é antes de mais nada uma teoria do *self*" (Fonagy, 2001, p. 154), na qual mais imprescindível do que reconhecer os estados mentais da criança é traduzi-los e interpretá-los adequadamente, ou seja, como oriundos dela, a própria criança.

É válido, então, crer que apego e capacidade reflexiva exerçam mútua influência (Fonagy et al., 1995). Dessa forma, estudos empíricos têm demonstrado que a função reflexiva do cuidador é um preditor do desenvolvimento do apego seguro, o qual é um preditor da aquisição precoce da capacidade de mentalização (Fonagy, 1999). Segundo Fonagy (2001), quando a criança, na relação com o cuidador, tem experiências nas quais sua intencionalidade deixa sistematicamente de ser reconhecida como sendo proveniente dela própria (a criança), ocorrerá prejuízos à capacidade de mentalização, além de consequências em todo o seu desenvolvimento, inclusive do ponto de vista neuroevolutivo. Portanto, o cuidado continuamente desprovido de sensibilidade associado à exposição crônica ao estresse que resulta em elevação dos níveis de cortisol pode gerar alterações neuroevolutivas que se traduzem em déficits de mentalização, como tem demonstrado os estudos nessa área (Spangler & Grossman, 1993).

Porém, mesmo cuidadores com capacidade reflexiva adequada podem ter dificuldades na relação com a criança que se refletirão nos processos de desenvolvimento da mentalização. Há teóricos que consideram possível haver vulnerabilidades biológicas, como déficits de atenção, que interferem no processo, as quais, além se serem limitantes em si mesmas, são potencializadoras de conflitos interpessoais. Desse modo, é possível que em alguns contextos, especialmente aqueles associados a maus-tratos e negligência, a capacidade reflexiva da criança esteja comprometida não apenas em termos qualitativos, mas atrasada também em termos evolutivos (Fonagy, 2001).

Todavia, é curioso que os déficits na capacidade reflexiva podem repercutir apenas sobre a interação interpessoal, através da manutenção da dissociação dessa capacidade em áreas e tarefas de forma adaptativa, preservando intactas outras habilidades cognitivas. Estudos com alguns transtornos de personalidade, como o borderline, apontam bem essa característica, pois levam a inferir que "o paciente borderline não é cego aos estados mentais, porém, não é consciente sobre os estados da mente" (Fonagy, 2001, p. 163). Indivíduos com tais estruturas registram pistas que influenciam seu comportamento em relação aos demais, ainda que não tenham noção consciente desses registros. Facilmente, então, essa sensibilidade inconsciente a estados mentais subsidia comportamentos manipuladores e controladores em situações em que há algum tipo de pressão. Assim, a capacidade de mentalização deveria servir como uma espécie de proteção contra o impacto de experiências angustiantes, permitindo gerar diversas hipóteses acerca de uma crença ou acontecimento, ao invés de apegar-se a concepções rígidas construídas a partir de uma realidade insuficientemente interpretada. Falta, então, a essas estruturas a capacidade de compreender mais ampla e profundamente motivações e crenças que podem estar subjacentes a um comportamento observado, servindo para mais bem explicá-lo, gerando apenas conclusões automáticas e representações parciais do outro.

No caso da personalidade antissocial, os indivíduos com essas características apresentam falhas na capacidade de mentalização, tendendo a interpretar erroneamente os motivos dos outros. Principalmente, esses indivíduos quando enfrentam situações que desafiam sua capacidade interpretativa entram em colapso no sentido de que as habilidades de reconhecimento dos estados mentais estão num nível de pré-mentalização. Nesse caso, há falta de flexibilidade na compreensão dos estados internos e intenções do outro e o indivíduo percebe-se humilhado por aquilo que interpreta como sendo dirigido a ele somente. Essas situações acabam sendo resolvidas pelo uso da violência, ou seja, pelo ato e não pela representação (Bateman & Fonagy, 2008).

Assim, a capacidade de mentalização desenvolvida nas experiências iniciais de apego de crianças violentas foi destruída pelo estabelecimento de uma relação com um cuidador propenso à grande ansiedade em relação a seus pensamentos ou emoções sobre a criança. A criança, portanto, não consegue pensar ou dar-se conta da experiência subjetiva do outro, tornando-a incapaz de desenvolver o entendimento do aspecto interpessoal das relações humanas e deixando-a com pouca flexibilidade em resposta às demandas ambientais.

Possibilidades Terapêuticas Atuais na Perspectiva Psicanalítica

As abordagens terapêuticas voltadas para os transtornos de conduta e personalidade antissocial e/ou psicopática ainda são escassas na atualidade, quer sejam psicanalíticas ou não, embora haja evidências da crescente e precoce presença destes transtornos entre populações cada vez mais jovens. É certo que os conceitos teóricos atuais e as intervenções conhecidas são insuficientes para dar conta da complexidade envolta nesses transtornos, demandando atuações clínicas que extrapolem as intervenções exclusivistas e exigindo a interação de diferentes áreas do conhecimento, em enfoques que privilegiam a complementaridade multidisciplinar. Além disso, tais transtornos, em geral, não envolvem a procura voluntária por tratamento, o que muitas vezes é um argumento utilizado para justificar a falta de pesquisas empíricas que subsidiem a atuação clínica.

Ainda assim, dois modelos de intervenção psicanalítica se destacam no cenário de estudos e pesquisas sobre o tema. O primeiro modelo delimitado por Kernberg é denominado Psicoterapia Focada na Transferência (Kernberg, Yeoman, Clarkin & Levy, 2008). Neste modelo o trabalho clínico visa, principalmente, à integração dos aspectos polarizados das representações do *self* e dos demais indivíduos através de um *setting* mais estruturado e de intervenções baseadas na clarificação e confrontação, com importante ênfase na vivência transferencial do aqui e agora da sessão terapêutica (Levy et al., 2006). Desse modo, a estruturação do tratamento, a análise das dificuldades de forma clara e precisa e a compreensão da relação terapêutica que se estabelece na sessão determinam uma abordagem organizada voltada para a integração das representações do objeto e do *self* de forma coesa.

Além disso, a postura do terapeuta é mais ativa e conscientemente atenta ao paciente, criando um *setting* caracterizado por experiências de contingência dos afetos (*holding*) que por si só exercem efeitos terapêuticos importantes. Por último, a interpretação é dirigida aos temas trazidos para a sessão, apontando as dificuldades do paciente em reconhecer seus estados afetivos, presentes nas situações. Isso também possibilita maior reflexão sobre as representações internas, as quais, por sua vez, modificam gradualmente a polaridade e ambivalência vividas anteriormente.

Nesse sentido, experiências traumáticas são revividas e exploradas de forma reflexiva, possibilitando novas formas interpretativas e elaborativas das situações, mas, principalmente, a integração das experiências por meio de uma relação terapêutica estável, constante e contingente. A ênfase na capacidade reflexiva resulta na perspectiva da integração das imagens parciais do objeto e na capacidade de pensar sobre as experiências. Esse padrão de funcionamento relaciona-se ao modelo de funcionamento interno da teoria do apego. As distorções cognitivas e o afeto dissociado caracterizam representações vinculares inseguras e ansiosas, as quais devem ser contidas na experiência terapêutica (Levy et al., 2006).

Dirigindo-se especialmente ao papel do desenvolvimento da função reflexiva, Fonagy (2001) considera que as intervenções terapêuticas psicanalíticas voltadas para transtornos graves envolvendo a personalidade associam-se ao fortalecimento da capacidade de distinguir e reconhecer estados mentais próprios e alheios. Dessa forma, este segundo modelo psicoterápico envolve a Psicoterapia da Mentalização (Bateman & Fonagy, 2004).

A mentalização, como conceito, está implícita em inúmeros transtornos mentais, por isso a relevância de identificá-la quando se apresenta como um elemento central na caracterização da psicopatologia ou na intervenção terapêutica, já tendo sido reconhecida em seu mérito para a abordagem de transtornos do espectro borderline (Bateman & Fonagy, 2010). Então, a partir do modelo de mentalização, o tratamento psicanalítico com transtornos de personalidade graves visa atender a três objetivos centrais (Fonagy, 2001): (1) estabelecer relação de apego com o paciente; (2) desenvolver um contexto interpessoal focado na compreensão dos estados mentais; (3) gerar, de modo não explícito, situações em que o *self* seja reconhecido como intencional e real por parte do terapeuta e esse reconhecimento seja claramente percebido pelo paciente.

Tais considerações partem da ideia de que processos mentais limitados decorrentes da pouca capacidade reflexiva impõem limitações ao funcionamento psíquico sob a forma de inibições, as quais permitem ao indivíduo evitar representações mentais dolorosas ou conflituosas (Fonagy, 2001). Os déficits profundos na mentalização pressupõem a presença de vulnerabilidades constitucionais, fazendo com que muitas funções mentais permaneçam apenas no campo potencial (Bateman & Fonagy, 2010). Nesse sentido, o tratamento psicanalítico pode, além de reorganizar as estruturas representacionais, ampliar os recursos mentais, o que pode ser observado na mudança de ideias (representações) e condutas. O enfoque terapêutico centra-se na reativação das funções mentais inibidas por meio do envolvimento positivo do analista no funcionamento mental geral do paciente e no envolvimento recíproco do paciente com a mente do analista (Fonagy, 2001).

Autores como Steiner (1994), com base em experiências clínicas, consideram fundamental o trabalho interpretativo em torno dos estados mentais do terapeuta, como precursor da autorreflexão, demarcando o que o paciente sente e o que o terapeuta sente. O terapeuta não exatamente revela ao paciente o que de fato experimenta, mas especula sobre como o paciente poderia estar vivenciando os estados mentais do terapeuta naquele momento. "Perceber o terapeuta como um ser intencional, com sua própria vida mental, é uma pré-condição essencial para o diálogo terapêutico" (Fonagy, 2001, p.167).

Contudo, é esperado que essa tarefa encontre obstáculos resultantes da determinação do paciente em impor ou estender sobre esta nova relação com o terapeuta o modelo não mentalizador que o acompanha.

> O pensamento do analista não é a princípio, nem entendido nem apreciado pelo paciente, mas continuamente estimula a necessidade de conceber ideias de novas formas...O que é crucial é o envolvimento ativo de uma mente com a outra, inconcebível sem empatia, sustentação e contenção, porém estas não são diretamente responsáveis pela ação terapêutica (Fonagy, 2001, p.167).

Dificuldades Esperadas nas Intervenções com Personalidades Antissociais e Psicopáticas

Embora haja a expectativa de proporcionar tratamentos eficazes ao funcionamento antissocial grave, não raras vezes associado à personalidade psicopática, não é possível negligenciar ou negar as complicações esperadas na aproximação clínica com esses pacientes. Existem defesas características das estruturas de personalidade psicopáticas que assumem grande relevância no contexto clínico, na perspectiva psicodinâmica. Nas intervenções com esses indivíduos, o clínico precisa estar muito atento para a presença de dissociações, projeções e contratransferências, as quais despertam uma grande variedade de emoções e reações defensivas (Gacono, Nierberding, Owen, Rubel & Badholdt, 2001), que podem tornar-se aspectos limitadores da sua atuação.

O uso maciço de mecanismos dissociativos, típicos das estruturas primitivas e borderlines, é responsável pelo surgimento de projeções muito intensas no contexto terapêutico ou psicodiagnóstico. Essas projeções tendem a ser experimentadas pelo terapeuta como provocações ou depreciações, podendo levá-lo a sentir-se ofuscado ou até mesmo intimidado pela postura interpessoal do paciente. Alguns autores chegam a referir que, pelo processo de identificação projetiva, muitos indivíduos sentem alívio e gratificação sádica diante da aflição e confusão do terapeuta, despertadas pelas suas projeções (Gacono e Meloy, 1994). Tais sensações estranhas ao terapeuta podem levá-lo a reações defensivas inconscientes que variam da retaliação e raiva até reações de medo, insegurança, submissão ou sedução frente ao paciente (Meloy, 1988; Kosson, Gacono & Bodholdt, 2000).

Outras vezes, em vez de expressar hostilidade, muitos indivíduos com personalidade psicopática são muito hábeis em ocultar seu transtorno. A hostilidade tende a ser projetada e eles mantêm uma fachada de amabilidade e ansiedade superficial, convidativa ao terapeuta para atitudes de tranquilização e acolhimento, as quais os levam à posterior sensação de triunfo sobre o profissional. As defesas dissociativas e projetivas são assim utilizadas para atrair a atenção e o interesse do clínico (Kosson, Gacono & Bodholdt, 2000). Essa projeção de elementos sedutores propicia o surgimento de uma atmosfera excessivamente informal, levando o indivíduo a demonstrar sentimentos positivos em relação ao terapeuta. Contudo, quando se estabelece um círculo de identificações projetivas e manipulações, dentro da lógica borderline, estas funcionam como precursoras de ataques e desvalorizações que inevitavelmente se direcionarão ao tratamento e ao profissional.

Desse modo, as sensações e emoções do terapeuta diante das personalidades psicopáticas devem ser analisadas com profundidade, pois, do ponto de vista contratransferencial, são esperadas reações sutis de difícil reconhecimento. Tais personalidades provocam no terapeuta reações descritas como muito "viscerais" e são pacientes inconscientemente percebidos como espécies de "predadores" (Meloy, 1988), levando o clínico a sentir-se confuso, desorganizado e desconfortável, como se estivesse em uma disputa que não se adéqua com seu papel e função terapêutica (Kosson, Gacono & Bodholdt, 2000). Contudo, a observação atenta dessas pistas interpessoais, crescentemente descritas na literatura como importantes indicadores para a presença de um funcionamento psicopático, constitui-se em um valioso recurso a ser explorado do ponto de vista diagnóstico e terapêutico (Kosson et al., 1997; Kosson, Gacono & Bodholdt, 2000).

Considerações Finais

Verifica-se que o campo de estudo e de pesquisa aberto pelas propostas teóricas e interventivas descritas neste capítulo é imenso e ainda incipiente. Tais propostas atestam também a importante contribuição que a teoria psicanalítica pode oferecer para o atendimento clínico em distintos níveis e contextos de atenção e prevenção, específico para determinados quadros considerados graves.

De tal modo que, hoje, na perspectiva psicanalítica os transtornos que se relacionam ao funcionamento antissocial e psicopático estão, em geral, associados aos quadros borderline, os quais têm gerado relevantes desenvolvimentos em prol da compreensão de suas manifestações, marcadamente distintas dos quadros neuróticos (Bateman & Fonagy, 2010). Nesse sentido, para além do campo das neuroses, tais diferenças podem ser identificadas no funcionamento psíquico dessas personalidades, caracterizado pela ausência de capacidade de simbolização, pobreza de conteúdo no discurso verbal, ausência de sonhos e de fantasias. Tais evidências estariam em sua essência denunciando alterações no funcionamento do ego, do superego e do ideal de ego, produzindo como resposta *actings out*, dificuldades de aprendizagem, ausência de objetivos no longo prazo e comportamentos negativistas e/ou antissociais. Essas características reúnem, então, elementos suficientes para sugerir, segundo autores psicanalíticos, o empobrecimento dos processos mentais construídos pela via do recalcamento, ao lado de falhas constitutivas na identidade, abrindo caminho para novos avanços na teorização psicanalítica acerca do desenvolvimento da personalidade desviante.

Embora a diversidade de "psicanálises" que tenta oferecer contribuições para a compreensão do funcionamento antissocial, certamente nenhuma delas pretende prescindir dos conceitos fundamentais da Psicanálise Clássica: os mecanismos inconscientes, a sexualidade e a transferência. É bem verdade que a teorização e abordagem de transtornos que surgem da complexidade de personalidades que tem consigo marcas de déficits interpessoais ainda é um desafio que demanda por psicanalistas que tentem novas alquimias com esses conceitos teóricos e técnicos, em associação também com os avanços de outras ciências. Dessa forma, conforme afirma Fonagy (2001, p. 168), acredita-se que "a combinação de sentimentos intensos e novas formas de usar a mente são a porta de entrada ao grande descobrimento terapêutico de S. Freud".

Referências

Ainsworth, M. D. S. (1989). Attachments beyond infancy. *American Psychologist*, 44, 709-716.

Associação Psiquiátrica Americana. (APA; 2002).

Manual Diagnóstico e Estatístico de Transtornos Mentais Revista – DSM-IV-TR. (4. ed.). Porto Alegre: Artmed.

Bateman, A., & Fonagy, P. (2004). *Psychotherapy for Borderline Personality Disorder: Mentalization-Based Treatment*. Oxford, UK, Oxford University Press.

Bateman, A., & Fonagy, P. (2008). Comorbid antisocial and borderline personality disorders: mentalization-based treatment. *Journal of Clinical Psychology*, 64, 181-194.

Bateman, A., & Fonagy,P. (2010). Mentalization based treatment for borderline personality disorder. *World Psychiatry*, 9 (1), 11-15.

Blatt, S. J. & Blass, R. B. (1996). Relatedness and self-definition: A dialectic model of Personality Development. In G. G. Noam & K. W. Fischer (Eds.), *Development and vulnerabilities in close relationships* (pp. 309-338). Hillsdale, New Jersey: Lawrence Erlbaum Associates.

Blatt, S. J., & Luyten, P. (2009). A structural-developmental psychodynamic approach to psychopathology: Two polarities of experience across the life span. *Development and Psychopathology*, 21, 793-814.

Blatt, S. J.; Blass, R.B. (1992). Relatedness and self-definition: Two primary dimensions in personality development, psychopathology, and psychotherapy. In J. W. Barron, M. N. Eagle, & D. L. Wolitzky (Eds.), *Interface of psychoanalysis and psychology* (pp.399-428). Washington, DC: American Psychological Association.

Blatt, S,J., & Auerbach, J.S.(2003). Psychodinamic measures of therapeutic change. *Psychoanalytic Inquiry*, 23,268-307.

Blatt, S,J.,Auerbach, J.S., & Levy,K.N.(1997). Mental representation in personality development, psychopathology and the therapeutic process. *Review of General Psychology*,1, 351-374.

Bowlby, J. (1989). *Uma base segura: aplicações clínicas da teoria do apego* (S. M. Barros, Trad.). Porto Alegre: Artes Médicas. (Original publicado em 1988).

Bowlby, J. (1990). *Apego e Perda. Apego: A natureza do vínculo*. Trilogia (v. 1,2.ed). São Paulo: Martins Fortes. (Original publicado em 1969)

Bowlby, J. (1997). *Formação e rompimento dos laços afetivos* (3. ed.). São Paulo:Martins Fontes. (Original publicado em 1979).

Campos, R. (2003). Síntese integrativa dos aspectos centrais da perspectiva teórica de Sidney Blatt sobre o desenvolvimento da personalidade e sobre psicopatologia. *Revista portuguesa de psicossomática*, 5(1), 91-9.

Cleckley, H. (1988). *The mask of sanity*. St. Louis: Mosby. (Original publicado em 1941).

Cooke, D. J., & Michie, C. (2001). Refining the construct of psychopathy: Towards a hierarchical model. *Psychological Assessment*, 13, 171–188.

Cooke, D. J., Michie, C., Hart, S. D., & Clark, D. A. (2004). Reconstructing psychopathy: Clarifying the significance of antisocial and socially deviant behavior in the diagnosis of psychopathic personality disorder. *Journal of Personality Disorders*, 18, 337-357.

Erikson, E. H. (1959). *Identity and the life cycle* (selected papers). New York: International Universities Press.

Farrington, D. P. (2005). The Importance of Child and Adolescent Psychopathy. *Journal of Abnormal Child Psychology*, 33(4),489–97. DOI: 10.1007/s10802-005-5729-8.

Fonagy, P. (2003). Genética, psicopatologia evolutiva y teoría psicoanalitica:El argumento para terminar com nuestro (no tan) espléndido aislamiento. Originalmente publicado em *Psychoanalytic Inquiry*, 23 (2). Disponível em: <http://www.aperturas.org/articulos.php?id=0000262&a=Genetica--psicopatologia-evolutiva-y-teoria-psicoanalitica-el-argumento-para-terminar-con-nuestro-no-tan--esplendido-aislamiento>. Acessado em: 25/11/2009.

Fonagy, P. (1999). Persistencias transgeracionales del apego: uma nueva teoria. *Aperturas Psicanalíticas*, 23. Disponível em: http://www.aperturas.org/23fonagy.html. Acessado em: 24/10/2008.

Fonagy, P. (2001). El uso de múltiplos métodos para hacer al psicoanálisis relevante em el nuevo milênio. In: Bernardi, R. et al. *Psicoanálisis, focos y aperturas* (pp. 146-75). Montevideo: Psicolibros,

Fonagy, P., & Baterman, A. W. (2003). The development of an attachment-based treatment program for borderline personality disorder. *Bulletin of the Menninger Clinic*, 63, 187-211.

Fonagy, P., Gergely, G., Jurist, E. L., & Target, M. (2002). *Affect regulation, mentalization and the development of the self*. New York: Others Press.

Fonagy, P., Steele, M., Steele, H.,Leigh, T. ,Kennedy, R., Mattoon, G., & Target, M. (1995). Attachement, the reflexive self and borderline states: the predictive specificity of the Adult Attachmente Interview and pathological emotional development. In: Goldeberg, S., Muir, R. & Kerr, J. (Eds.). *Attachment theory: Social, developmental and clinical perspectives* (p. 233-78). New York: Analytic Press.

Forth, A. E., & Burke, H. C. (1998). Psychopathy in adolescence: Assessment, violence, and developmental precursors. In D. J. Cooke, A. E. Forth, & R. D. Hare (Eds.), *Psychopathy: Theory, research, and implications for society* (pp. 205–229). Dordrecht, Netherlands: Kluwer.

Frick, P.J. (2009). Extending the Construct of Psychopathy to Youth: Implications for Understanding, Diagnosing, and Treating Antisocial Children and Adolescents. *The Canadian Journal of Psychiatry*, 54(12),803-812.

Freud, S. (1980). *Alguns tipos de caráter encontrados no trabalho psicanalítico*. Edição standard brasileira das obras psicológicas completas de Sigmund Freud.Vol. 19. Rio de Janeiro: Imago. p.337-343. (Original publicado em 1916).

Freud, S. (1980). *Dostoiévski e o parricídio*. Edição standard brasileira das obras psicológicas completas de Sigmund Freud. Vol.21. Rio de Janeiro: Imago. p. 205-223. (Original publicado em 1928).

Freud, S. (1980). *Prefácio à juventude desorientada de Aichhorn*. Edição standard brasileira das obras psicológicas completas de Sigmund Freud. Vol.19. Rio de Janeiro: Imago. p. 337-343. (Original publicado em 1925).

Gacono, C. B. (1990). An empirical study of object relations and defensive operations in antisocial personality disorder. *Journal of Personality Assessment*, 54, 589-600.

Gacono, C. B., & Meloy, J. R. (1994).*The Rorschach assessment of aggressive and psychopathic personalities*. Hillsdale, NJ: Lawrence Erlbaum.

Gacono, C., Nieberding, R., Owen, A., Rubel, J., & Bodholdt, R. (2001). Treating conduct disorder,antisocial, and psychopathic personalities. In J. Ashford, B. Sales, & Reid, W. (Eds.), *Treating adult and juvenile offenders with special needs* (pp. 99-129).Washington, DC: American Psychological Association.

Guisinger, S., & Blatt, S. J. (1994). Individuality and relatedness: evolution of a fundamental dialectic. *American Psychologist*, 48, 104-11.

Hare, R. D. (1991). *Hare Psychopathy Checklist-Revised Manual*. Toronto,ON: Multi-Health Systems.

Hare, R. D. (1996). Psychopathy: A clinical construct whose time has come. *Criminal Justice and Behavior*, 23, 25-54.

Hare, R. D. (2003). *Hare Psychopathy Checklist-Revised Manual* (2. ed.). Toronto, ON: Multi-Health Systems.

Hare, R. D. & Neumann, C. S (2008). Psychopathy as a Clinical and Empirical Construct . *Annu. Rev. Clin. Psychol.* 4, 217–46.

Hare, R. D., & Neumann, C. S. (2010). The role of antisociality in the psychopathy construct: Comment on Skeem and Cooke (2010). *Psychological Assessment*, 22(2), 446-454. doi:10.1037/a0013635

Kernberg, O.F. (1991). *Psicoterapia Psicodinâmica de Paciente Borderline*. Porto Alegre: Artes Médicas.

Kernberg. O. F.(1995a). *Agressão nos transtornos de personalidade e nas perversões*. Porto Alegre: Artes Médicas .

Kernberg, O. F. (1995b). *Transtornos graves de personalidade: estratégias terapêuticas*. Porto Alegre: Artes Médicas.

Kernberg ,O. F., & Michels, R. (2009) Borderline Personality Disorder. *American Journal of Psychiatry*, 166(5), 505-508.

Kernberg, O. F., Yeomans, F. E., Clarkin, J. F.,& Levy, K. N. (2008). Transference focused psychotherapy: Overview and update. *International Journal of Psychoanalysis*, 89, 601-620.

Kernberg, P. F.; Weiner, A. S. & Bardenstein, K. K. (2003). *Transtornos de personalidade em crianças e adolescentes: uma visão geral*. Porto Alegre: Artmed.

Kosson, D. S., Forth, A. E., Steuerwald, B. L., & Kirkhart, K. J. (1997). A new method for assessing behavior of psychopathic individuals:preliminary validation studies. *Psychological Assesment*, 9 (2), 89-101.

Kosson, D., Gacono, C., & Bodholdt, R. (2000). Assessing psychopathy: Interpersonal aspects and clinical interviewing. In C. B.Gacono (Ed.), *The clinical and forensic assessment of psychopathy: A practitioner's guide* (pp. 203-230). Mahwah, NJ: Lawrence Erlbaum.

Lenzenweger, M. F. (Nov, 2010). Current Status of the Scientific Study of the Personality Disorders: an Overview of Epidemiological, Longitudinal, Experimental Psychopathology, and Neurobehavioral Perspectives. *J Am Psychoanal Assoc*, 58, 741-78.

Levy, K.N., Meehan, K.B., Kelly, K.M., Reynoso, J.S., Weber, M., Clarkin, J.F., & Kernberg, O.F.(2006). Change in attachment patterns and repective function in a randomized control trial of transferenced-focused psychotherapy for borderline personality disorder. *J Consult Clin Psychol*, 74, 1027-1040.

Mauricio, A.M., Tein, J-Y., & Lopez, F.G. (2007). Borderline and antisocial personality scores as mediators between attachment and intimate partner violence. *Violence & Victims*, 22, 139-157.

Meloy, J. R. (1988). *The psychopathic mind: Origins, dynamics, and treatment*. Northvale, N.J.: J. Aronson.

Meloy, J. R., & Shiva, A. (2007). A Psychoanalytic View of the Psychopath. In: A.R.Felthous & H. Saß. (Eds.). *The International Handbook of Psychopathic Disorders and the Law*. Vol.1: diagnosis and treatment (pp.335-346). New York: Wiley.

Miller, A. L., Muehlenkamp, J. J. & Jacobson, C. M. (2008). Fact or fiction: Diagnosing borderline personality disorder in adolescents. *Clinical Psychology Review*, 28, 969-981.

National Advisory Mental Health Council. (NAMHC; 1995). *Basic Behavioral Science Research for Mental Health*. Washington, D.C.: U.S. Department of Health and Human Services National Institutes of Health Publication n. 95-3682.

Skeem, J. & Cooke, D. (2010). Is criminal behavior essential to psychopathy? Conceptual directions for resolving the debate. *Psychological Assessment*, 22, 433-445.

Spangler, G., & Grossman, K.F. (1993). Biochavioral organization in securely and insecurely attached infants. *Child Devolepment*, 64, 1431-50.

CAPÍTULO 4

Relações familiares e o funcionamento antissocial na infância e adolescência: proteção e risco

Tárcia Rita Davoglio[1]
Marina Davoglio Tolotti[2]
Deise Fonseca Fernandes[3]

"Não há nada fixo e imutável sobre a família, exceto que ela está sempre conosco".
(Ackerman, 1986, p. 29)

O funcionamento antissocial na infância e na adolescência tem sido atribuído a múltiplos fatores, envolvendo grande diversidade de elementos ambientais e constitucionais, que podem atuar, tanto em conjunto quanto isoladamente, no desenvolvimento ou manutenção de comportamentos socialmente inadequados. Acredita-se que reações a experiências e vivências familiares e sociais sustentam algumas hipóteses formuladas para a compreensão do funcionamento antissocial em crianças e adolescentes (Loeber & Dishion, 1983), quer seja por conta da diversidade ou por conta da adversidade com que se apresentam na história de vida dos jovens que se atritam com a lei.

---

[1] Psicóloga/Psicoterapeuta. Doutoranda em Psicologia (Bolsista CAPES) do Programa de Pós-Graduação da Pontifícia Universidade Católica do Rio Grande do Sul (PUCRS). Mestre em Psicologia Clínica (PUCRS); Especialista em Psicoterapia Psicanalítica (UNISINOS); Perita em Avaliação Psicológica; Professora de Ensino Superior.
[2] Graduanda em Psicologia, Faculdade de Psicologia/PUCRS. Bolsista de Iniciação Científica BPA-2011/PUCRS.
[3] Graduanda em Psicologia/Universidade Federal de Ciências da Saúde de Porto Alegre (UFCSPA). Bolsista de Iniciação Científica/CNPq nº 126109/2010-9.

A família, presente em todas as sociedades, assume relevância nesse contexto, por representar o primeiro ambiente de socialização do indivíduo, atuando como mediadora principal das influências e modelos ambientais e culturais que vão sendo introjetados ao longo do desenvolvimento. É também considerada a primeira instituição social a responsabilizar-se pela continuidade e bem-estar de seus membros, incluindo a proteção e o cuidado da criança, tanto na esfera individual quanto na coletiva. Nessa perspectiva, a família é vista como um sistema socioafetivo extremamente vital, "é a unidade básica de crescimento e experiência, desempenho e falha. É também a unidade básica de doença e saúde" (Ackerman, 1986, p.29). Ela tem, portanto, forte impacto e determinação no desenvolvimento da personalidade e no comportamento dos indivíduos, especialmente durante a infância, considerando que as crianças aprendem a se reconhecer e a enxergar a realidade, construindo relações interpessoais e sociais, com substancial influência de seus vínculos familiares.

As relações familiares constituem a base das interações que vão servir de modelo para os demais vínculos. Essas relações se estabelecem sobre o pressuposto de que a criança se insere em uma história pré-existente, por meio dos processos de transmissão intergeracional e transgeracional. A criança pode tornar-se, ao mesmo tempo, herdeira e prisioneira desse legado familiar (André-Fustier & Aubertel, 1998), o qual influencia o processo de aquisição da identidade e o *status* que ela assume no círculo familiar e social. A família, então, paradoxalmente, tanto se apresenta como um fator de proteção ao surgimento de manifestações desviantes na criança, como pode ser o fator desencadeante.

Desse modo, a literatura atual vem explorando a possibilidade de que os modelos e padrões aprendidos na infância estejam diretamente associados às interações afetivas e sociais desenvolvidas, sobretudo, com os membros da família e no contexto familiar, tanto no que se refere ao desenvolvimento do comportamento ajustado, quanto do comportamento antissocial. Tais padrões, antes de se cristalizarem, podem ser alterados a partir de outras exigências ambientais e do desenvolvimento neuropsicossocial do indivíduo, ressaltando, assim, a relevância do reconhecimento e da atenção precoce aos mesmos.

Este capítulo apresenta, sob diversas perspectivas teóricas, alguns mecanismos, conceitos e princípios que se vinculam à noção de família e que podem contribuir para a compreensão do funcionamento antissocial reconhecido já na infância e na adolescência. Explicita, inicialmente, as influências da família sobre a constituição do indivíduo, bem como define o funcionamento antissocial em crianças e adolescentes. Alguns resultados de estudos empíricos atuais são também abordados, contextualizando aspectos da realidade brasileira envolvendo adolescentes em conflito com a lei. E, por fim, algumas estratégias parentais e familiares, em relação às questões externalizantes e antissociais, são debatidas.

A Família e suas Influências

Atualmente, as configurações familiares apresentam-se capazes de expressar mobilidade extrema, assumindo inúmeras formas de se constituírem, agora não mais estabelecidas com o propósito e a demanda pela criação dos filhos (Kehl, 2001). Sem dúvida, a partir do tempo e espaço em que se insere, a estrutura das famílias sofre contínuas modificações, produzindo famílias monoparentais, recasadas, ampliadas, homossexuais e, por fim, até mesmo uma nova visão da família tradicional. Dessa forma, não mais existe uma família ideal ou um modelo de família, mas, sim, famílias reais (Flechner, 2000), isto é, multifacetadas, complexas e singulares.

A família, como mediadora entre o homem e a cultura, independente de qual seja a sua configuração, permanece sendo a instituição social responsável pelos primeiros cuidados, pela proteção, pela educação e, ao mesmo tempo, é o primeiro e principal canal de iniciação dos afetos, das relações sociais e das aprendizagens da criança (Flechner, 2000). Portanto, a família incorpora em si e repassa a seus membros as transformações sociais e intergeracionais, além dos significados e práticas culturais próprias, que produzem modelos de relação interpessoal, de construção individual e coletiva, com os pais exercendo um papel preponderante nesse processo.

No ambiente familiar, a criança tem (ou não) a oportunidade de aprender a administrar e resolver conflitos, adquirindo controle sobre as emoções, a capacidade de expressar os diferentes sentimentos que constituem as relações humanas e os recursos para enfrentar a diversidade e as adversidades inerentes à vida. O modo como essas habilidades interpessoais e sociais são construídas e manifestadas têm repercussões, também, em outros ambientes em que a criança, o adolescente, ou mesmo o adulto, venham a interagir, acionando aspectos saudáveis ou provocando conflitos e alterações na saúde mental e física dos indivíduos (Dessen & Polonia, 2007).

Dessa forma, as experiências infantis precoces, físicas e/ou psíquicas, iniciadas na relação com os pais ainda antes do nascimento, são consideradas fundamentais para a construção da subjetividade, para o desenvolvimento neurobiológico e para a inserção e ajustamento à cultura a qual o sujeito pertence. Essas experiências têm impacto sobre o psiquismo em desenvolvimento, muitas vezes, de forma caótica e traumática. No entanto, há muito se sabe que experiências traumáticas não são por si mesmas sinônimo de desestruturação. Ao contrário, certos movimentos que envolvem ruptura e mudança são fundamentais para os processos de construção da identidade e do próprio *self*, a começar pelas vivências deflagradas pelo nascimento, o desmame e a chegada de irmãos.

Winnicott descreveu processos traumáticos que agem em prol da subjetivação, como a passagem do período de dependência absoluta do bebê para o de dependência relativa (Winnicott, 1979/1982). O que distingue essas experiências construtivas de uma vivência dessubjetivante e desorganizadora é o acolhimento ambiental, o qual permite uma reorganização da economia narcísica. Ou seja, se houver um ajustamento do meio às necessidades da criança através de um ambiente "suficientemente bom", produzir-se-á uma gradual limitação da onipotência infantil – a qual faz a criança supor-se o centro do mundo – e uma adequação progressiva das demandas infantis às exigências da cultura e da sociedade.

O meio, representado inicialmente pelas figuras parentais, exerce uma função ativa nesse processo, ainda que tais figuras se mantenham omissas ou indiferentes, considerando o fato de que a família também sofre um impacto traumático com a chegada de um bebê, tanto maior quanto mais inesperada for esta gestação. Não é apenas a criança que deve se adaptar ao meio, senão que o meio também deve estar receptivo a essa nova realidade (Ferenczi, 1928/1992). Conforme Maia (2003) é necessário que se estabeleça um "campo de afetação" entre o bebê e o mundo, que abra passagem à inclusão da criança em uma ordem simbólica. Assim, a criança será reconhecida na sua existência corporal e afetiva como um ser distinto, por meio de mecanismos psíquicos e interpessoais que operam na relação com os pais/cuidadores. Isto pode significar, para a família, especialmente para os pais, a abdicação, nem sempre tranquila, de rotinas, divertimentos e comportamentos não compatíveis com as demandas infantis e o papel parental.

O maior mediador dessa construção simbólica, que se estabelece entre os membros da família, é a linguagem, nas suas variadas formas. O modo como a linguagem insere uma criança no contexto familiar preexistente (por meio do nome que lhe é atribuído, dos apelidos e adjetivos com que ela é referida, das expressões que a caracterizam e são reproduzidas entre os parentes) carrega consigo muitas das expectativas familiares reais, imaginárias ou fantasmáticas, depositadas sobre ela. Essas expectativas, explícita ou veladamente, diretamente ou por implicação, repercutem sobre o desenvolvimento da criança e sobre sua posterior inscrição em grupos sociais, tanto podendo favorecê-la quanto prejudicá-la. Piera Aulagnier (1979,1989) atribui ao psiquismo materno, através do discurso da mãe, a importante função de oferecer significações constitutivas que darão ao bebê uma imagem identificatória preliminar que o ajudará a reconhecer-se. A mãe estabelece as primeiras ligações no espaço psíquico da criança a partir de seu próprio psiquismo, historicizando e inaugurando a existência do filho, em um processo, estranhamente, denominado pela autora de "violência primária", sem o qual o bebê corre sérios riscos de estabelecer graves patologias.

Porém, Kaës (1993) afirma que não apenas os padrões representados são transmitidos nas relações familiares, mas também as ausências de representações, as lacunas, as faltas, as histórias omitidas que se repetem ao longo das gerações. Essas transmissões psíquicas entre gerações ocorrem de modo intergeracional ou transgeracional. A transmissão intergeracional mantém uma distância entre o transmissor e o receptor e cumpre a importante função de inscrevê-lo em um núcleo de pertencimento, dando-lhe afiliação e nome. Já a transmissão transgeracional é mais complexa, perpassa o indivíduo invadindo-o e se infiltra nele como algo alheio, não assimilável, portanto, potencialmente traumático. É um processo transgeracional porque atravessa gerações, preservando segredos, lutos não elaborados, violências e traumas não contados, mas manifestos em algum aspecto da vida.

Ao estudar os aspectos clínicos da transmissão geracional patológica, Faimberg destacou um fenômeno que denomina de "telescopagem de gerações", que se caracteriza por um processo de identificação inconsciente e alienante que condensa, quase sempre, três gerações (Kaës, Enriquez, Faimberg, & Baranes, 2001). Esse processo é caracterizado por pais que não se independizaram dos próprios genitores e não conseguem permitir aos filhos que se constituam como indivíduos, levados sempre por mecanismos inconscientes. Estes mecanismos são difíceis de serem identificados e elaborados, pois, se fundamentam em aspectos narcísicos: há a resistência ao reconhecimento de outras gerações, o que pressupõe a admissão de um período em que não se existia; há demanda pelo reconhecimento da necessidade dos pais para a própria existência, levando à inevitável constatação da diferença de sexos, da dependência e da incompletude humana; e há a dificuldade do reconhecimento da alteridade, ou seja, que existem outros além do eu, com desejos e motivações distintas.

Winnicott dedicou boa parte de sua obra à teorização do papel materno/paterno, da estrutura familiar e do ambiente na elaboração de conflitos que decorrem de experiências de privação e deprivação precoces, os quais podem evoluir para o funcionamento antissocial e delinquente. Nessa mesma linha teórica, Bowlby (1952) e McCord e McCord (1964) desenvolveram pesquisas pioneiras acerca da negligência de fatores familiares nesse cenário. Bowlby argumentou que se a criança sofreu um prolongado período de privação materna durante os primeiros cinco anos de vida, isto lhe traria efeitos negativos permanentes, inclusive tornando-a uma pessoa mais fria e com maior inclinação a manifestações delinquentes. Os autores McCord e McCord (1964) enfatizaram a ideia de que, na rejeição parental, os pais com comportamentos antissociais, a disciplina errática e as falhas de supervisão dos cuidadores seriam importantes elementos para o desenvolvimento de uma personalidade com traços antissociais ou até mesmo psicopáticos.

Partindo da Teoria do Apego de Bowlby (1969/1990; 1988/1989) e da noção de modelos funcionais, os quais se estabelecem como estruturas cognitivas que exercem influência baseados em experiências de vida da criança e adquiridas nas suas interações com adultos cuidadores, novos conceitos foram implementados. Os vínculos afetivos, caracterizados por laços estáveis e duradouros com alguém específico (Ainsworth,1989), distinguem-se do conceito de apego. Este é entendido, originalmente, como um tipo de vínculo afetivo no qual a noção ou senso de segurança determina o relacionamento com a figura de apego (Bowlby, 1979/1997). Ambos, os vínculos afetivos e o apego, consistem em representações internas e não podem ser observados diretamente, senão que através do comportamento de apego. O comportamento de apego, por sua vez, inclui reações simples como sorrir, olhar, tocar, chamar, chorar, agarrar, querer ir junto. Essas reações podem ser dirigidas a uma variedade de pessoas, enquanto "um apego duradouro ou laço de apego é restrito a muito poucos" (Bowlby, 1988/1989, p.40). Para esse autor, tanto o apego quanto o comportamento de apego são relevantes, pois esses sistemas comportamentais são organizados de modo hierárquico, por meio da linguagem, e constituídos de manifestações externas e de organização interna, podendo ser alterados com base nas mudanças desenvolvimentais, decorrentes tanto de elementos biológicos quanto das influências ambientais (Bowlby, 1969/1990). Mais recentemente, autores como Target (2005/2007) e Main (2000) ampliaram a perspectiva da Teoria do Apego, enfatizando que a organização dos modelos representacionais internos é mais significativa do que as vivências de apego reais durante a infância, no estabelecimento da qualidade dos relacionamentos da criança. Desse modo, a capacidade parental de regulação de seus próprios estados afetivos conflituosos permitiria que os pais pudessem exercer a função regulatória para a criança, durante a interação com os filhos, sendo que pessoas com apego seguro possuiriam melhores condições internas para esta autorregulação.

Nessa mesma linha conceitual, Fonagy (2000) descreveu a função reflexiva ou capacidade de mentalização como a capacidade dos cuidadores (geralmente, mas não necessariamente, representados pelos pais) para reconhecer e compreender os estados mentais da criança, nomeando suas experiências afetivas e, assim, estimulando para que a própria criança desenvolva esta capacidade. Muito próximo a esses conceitos estão a capacidade de revêrie materna, descrita por Bion (1962/1997), e o conceito de *holding* e de mãe suficientemente boa, de Winnicott (1979/1982).

A aquisição da capacidade para mentalizar integra um processo intersubjetivo, estabelecido entre a criança e o cuidador, desenvolvida a partir de vínculos de apego seguro, dando à criança a possibilidade de controlar e regular as próprias emoções, e desenvolvendo a autonomia, a autoestima e a sensação de segurança interna. A função reflexiva e a mentalização são conceitos explorados tanto por autores psicanalíticos quanto cognitivos. Elas permitem atribuir sentido às relações próprias e às alheias, nas quais a linguagem e a narrativa são fundamentais, protegendo, de modo especial, a criança que se encontra em situações desfavoráveis ou vulnerabilizantes. Por exemplo, diante de crises geradas pelas transições familiares, situações abusivas ou doença mental, se a criança consegue sair de uma posição impotente frente ao que o meio lhe apresenta por meio da capacidade de mentalização, poderá, então, atribuir um significado mais real a esses acontecimentos, protegendo-se melhor da sensação de confusão e de uma visão negativa de si mesma (Fonagy, 1999, 2000).

A literatura não psicanalítica também aponta como a relação do indivíduo com o ambiente social desempenha um papel fundamental no comportamento antissocial (Patterson, 1998; Patterson, Reid, & Dishion, 1992), sendo este utilizado como uma forma primitiva de enfrentamento, com o propósito de modificar o ambiente externo. Assim, crianças antissociais utilizariam controles aversivos para moldar e manipular seu ambiente. O controle aversivo modifica a frequência de um comportamento por meio do reforço negativo e punição positiva ou negativa. O reforço negativo aumenta a frequência de certo comportamento; em contrapartida, a punição diminui a frequência desse comportamento. No caso da punição positiva, adiciona-se um estímulo aversivo, enquanto, na punição negativa, retira-se um estímulo reforçador do ambiente (Moreira & Medeiros, 2007). Devido à efetividade de tais comportamentos, estes podem se tornar a principal forma de interação e convivência interpessoal da criança (Patterson et al., 1992). Com o tempo, a criança e os outros membros da família tendem a ir, gradualmente, aumentando a intensidade e frequência dos comportamentos coercitivos (Patterson, 1998), gerando um complexo ciclo vicioso.

Por outro lado, os comportamentos coercitivos são expressos por meio da punição e do reforçamento negativo. Práticas coercitivas parentais podem ser, por exemplo, surras, castigos e ameaças. Essas práticas podem ter como consequência a depressão, ansiedade e agressividade, além do aprendizado da legitimidade do uso da coerção em relacionamentos futuros.

Caracterização do Funcionamento Antissocial da Infância e na Adolescência

Manifestações que envolvem agressividade, impulsividade, ansiedade e, em algumas ocasiões, até mesmo comportamentos delinquentes, são bastante comuns na infância e na adolescência (Achenbach, 1991). Desse modo, os comportamentos antissociais e transgressores e as alterações nas relações interpessoais podem caracterizar apenas sintomas isolados e transitórios em crianças e adolescentes (Forth & Burke, 1998); ou, se persistentes e repetitivos, podem assumir um significado psicopatológico, constituindo-se, por exemplo, nos componentes essenciais do transtorno de conduta e do transtorno desafiador opositivo, conforme os critérios diagnósticos do DSM-IV-TR (APA, 2002).

Quando esses comportamentos, que atuam sobre o ambiente, dizem respeito a crianças muito pequenas e, portanto, com um repertório limitado em termos de consequências e extensão, são denominados problemas de externalização, em oposição aos de internalização (Wangby, Bergman, & Magnusson, 1999). A definição operacional de problemas de externalização inclui diversas manifestações comportamentais que expressam agressividade, desobediência, intolerância à frustração, oposicionismo, impaciência, fraco controle dos impulsos, entre outros (Achenbach, 1991; Bordin, Mari, & Caeiro, 1995; Lambert, Wahler, Andrade & Bickman, 2001), envolvendo reações como gritar, implicar, ameaçar, teimar, agredir, bater, fugir e roubar; estas últimas, com frequência, estando associadas com aspectos tipicamente descritos como antissociais (Fischer, Rolf, Hasazi & Cummings, 1984).

Tais problemas externalizantes, embora não sejam diagnósticos clínicos, são identificados como os mais prevalentes e com maior probabilidade de evoluírem para quadros clínicos durante a adolescência e a vida adulta (Pettit, Bates, Dodge & Meece, 1999; Wangby et al., 1999; Bordin & Offord, 2000). Patterson, DeGarmo & Knutson (2000) sustentam a hipótese de que essas manifestações podem ser identificadas precocemente, já em torno dos 18 meses de vida. Sabe-se, também, (Rutter, 1992) que manifestações externalizantes, quando persistentes ao longo do desenvolvimento infantil, evoluem de comportamentos mais amenos (trapacear, gazear aula, furtar objetos de baixo valor e mentir) para comportamentos antissociais mais característicos e graves (brigas com armas, assaltos e arrombamentos), podendo ser acompanhados de comorbidades diversas, problemas com pares e comprometimentos na escola (*American Academy of Child and Adolescent Psychiatry* [AACAP], 1997).

Em curto prazo, os problemas externalizantes e mesmos os comportamentos antissociais causam maior impacto e incômodo ao ambiente do que ao próprio indivíduo (Earls, 1994). O que permite inferir que boa parte das condutas transgressoras, destrutivas ou não, e o funcionamento antissocial são insuficientemente entendidos se não forem considerados os aspectos familiares e grupais que afetam o jovem, bem como sua história relacional precoce. Nesse sentido, os comportamentos antissociais denunciam uma situação de conflito, patológica ou não, e podem ser explorados como manifestações sintomáticas, não apenas do adolescente, mas do grupo familiar no qual ele está inserido.

Winnicott (1956/2005) aponta para o fato de que o comportamento antissocial não está atrelado a um diagnóstico nosográfico e pode ser encontrado em pessoas de todas as idades, desde que, quando crianças, tenham passado por um histórico de privação emocional; mais do que uma carência, um "desapossamento", no qual certas características essenciais da vida familiar, antes existentes, passam a se estabelecer como algo faltante. A isto Winnicott denominou "tendência antissocial", sem atribuir, necessariamente, peso patológico, no intuito de designá--las antes de tudo, como uma possibilidade inerente à busca humana por acolhimento que atribui importância decisiva ao meio. Para o autor, então, é por meio de aspectos inconscientes que a criança, ou o adolescente, compele alguém a encarregar-se de cuidar dela.

Contribuições Empíricas Atuais

Estudos empíricos atuais, a maioria apoiando-se em instrumentos sistemáticos de avaliação de traços antissociais associados à violência, criminalidade e transtornos de personalidade, apontam que, na história pregressa dos participantes que evidenciaram maiores pontuações nos instrumentos utilizados, as situações que se associam às disfunções familiares mostraram-se muito presentes. Observou-se, então, alta frequência de situações, tais como: negligência e abuso infantil (inclusive sexual) (Weiler & Widom, 1996; Lang, af Klinteberg, & Alm, 2002; Marshall & Cooke, 1999), negligência física e afastamento precoce dos pais (Campbell, Porter, & Santor, 2004), supervisão parental insuficiente, estrutura familiar perturbada, famílias muito numerosas, figura paterna cumprindo pena e mãe deprimida (Farrington, 2006).

É interessante notar que alguns autores (Vitale et al., 2005) sugerem que as diferenças de gênero encontradas no funcionamento antissocial, no qual se observa a hegemonia masculina, são derivadas da interação de variáveis psicossociais, provindas inicialmente da família, com outras variáveis biológicas. Esses aspectos podem ser muito reveladores, considerando, por exemplo, o maior esforço materno para a socialização das meninas em comparação aos meninos, comportamento presente em diversas culturas. Outros estudos apontam que, em situações em que não há preditores associados às questões mais biológicas, como o temperamento, por exemplo, o risco de desenvolvimento de comportamentos antissociais seria mais elevado quando essas crianças fossem expostas à educação infantil inadequada, com falta de supervisão, disciplina inconsistente e rígida e outras características relacionadas à parentalidade disfuncional (Lykken ,1995; Wootton, Frick, Shelton e Silverthorn, 1997). Além disso, pesquisas realizadas na Finlândia (Koivisto & Haapasalo, 1996) e na Flórida (Patrick, Zempolich, & Levenston, 1997), com adultos envolvidos com criminalidade, descobriram altas pontuações nos instrumentos, as quais se correlacionam com história de abuso infantil precoce, lar desfeito e família monoparental.

A realidade brasileira corrobora a maioria desses resultados internacionais. Um estudo realizado no sul do país (Davoglio & Gauer, 2011), com 83 adolescentes em conflito com a lei, evidenciou que a maioria dos jovens da amostra pesquisada (78,2%) residia com ambos os pais, ou pelo menos com um dos pais, quando praticou o ato infracional que lhe rendeu a medida socioeducativa de privação de liberdade, dado que não difere substancialmente de outras pesquisas brasileiras (Sento-Sé, 2003; Silva & Gueresi, 2003; Priuli & Moraes, 2007). Tais resultados alertam para o fato de que o conflito com a lei não precisa associar-se, necessariamente, à situação de rua do adolescente ou à ausência familiar no plano físico, evidenciando a importância da qualidade dos vínculos afetivos familiares, nos aspectos subjetivos que envolvem cuidado efetivo, acolhimento e proteção. De acordo com Maciel e Cruz (2009), a negligência parental não se refere apenas ao distanciamento físico, mas também à carência ou ausência de cuidados responsáveis, de natureza psicológica ou educativa para com os filhos.

O mesmo estudo com jovens brasileiros (Davoglio & Gauer, 2011) apontou que mais da metade dos adolescentes entrevistados tinham na família, pelo menos, um parente em primeiro ou segundo grau que já cumprira pena ou medida socioeducativa. Tal resultado sugere que o envolvimento de familiares com a criminalidade pode ser um fator preditivo para o comportamento antissocial, como já apontaram outros estudos (Patterson et al.,1992; Forth, Kosson & Hare,2003; Gomide, 2004; Pacheco & Hutz, 2009; Frisell,Lichtenstein, & Langström, 2011). De acordo com os autores, essa criminalidade, em alguma medida, associa-se a conflitos e violência familiar. Para Moffitt (1993) quando pré-existem comportamentos antissociais na família, a criança já se depara com um ambiente deficitário. Segundo o relato dos próprios participantes do estudo brasileiro, muitos dos bens adquiridos com dinheiro das infrações cometidas pelo adolescente são utilizados por toda a família, a qual troca a verdade pelo conforto, em que "esconder" ou "omitir" passa, naturalmente, a fazer parte da dinâmica interpessoal cultivada na família (Davoglio & Gauer, 2011).

Por outro lado, crianças e adolescentes que são vítimas de violência familiar estão expostas a alterações psicológicas que comprometem, de alguma forma, a sua saúde, como resultado da desestruturação da imagem simbólica do adulto protetor e da família como formadora da identidade e da socialização (Faleiros, 1997). Situações de maus-tratos, presenciadas entre os pais ou experimentadas diretamente pela criança, inclusive provindas dos irmãos (Linares, 2006), são apontadas como fator de risco para a reprodução de comportamentos que envolvam violência, passados de uma geração à outra (Falcke, Oliveira, Rosa, & Bentancur, 2009). Porém, vale lembrar que a violência intrafamiliar contra crianças e adolescentes é ainda insuficientemente notificada no Brasil, sob diversas alegações, não correspondendo os dados acumulados com a realidade vivida (Brasil, 2002). Então quando não identificada e combatida, essa violência intrafamiliar pode tornar-se um fator de risco para o estabelecimento de quadros psicopatológicos, entre os quais estão os comportamentos antissociais, transgressores e psicopáticos. Além disso, as dificuldades metodológicas e empíricas para distinção do que é decorrente de aspectos constitucionais e de influências da experiência na transmissão familiar de comportamentos violentos contribuem para que a pesquisa sobre essas questões permaneça escassa (Patrick e Vaidyanathan, 2011).

No entanto, o estudo de Davoglio e Gauer (2011) identificou, nos adolescentes entrevistados que cumpriam medida socioeducativa em privação de liberdade, forte sentimento afetivo e preocupação familiar, especialmente associados à figura materna, sendo esta percebida como afetivamente valorizada, manifestando expectativas quanto às suas visitas, compreensão e ajuda. Dados como esses são relevantes no sentido de examinar e explorar as representações familiares em suas potencialidades, desmistificando a tendência a reconhecê-las apenas em suas vulnerabilidades e problemas. Deve-se considerar, sempre, que as famílias funcionam de modo sistêmico e mutuamente influente, havendo contribuições tanto dos pais e demais familiares para a qualidade do relacionamento entre pais e filhos, quanto das próprias crianças e adolescentes (Forth et al., 2003), ainda que aos adultos se atribuam responsabilidades distintas daquelas dirigidas aos jovens.

É possível que programas formais de apoio psicológico e estratégias de manejo aos pais, para o enfrentamento de situações cotidianas envolvidas na maternidade/paternidade, em benefício da interação familiar construtiva e da vinculação, especialmente diante de filhos com temperamento mais difícil ou pais mais vulneráveis, tenham grande valor prognóstico (Davoglio & Gauer, 2011). Entende-se que tais programas podem representar um suporte social significativo e um fator de proteção ao desenvolvimento de psicopatologias em crianças e adolescentes. Conforme apontam Kernberg, Weiner e Bardenstein (2003), pais de crianças que evidenciam problemas relacionados ao funcionamento antissocial persistente necessitam de apoio intenso para que possam desenvolver medidas de contenção e educativas, mantendo-se na linha de frente, antes que sejam invadidos por sentimentos de raiva e desesperança em relação aos filhos. Esses sentimentos parentais tendem a produzir depressão e ansiedade nessas crianças gerando, ao invés da redução, o incremento dos comportamentos antissociais.

As Estratégias Parentais e Familiares Frente às Questões Externalizantes e Antissociais

A interação entre práticas educativas parentais e o desenvolvimento social infantil é ainda uma temática pouco explorada. A literatura denomina práticas educativas, disciplinares ou de cuidado, aquelas estratégias utilizadas pelos pais com o objetivo de promover a socialização de seus filhos (Grusec & Kuczynsky, 1980). No cotidiano da vida familiar, os pais tendem a utilizar uma combinação de vários métodos, variando-os conforme a situação e sua própria experiência, os quais podem ser compreendidos sob diferentes perspectivas teóricas. Essas práticas se misturam também com a subjetividade dos pais, suas emoções, dificuldades e expectativas, nem sempre resultando em reações consistentes entre si (Grusec & Lytton, 1988). Estudos atuais evidenciam que os comportamentos antissociais dos filhos podem ter uma forte ligação com tais práticas, por meio das quais as famílias estimulam, ainda que involuntariamente, a repetição desses comportamentos devido à disciplina inconsistente, pouca interação positiva, pouco monitoramento e supervisão ineficiente das atividades da criança (Pacheco, 2004; Pacheco & Hutz, 2009).

A capacidade de responsividade parental é entendida como a atenção e percepção consistente, a interpretação acurada e a resposta contingente e apropriada aos sinais evidenciados pela criança, ainda em fases muito precoces (Van den Boom, 1994). É dessa capacidade que depende boa parte da interação harmoniosa entre pais e filhos, a qual também sustenta a eficácia das práticas educativas que acompanharão o desenvolvimento infantil (Keenan & Shaw, 1998; Patterson et al., 2000). Quando, por alguma razão, essa capacidade se encontra reduzida, em geral, se estabelecem maiores dificuldades para lidar com os filhos ao longo de seu crescimento, levando à utilização mais acentuada de práticas coercitivas e rígidas, que apresentam menor poder de efetividade.

Examinando as contribuições da própria criança para o êxito ou fracasso das práticas educativas e da atenção parental recebida, quase sempre o temperamento é visto como um fator essencial. O temperamento se associa com vulnerabilidades para problemas de externalização e com a quantidade e tipo de atenção e cuidado recebido dos pais (Van den Boom, 1994). O temperamento é definido como um padrão inato e estável de humor e reação, associado a aspectos constitucionais que diferem de uma criança para outra na reatividade emocional, motora e atencional (Sanson, Hemphill, & Smart, 2004), presentes desde o início da vida. Apesar disso, acredita-se que o temperamento pode ser modificado pela influência maturacional e ambiental (Rothbart, Ahadi, Hershey & Fisher, 2001; Keenan & Shaw, 1998), constituindo-se em um componente emocional para a formação e expressão da personalidade (Kernberg et al., 2003).

Por outro lado, a literatura descreve três diferentes padrões de interação pessoa-ambiente, intimamente vinculados aos traços de personalidade que sustentam tais padrões, apontando inclusive para o fato de que traços específicos de personalidade, por si mesmos, consistem em padrões interacionais que geram experiências e reações nas demais pessoas. Por exemplo, crianças impulsivas e desatentas, diferentemente daquelas mais flexíveis, tendem a provocar comportamentos de natureza mais punitiva e coercitiva por parte dos adultos, ao que se denomina (1) interações evocativas pautadas, portanto, em reações peculiares. As (2) interações reativas se fundamentam na ideia de que diferentes crianças reagem de modo diferenciado à mesma situação, de tal modo que crianças agressivas podem identificar atos neutros como agressivos e hostis, assim como crianças ansiosas tendem a reagir com temor. Já nas (3) interações proativas, situações compatíveis com a própria personalidade e estilo interacional são produzidas e buscadas, tendendo a aumentar com a idade e a autonomia, estando na base dos vínculos de amizade (Kernberg et al., 2003). Esses padrões, quando identificados pelo ambiente, podem ser relevantes para o desenvolvimento de manejos e intervenções sobre os mesmos, que visem seu reconhecimento pelo indivíduo, ampliando a possibilidade de modificá-los, especialmente quando se consideram também os sistemas motivacionais e de atenção subjacentes.

Frequentemente, assume-se que as práticas educativas parentais e os estilos de relação entre pais e filhos são mediados por diversos fatores relacionados aos pais, à criança ou adolescente e ao contexto em que a família está inserida (Patterson, DeGarmo, & Knutson, 2000), ainda que as proporções em que cada um desses elementos participem não sejam muito conhecidas. Em relação ao contexto social, há ainda mais aspectos imbricados nessas práticas, tais como o nível socioeconômico, o qual determina valores, crenças e expectativas sobre o futuro dos filhos, os quais diferem de acordo com o *status* ocupado e a escolaridade parental. É provável que os pais mais instruídos tenham maiores recursos para negociar com os filhos, prescindindo do uso da força física. Quanto maior o nível educacional dos pais, maior o uso de práticas reforçadoras e menor a utilização de práticas coercitivas com os filhos (Patterson et al., 2000; Patterson, Reid & Eddy, 2002).

Do ponto de vista comportamental, diante das atitudes dos comportamentos aversivos dos filhos, utilizados, na maioria das vezes, para obter atenção ou interromper a atuação de outro membro da família, tais comportamentos podem ser reforçados positivamente pelos pais por meio da oferta de atenção ou aprovação, estimulando, dessa forma, a criança a obter o que deseja por essa via. Contudo, a principal forma de manutenção desses comportamentos é por meio do reforço negativo, o qual, pelo exemplo, e pelo impacto que tem, tende a aumentar o repertório de comportamentos antissociais dos filhos, em vez de elevar o repertório de comportamentos pró-sociais (Patterson, Baryshe, & Ramsey, 1989). O reforço negativo, segundo Moreira e Medeiros (2007), é um tipo de consequência do comportamento que aumenta a probabilidade de um determinado comportamento voltar a ocorrer, por meio da retirada de um estímulo do ambiente. É esperado, então, que essas famílias favoreçam o desenvolvimento de crianças com dois problemas: alta frequência de comportamentos antissociais e pouca habilidade social (Patterson et al., 2000).

Partindo da Teoria do Apego de Bowlby e da noção de modelos funcionais, as abordagens baseadas na capacidade reflexiva e de mentalizar também se mostram muito promissoras em relação às práticas educativas parentais, podendo oferecer importantes modelos de atuação a serem implementados junto aos pais. Pais que conseguem imaginar experiências afetivas com os filhos, ainda antes do seu nascimento, reconhecê-los e ser responsivos às suas demandas, por meio de comportamentos coerentes, geram condições para o estabelecimento de uma função regulatória na interação, a qual favorece o desenvolvimento psicossocial da criança (Fonagy, Gergely, Jurist, & Target, 2002). O exercício de observar, tentar compreender e nomear os estados mentais dos filhos é muito importante para o desenvolvimento do apego seguro na criança, sendo um meio de romper com ciclos de desvantagem e persistências transgeracionais, baseados em apego inseguro e fragilizado (Fonagy, 2000). Uma vez que situações de maltrato afetam negativamente a aquisição da capacidade reflexiva (Fonagy, 2001), é possível que os cuidadores possam ser ajudados a interromper a reprodução de experiências relacionais desfavoráveis, inclusive aquelas que podem contribuir para produzir comportamentos antissociais nas crianças, adquirindo tanto quanto possível a capacidade de refletir de modo produtivo sobre a experiência mental (Fonagy, Steele, Steele, Higgit & Target, 1994). Porém, é essencial reconhecer que as dificuldades na função parental representam apenas uma das muitas formas de produzir déficits na capacidade de mentalizar (Fonagy, 2001).

O diálogo com os filhos, proporcionado pelos cuidadores, é vital no contexto educativo e desenvolvimental, o qual deveria ser estimulado continuamente. Por meio dele, vai se construindo o repertório inicial para o desenvolvimento de todas as demais habilidades sociais educativas, tais como fazer perguntas, expressar sentimentos, opiniões e estabelecer limites (Silva, 2000). Padrões rígidos de comunicação, que não permitem questionamentos ou dúvidas, são responsáveis pela construção de mitos nas famílias, os quais ditam, ao longo do tempo, os comportamentos esperados ou proibidos entre seus membros. Também a ausência de comunicação é o perpetuador dos segredos familiares, fenômenos sistêmicos que promovem rompimentos e alianças, e que, ao lado dos ritos que codificam o que é familiar, definem limites muitas vezes perturbadores entre o que está dentro e o que está fora da família (Falcke & Wagner, 2005). Dessa forma, gerar condições para que o diálogo verdadeiro e honesto se propague no ambiente familiar é um desafio que, muitas vezes, demanda por mediação externa e ajuda especializada.

Considerações Finais

Muito distante da possibilidade de culpabilizar pais ou filhos, ou ambos, este capítulo propôs-se a fomentar o debate acerca da estrutura familiar, a qual carrega em si tanto o potencial protetivo quanto o preditivo para o desenvolvimento do funcionamento antissocial. Os indivíduos produzem as famílias e estas geram os indivíduos; ambos se inserem nas sociedades em processos constitutivos, que se retroalimentam mutuamente, de tal modo que a saúde ou doença que atinge a um repercutirá, em maior ou menor grau, em todos os envolvidos.

A promoção da qualidade e fortalecimento de vínculos afetivos familiares e de práticas educativas parentais que promovam a autonomia e a segurança são caminhos possíveis para o desenvolvimento de crianças e adolescentes que não se envolvam em funcionamentos antissociais permanentes e cristalizados. Compreende e intervir sobre as manifestações antissociais dos jovens, antes que estas se cristalizem e impliquem em problemas que tomem proporções de violência e criminalidade de difícil enfrentamento, demanda esforços conjuntos dos diversos segmentos da sociedade, focalizados não apenas no indivíduo, mas também na atenção às potencialidades e limitações de suas famílias.

Referências

Achenbach, T. (1991). *Manual for the child behavior checklist*. Department of Psychiatry: University of Vermont.

Ackerman, N.W. (1986). *Diagnóstico e tratamento das relações familiares*. (Goulart, M.C.R., Trad.). Porto Alegre: Artes Médica. 355p.

Ainsworth, M. D. (1989). Attachments beyond infancy. *American Psychologist*, 44, 709-716.

American Academy of Child and Adolescent Psychiatry (AACAP). (1997). Practice parameters for the assessment and treatment of children and adolescents with conduct disorder. *Journal American Academy Child and Adolescent Psychiatry*, 36 (10), 122-39.

André-Fustier, F. & Aubertel, F. (1998). A transmissão psíquica familiar pelo sofrimento. In: Eiguer, A. et al. *A transmissão do psiquismo entre gerações: enfoque em terapia familiar psicanalítica*. São Paulo: Unimarco. p.129-179.

Associação Psiquiátrica Americana. (2002). *Manual Diagnóstico e Estatístico de Transtornos Mentais Revisto – DSM-IV-TR*. (4. ed.) Porto Alegre: Artmed.

Aulagnier, P. (1989). *O aprendiz de historiador e o mestre feiticeiro: Do discurso identificante ao discurso delirante*. São Paulo: Escuta.

Aulagnier, P. (1979). *A violência da interpretação – do pictograma ao enunciado*. Rio de Janeiro: Imago.

Bion, W. R. (1997). *Aprendiendo de la experiência* (Fernández, H. Trad.). Barcelona: Paidos. (Trabalho original publicado em 1962).

Bordin, I., Mari, J., & Caeiro, M. (1995). Validação da versão brasileira do Child Behavior Checklist (CBCL)– Inventário de comportamentos da infância e adolescência: Dados preliminares. *Revista da ABP-APAL*, 17, 55-66.

Bordin, I.A.S., Offord, D. R. (2000). Transtorno de Conduta e Comportamento Antissocial. *Revista Brasileira de Psiquiatria*, 22(2), 12-5.

Bowlby, J. (1952). *Maternal care and mental health*. Geneva, Switzerland: World Health Organization. 194p. Recuperado em 7 janeiro, 2011, de http://www.questia.com/PM.qst?a=o&d=3730655

Bowlby, J. (1990). *Apego e perda*, Vol 1. Apego: a natureza do vínculo (2ª ed). São Paulo: Martins Fontes. (Trabalho original publicado em 1969).

Bowlby, J. (1989). *Uma base segura: aplicações clínicas da teoria do apego* (S. M. Barros, Trad.). Porto Alegre: Artes Médicas. (Trabalho original publicado em 1988).

Bowlby, J. (1997). *Formação e rompimento dos laços afetivos* (3ª ed.). São Paulo: Martins Fontes. (Trabalho original publicado em 1979).

Brasil. (2002). *Violência intrafamiliar: orientações para a prática em serviço*. Ministério da Saúde, Secretária de Políticas da Saúde. Brasília (DF). Recuperado em 2 dezembro, 2010, de http://bvsms.saude.gov.br/bvs/publicacoes/cd05_19.pdf

Campbell, M. A., Porter, S., & Santor, D. (2004). Psychopathic traits in adolescent offenders: An evaluation of criminal history, clinical, and psychosocial correlates. *Behavioral Sciences and the Law*, 22, 23-47.

Davoglio, T.R. & Gauer, G.J.C. (2011). *Adolescentes em conflito com a lei: Aspectos sociodemográficos de uma amostra em medida socioeducativa com privação de liberdade*. Contextos Clínicos, 4(1),42-52. doi: 10.4013/ctc.2011.41.05

Dessen, M. A., & Polonia, A. C. (2007). *A Família e a Escola como contextos de desenvolvimento humano*. Brasil cidade de Brasília (DF), 22-32. Recuperado em 29 novembro, 2010, de http://www.scielo.br/pdf/paideia/v17n36/v17n36a03.pdf

Earls, F. (1994). Oppositional-defiant and conduct disorders. In: Rutter, M., Taylor, E. E Hersov, L.A. (Editors).*Child and adolescent psychiatry: modern approaches* (pp. 308-29). Oxford: Blackwell Scientific Publications.

Falcke, D., & Wagner, A. (2005). A dinâmica familiar e o fenômeno da transgeracionalidade: definição de conceitos. In: Wagner, A. (org) *Como se perpetua a família? A transmissão dos modelos familiares* (pp. 116). Porto alegre: EDIPUCRS.

Falcke, D., Oliveira, D. Z., Rosa, L.W., & Bentancur, M. (2009). Violência conjugal: um fenômeno interacional. *Contextos Clínicos*, 2(2), 81-90.

Faleiros, V.P. 1997. *A violência sexual contra crianças e adolescentes e a construção de indicadores: a crítica do poder, da desigualdade e do imaginário*. Trabalho apresentado na Oficina de indicadores da Violência Intra-familiar e da Exploração sexual de Crianças e Adolescentes. Ministério da Justiça, Brasília, DF.

Farrington, D.P. (2006). Family background and psychopathy. In CJ Patrick (Ed.), *Handbook of Psychopathy*. New York: Guilford.

Ferenczi, S. (1992). A adaptação da família à criança. In: *Obras completas IV*. São Paulo: Martins Fontes (Originalmente publicado em1928).

Fischer, M., Rolf, J., Hasazi, J. E. & Cummings, L. (1984). Follow-up of a preschool epidemiological sample: Cross-age continuities and prediction of later adjustment with internalizing and externalizing dimensions of behavior. *Child Development*, 55, 137-150.

Flechner, S. (2000). Acerca de los intentos de autoeliminación y suicidios en la adolescencia. *Publicacion Primero Congresso de Psicónálisis y 11 as. Jornada científicas de la Associación Psiconalíticas del Uruguay*. Tomo II, (pp. 53-65).

Fonagy, P. (1999). Persistências transgeneracionales del apego. Uma nova teoria. *Revista de Psicoanalisis*. Aperturas Psicoanalíticas, 3.

Fonagy, P. (2000). Apegos patológicos y acción terapéutica. *Revista de Psicoanalisis*. Aperturas Psicoanalíticas,4.

Fonagy, P. (2001). El uso de múltiplos métodos para hacer al psicoanalisis relevante em el nuevo milênio. In: Bernardi, R. et al. *Psicoanalisis, Focos y Aperturas*. Montevideo: Psicolibros. 308p.

Fonagy, P., Steele, M.,Steele, H., Higgit, A., & Target, M. (1994). The Emmanuel Miler Memorial Lecture 1992. The theory, and practice of resilience. *Journal of Child Psychology and Psychiatry and Allied Disciplines*, 35, 231-257.

Fonagy, P., Gergely, G., Jurist, E.L., & Target, M. (2002). *Affect regulation, mentalization and the development of the self*. New York; Other Press.

Forth, A. E., Kosson, D. S., Hare, R. D. 2003. *Hare Psychopathy Checlist: Youth Version*. Toronto, Ontario, Canada: Multi-Health Systems.

Forth, A.E. & Burke, H.C. (1998). Psychopathy in Adolescence: assessment, violence and developmental precursors. In: Cooke, D. J., Forth, A. E., & Hare, R.D. *Psichopathy: Theory, Research and Implications for Society* (pp. 205-229). Dordrecht, The Netherlands: Kluwer.

Frisell, T., Lichtenstein, P., & Langström, N. (2011).Violent crime runs in families: a total population study of 12.5 million individuals. *Psychological Medicine*, 41, 97-105.

Gomide, P. (2004). *Menor infrator: a caminho de um novo tempo*. Curitiba: Juruá.

Grusec, J.E., & Kuczynski, L. (1980).Direction of effect in socialization: A comparison of the parent vs. the child's behavior as determinants of disciplinary techniques. *Developmental Psychology*, 1980, 6, 1-9.

Grusec, J.E. & Lytton, H. (1988). *Social development: history, theory and research*. New York: Springer-Verlang.

Kaës, R. (1993). *Transmission de la vie psychique entre générations*. Paris: Dunod.

Kaës, R., Faimberg, H., Enriquez, M., & Baranes, J.J. (2001). *Transmissão da vida psíquica entre gerações*. São Paulo: Casa do Psicólogo.

Keenan, K, & Shaw, D. (1998). The development of coercive family processes: The interaction between aversive toddler behavior and parenting factors. In J. McCord (Ed.), *Coercion and punishment in long--term perspectives* (pp. 165-180). Cambridge, UK: Cambridge University Press.

Kehl, M. R. (2001). Lugares do feminino e do masculino na família. In: Comparato, M.C.M., Monteiro, D.S.F. (org.). *A criança na contemporaneidade e a psicanálise*. São Paulo: Casa do Psicólogo. p. 29-38.

Kernberg, P.F., Weiner, A.S., & Bardenstein,K.K. (2003). *Transtornos de personalidade na infância e adolescência*. Porto Alegre: Artmed.

Koivisto, H., & Haapasalo, J. (1996). Childhood maltreatment and adult-hood psychopathy in light of file-based assessments among mental state examinees. *Studies on Crime and Crime Prevention*, 5, 91–104.

Lambert, E., Wahler, R., Andrade, A., & Bickman, L. (2001). Looking for the disorder in conduct disorder. *Journal of Abnormal Psychology*, 110, 110-123.

Lang, S., af Klinteberg, B., & Alm, P-O. (2002). Adult psychopathy and violent behavior in males with early neglect and abuse. *Acta Psychiatrica Scandinavica*, 106, 93–100.

Linares, L.O. (2006). An understudied form of intra-family violence: Sibling-to-sibling aggression among foster children. *Aggression and Violent Behavior*, 11,95–109.

Loeber R., & Dishion T. (1983). Early predictors of male delinquency: a review. *Psychol Bull*; 94:68-99.

Lykken, D. T. (1995). *The antisocial personalities*. Hillsdale, NJ: Lawrence Erlbaum.

Maciel, S.D. & Cruz, R.M. (2009). Violência psicológica contra crianças nas interações familiares: problematização e diagnóstico. In: Rovinski, S.M.R. e Cruz, R.M. (orgs). *Psicologia jurídica: perspectivas teóricas e processos de intervenção* (pp. 89-106). São Paulo: Vetor.

Maia, M.S. (2003). *Extremos da alma: Dor e trauma na atualidade e clínica psicanalítica*. Rio de Janeiro: Garamond. 252 p.

Main, M. (2000). The organized categories of infant, child and adult attachment: Flexible vs. inflexible attention under attachment-related stress. *Journal of the American Psychoanalytic Association*. 48, 1055-1127.

Marshall, L. A., & Cooke, D. J. (1999). The childhood experiences of psychopaths: A retrospective study of familial and social factors. *Journal of Personality Disorders*, 13, 211–225.

McCord, W., & McCord, J. (1964). *The psychopath: An essay on the criminal mind*. Princeton, NJ: van Nostrand.

Moreira, M. B., & Medeiros, C. A. (2007). *Princípios básicos de análise do comportamento*. Porto Alegre: Artmed.

Moffitt, T.E. (1993). Life-course-persistent and Adolescence-limited Antisocial Behavior: A developmental taxonomy. *Psychological Review*, 100, 674-701.

Pacheco, J. T. B. (2004). A *Construção do comportamento antissocial em adolescentes autores de atos infracionais: uma análise a partir das práticas educativas e dos estilos parentais*. Tese de Doutorado, Universidade Federal do Rio Grande do Sul, 2004.

Pacheco, J.T.B. & Hutz, C. S. (2009). Variáveis familiares preditoras do comportamento antissocial em adolescentes autores de atos infracionais. *Psic.: Teor. e Pesq.* [on-line], 25(2): 213-219. Recuperado em 29 novembro, 2010, de http://www.scielo.br/scielo.php?script=sci_arttext&pid=S0102-37722009000200009&lng=en&nrm=iso

Patrick, C. J. & Vaidyanathan .U. (2011). Coming to grips with the cycle of violence: A commentary on: 'Violent crime runs in families: a total population study of 12.5 million individuals' by Frisell et al. *Psychological Medicine*, 41,41-45. doi:10.1017/S0033291710000760

Patrick, C. J., Zempolich, K. A., & Levenston, G. K. (1997). Emotionality and violent behavior in psychopaths: A biosocial analysis. In A. Raine, P. A. Brennan, D. P. Farrington, & S. A. Mednick (Eds.), *Biosocial bases of violence* (pp. 145–161). New York: Plenum.

Patterson, G. (1998). Coercion as a basis for early age of onset for arrest. In: McCord, J. (Org.), *Coercion and punishment in long-term perspectives* (pp. 81-105). Cambridge: University Press.

Patterson G.R., Baryshe, B.D. & Ramsey (1989). A developmental perspective on antisocial behavior. *American Psychologist*, 44(2), 329-335.

Patterson, G. R., DeGarmo, D. S. & Knutson, N. (2000). Hyperactive and antisocial behaviors: Comorbid or two points in the same process? *Development and Psychopathology*, 12, 91-106.

Patterson, G. R., Reid, J.B., & Dishion, T. (1992) *Antisocial boys*. Eugene: Catalia Publishing Company.

Patterson, G.R., Reid, J.B., & Eddy, J.M. (2002). A brief history of the Oregon Model. In: J.B. Reid, G.R. Patterson e J. Snyder (Eds.). *Antisocial Behavior in children and adolescents: A developmental analysis and model for intervention* (pp.3-21). Washington: American Psychological Association.

Pettit, G., Bates, J., Dodge, K. & Meece, D. (1999). The impact of after-school peer contact on early adolescent externalizing problems is moderated by parental monitoring, perceived neighborhood safety, and prior adjustment. *Child Development*, 70, 768-778.

Priuli, R.M.A. & Moraes, M.S. (2007). Adolescentes em conflito com a lei. *Ciência saúde coletiva*,12(5):1185-92.

Rothbart, M. K., Ahadi, S. A., Hershey, K. L., & Fisher, P. (2001). Investigations of temperament at 3–7 years: The Children's Behavior Questionnaire. *Child Development*, 72, 1394–1408.

Rutter, M. (1992). Adolescence as a transition period: continuities and discontinuities in conduct disorder. *Journal Adolescent Health*, 13,451-60.

Sanson, A., Hemphill, S., & Smart, D. (2004). Connections between temperament and social development: A review. *Social Development*, 13, 142-168.

Sento-Sé, J.T. (2003). *Perfil dos jovens em conflito com a lei no Rio de Janeiro*. Rio de Janeiro, Cesec/Ucam e LAV/UERJ.

Silva, A. T. B. (2000). *Problemas de comportamento e comportamentos socialmente adequados: sua relação com as habilidades sociais educativas de pais*. Dissertação de Mestrado não-publicada, Universidade Federal de São Carlos, São Carlos.

Silva, E.R.& Gueresi, S. (2003). *Adolescentes em conflito com a lei: situação do atendimento institucional no Brasil*. Brasília, Instituto de Pesquisa Aplicada e Econômica, IPEA/Ministério da Justiça.

Target, M. (2007). Teoria e pesquisa sobre apego. In: Person, E. S., Cooper, A. M. & Gabbard, G. O. (Org.), *Compêndio de psicanálise* (pp. 169-182) (D. Bueno, Trad.). Porto Alegre: Artmed. (Trabalho original publicado em 2005).

Van den Boom, D.C. (1994). The influence of temperament and mothering on attachment and exploration: An experimental manipulation of sensitive responsiveness among lower-class mothers with irritable infants. *Child Development*, 65, 1449-1469.

Vitale, J. E., Newman, J. P., Bates, J. E., Goodnight, J., Dodge, K. A., & Pettit, G. S. (2005). Deficient behavioral inhibition and anomalous selective attention in a community sample of adolescents with psychopathic and low-anxiety traits.*Journal of Abnormal Child Psychology*, 33, 461-470.

Wangby,M., Bergman,L., & Magnusson,D. (1999). Development of desajustment problems in girls: what syndromes emergence? *Child Development*, 70, 678-699.

Weiler, B. L., & Widom, C. S. (1996). Psychopathy and violent behavior in abused and neglected young adults. *Criminal Behavior and Mental Health*, 6, 253–271.

Winnicott, D.W. (1982). *O ambiente e os processos de maturação*. (I.C..S. Ortiz, Trad.). Porto Alegre, Artmed. (Originalmente publicado em 1979).

Winnicott, D. W. (2005). *Privação e delinquência*. 4. ed. São Paulo: Martins Fontes, 322 p. (Originalmente publicado em 1956).

Wootton, J. M., Frick, P., Shelton, K. K., & Silverthorn, P. (1997). Ineffective parenting and childhood conduct problems: The moderating role of callous-unemotional traits. *Journal of Consulting and Clinical Psychology*, 65, 301–308.

CAPÍTULO 5

Bullying e traços de psicopatia na adolescência: considerações jurídicas e sociais sobre o tema

Silvio José Lemos Vasconcellos[1]
Roberta Salvador Silva[2]
Márcio Mór Giongo[3]

O entendimento do fenômeno *bullying* requer considerações tanto sobre o perfil de vítimas, de perpetradores, suas consequências psicológicas e sociais ou mesmo sobre os reais motivos pelos quais esse tema tem sido frequentemente abordado na mídia. Quanto a esse último aspecto, constata-se que um maior nível de compreensão sobre as consequências desse fenômeno tem, dentre outros fatores, contribuído para uma ampla divulgação do assunto. Um tema que, recentemente, tem despertado um significativo interesse de pais e educadores.

Explorar todos os diferentes motivos que contribuem para a citada divulgação na mídia não é, no entanto, o objetivo central deste trabalho. De outro modo, este capítulo objetiva elucidar a ocorrência do *bullying*, considerando tendências da personalidade apresentadas por indivíduos mais propensos a envolverem-se nessa prática.

Trata-se, nesse sentido, de uma abordagem que vai ao encontro de outros trabalhos desta obra e que tem por base uma revisão da literatura sobre o tema, bem como a análise de algumas avaliações psicológicas realizadas pelo grupo envolvendo adolescentes em conflito com a lei. O trabalho apresentado busca, portanto, explicar o próprio conceito de *bullying*, suas

---

[1] Psicólogo, mestre em Ciências Criminais (PUCRS) e doutor em Psicologia (UFRGS). Professor adjunto do curso de Psicologia da Universidade Federal de Santa Maria (UFSM).

[2] Psicóloga e mestranda de Psicologia da Pontifícia Universida Católica do Rio Grande do Sul (PUCRS).

[3] Advogado criminalista, aluno do curso de especialização em Ciências Penais da Pontifícia Universidade Católica do Rio Grande do Sul (PUCRS).

principais implicações jurídicas e sociais e analisar a forma como alguns adolescentes avaliados colocam-se diante dessas mesmas práticas. Essa mesma análise demanda considerações sobre o processo de formação da personalidade na adolescência e pode ser devidamente explicada a partir de algumas exemplificações. Mostra-se igualmente capaz de sugerir que novos avanços em termos de pesquisa poderão, posteriormente, também fundamentar novas discussões jurídicas sobre o assunto.

É também importante considerar o próprio fato de que, quanto às vítimas e os perpetradores de *bullying*, não há um único perfil que perfaça cada uma dessas categorias. Faz-se necessário compreender que o fenômeno abarca pluralidades tanto quanto suas diferentes formas de ocorrência, como quanto aos traços constitutivos da personalidade dos indivíduos que nele se envolvem. Dessa forma, este trabalho representa tão somente um recorte analítico cujo objetivo não é esgotar o tema. De outro modo, entende-se que a ênfase em relatos advindos de pesquisas ou trabalhos de outra natureza pode contribuir significativamente para entender melhor esse fenômeno.

O *bullying* revela-se um problema real com implicações sociais sérias, independentemente de qualquer exacerbação quanto à forma como ele tem pautado os debates públicos na atualidade. Novas pesquisas e discussões teóricas sobre o tema são, nesse sentido, verdadeiramente pertinentes. Na sequência deste trabalho, os autores discorrem sobre o que é, de fato, o *bullying*, sobre algumas pesquisas feitas no Brasil sobre o assunto destacando trechos de entrevistas realizadas com adolescentes em conflito com a lei e abordando ainda algumas questões sobre a responsabilidade penal na adolescência. Para esses fins, o trabalho pauta-se na devida omissão de qualquer dado que possa identificar os entrevistados. Salienta-se ainda que todas as entrevistas realizadas nesse contexto decorrem de um projeto de pesquisa aprovado por comitê de ética e contam com as assinaturas de termos de consentimentos pelas partes envolvidas.

Conceito de *Bullying*

O *bullying* é considerado um subtipo de violência (Lisboa, Braga & Ebert, 2009; Lopes Neto, 2005; Zaine, Reis & Padovani, 2010) e constitui-se em um fenômeno que, atualmente, vem sendo abordado constantemente na mídia (Antunes & Zuin, 2008; Lisboa et al., 2009). O tema passou a ser veiculado com frequência em matérias relacionadas à violência entre adolescentes no contexto escolar, sobretudo, a partir da repercussão internacional de atentados praticados por estudantes em escolas, como o caso norte-americano de Columbine (Calbo, Busnello, Rigoli, Schaefer & Kristensen, 2009; Vieira, Mendes & Guimarães, 2009).

O termo *bullying* tem origem na língua inglesa e não possui tradução literal para a língua portuguesa. O termo *bully* é utilizado no inglês como substantivo para "valentão" ou então como verbo no sentido de "ameaçar, intimidar, amedrontar". Dessa forma, a palavra *bullying* poderia ser traduzida como "intimidação", porém, tal como salientam alguns autores, esse significado não refletiria a complexidade do fenômeno em questão (Lisboa et al., 2009; Fante, 2005). Na

Conferência Internacional Online "School *Bullying* and Violence", em 2005, fora referida a dificuldade de traduzir o termo *bullying* para os 23 países participantes em virtude do amplo conceito por ele representado. Portanto, definiu-se pela adoção universal do termo (Lopes Neto, 2005). Lisboa et al. (2009) refere que a opção por usar *bullying* no idioma original, embora seja um estrangeirismo, se dá pela capacidade do termo, e a sua conceituação, em refletir a complexidade do fenômeno.

A definição de *bullying* consiste em todas as atitudes agressivas, intencionais e repetidas sistematicamente, que ocorrem sem motivação aparente, praticadas por um ou mais indivíduos contra outro(s). Essa interação é caracterizada por desigualdade de poder e ausência de reciprocidade, na qual a vítima possui pouco ou quase nenhum recurso para evitar e/ou defender-se da agressão. Entre as práticas de *bullying*, compreende-se colocar apelidos, ofender, humilhar, excluir, intimidar, agredir fisicamente, roubar, entre outras (Calbo et al., 2009; Fante, 2005; Lisboa et al., 2009; Lopes Neto, 2005, Zaine et al., 2010). Cleary (n.d.) refere que o *bullying* possui cinco características: é um comportamento intencional, com intuito de machucar; é repetitivo, estendendo-se durante um período de tempo; os autores de *bullying* exercem poder de forma inapropriada sobre a vítima; torna-se difícil a defesa para essas vítimas; para os autores de *bullying* torna-se, de outro modo, difícil aprender novos comportamentos socialmente aceitos.

A prática de *bullying* é identificada com maior frequência no ambiente escolar, já que se trata de um local que proporciona maior interação entre pares. Portanto, a maioria dos estudos sobre o fenômeno é desenvolvida levando-se em conta tal ambiente. Porém, o *bullying* é um fenômeno que ocorre independente do contexto, dessa forma, caracterizado não pelo ambiente, e sim pelas especificidades que definem esse subtipo de violência (Calbo et al., 2009; Lisboa et al., 2009; Zaine et al., 2010).

Essa prática pode ser classificada de acordo com o tipo de agressão empregada, sendo assim, ela se diferencia entre direta e indireta. O *bullying* direto ocorre na presença da vítima com atitudes direcionadas a esta, é manifestado por meio de agressões físicas ou verbais, como ameaças, difamações, apelidos e comentários discriminatórios e/ou racistas, roubo de pertences, entre outros. O *bullying* indireto está mais relacionado a práticas que denigrem a imagem da vítima perante o seu meio social. Essa forma de *bullying* ocorre por meio de atitudes como exclusão, indiferença, difamação e boatos (Calbo et al., 2009; Lisboa et al., 2009; Lopes Neto, 2005, Zaine et al., 2010).

Outra classificação do *bullying* diz respeito aos papéis desempenhados pelos diversos indivíduos envolvidos nessa prática, são eles: alvos de *bullying* – aqueles que só sofrem *bullying*; alvos/autores de *bullying* – aqueles que ora sofrem, ora praticam *bullying*; autores de *bullying* – aqueles que só praticam *bullying*; testemunhas de *bullying* – aqueles que não sofrem nem praticam *bullying*, mas convivem em um ambiente onde isso ocorre (Lopes Neto, 2005). Quando agressões como insultos, humilhações e difamações ocorrem por meio eletrônico, dá-se o nome de *cyberbullying*. Tal prática ocorre com mensagens, ligações, vídeos e fotos via celular ou blogs, sites de relacionamento, vídeos e mensagens instantâneas via internet (Bandeira & Hutz, 2010; Lisboa et al., 2009; Lopes Neto 2005).

O fenômeno *bullying* passou a ser investigado pela primeira vez no final da década de 1970, e teve como pioneiro o pesquisador Dan Olweus, que realizou estudos sobre agressões entre pares em escolas norueguesas, apesar do desinteresse das instituições na época. Na década de 1980, após episódios de suicídios envolvendo estudantes, os quais evidenciavam terem sido predispostos por situações graves de *bullying*, foi despertada a atenção para o fenômeno. Olweus pesquisou, inicialmente, 84 mil estudantes, 300 a 400 professores e cerca de mil pais. Tal estudo permitiu a implantação de uma campanha nacional contra o *bullying* que, posteriormente, serviu de referência para aplicação de programas anti-*bullying* em diversos países, aumentando consideravelmente o número de pesquisas envolvendo a temática nos anos 1990 na Europa (Lisboa et al., 2009; Lopes Neto, 2005; Lopes Neto & Saavedra, 2004).

No entanto, no Brasil as pesquisas sobre *bullying* tiveram início apenas na última década (Fante, 2005; Lisboa et al., 2009; Lopes Neto, 2005, Pinheiro & Williams, 2009) e pode-se dizer que ainda são incipientes. Ao realizar busca no indexador de periódicos "Biblioteca Virtual em Saúde (BVS)" utilizando o descritor *bullying* foram encontrados apenas 14 artigos científicos brasileiros, apenas sete deles consistindo em estudos empíricos. As áreas nas quais a temática fora pesquisada consistem em: Psicologia (Antunes & Zuin, 2008; Bandeira & Hutz, 2010; Calbo et al., 2009; Francisco & Libório, 2009; Lisboa et al., 2009; Pinheiro & Williams, 2009; Vieira et al., 2009; Zaine et al., 2010), Medicina (Lopes Neto, 2005; Palácios & Rego, 2006), Pedagogia (Almeida, Cardoso & Costac, 2009; Lemos, 2007), Educação Física (Botelho & Souza, 2007) e áreas interdisciplinares de saúde (Malta et al., 2010). Denota-se, portanto, a necessidade de que sejam desenvolvidos mais estudos empíricos para mais bem investigar o *bullying* no contexto brasileiro, uma vez que as pesquisas sobre o tema podem ser consideradas recentes.

Bullying na Adolescência

O fenômeno *bullying*, conforme fora identificado em diversos estudos e exposto anteriormente, não se restringe a um determinado contexto, faixa etária, gênero ou nível socioeconômico (Calbo et al., 2009; Lisboa et al., 2009; Lopes Neto, 2005). Porém, as pesquisas sobre a temática centram-se no ambiente escolar por se tratar de um contexto que proporciona maior interação entre pares na infância e adolescência, portanto, local de maior prevalência de *bullying*. Segundo Malta e colaboradores (2009), a escola deixou de ser um espaço protegido para o pleno desenvolvimento das potencialidades das crianças e adolescentes, e tornou-se um espaço de reprodução das violências da sociedade.

Como é objeto de investigação relativamente recente, não há consenso sobre a incidência do fenômeno *bullying*. Os resultados de pesquisas empíricas mais abrangentes são posteriores à década de 1990, portanto, ainda se discute se a ocorrência do *bullying* está aumentando ou se fora o interesse pela temática que teria possibilitado a visibilidade desse tipo de violência que provavelmente sempre existiu (Calbo et al., 2009). Em relação à prevalência do *bullying*, de acordo com Lopes Neto (2005), estudos indicam que os índices de estudantes vitimizados variam de 8% a 46%, e de agressores, de 5% a 30%. O autor aponta resultados da pesquisa mais extensa já realizada sobre o tema, na Grã-Bretanha, onde 37% dos alunos do Ensino Fundamental e 10% do Ensino Médio admitem ter sofrido *bullying* pelo menos uma vez por semana.

No Brasil, todas as pesquisas nas quais o *bullying* foi objeto de estudo, resultando em publicações científicas, tiveram como participantes indivíduos com idades que variaram entre 9 e 19 anos (Bandeira & Hutz, 2010; Calbo et al., 2009; Francisco & Libório, 2009; Lopes Neto & Saavedra, 2004; Malta et al., 2009; Pinheiro & Williams, 2009; Zaine, Reis & Padovani, 2010). Essa escolha amostral foi definida pelos resultados consistentes de pesquisas internacionais sobre o tema, os quais apontam que a adolescência é a fase do desenvolvimento na qual o *bullying* é mais prevalente (Calbo et al., 2009; Lopes Neto, 2005). No entanto, os índices de prevalência do *bullying* no Brasil, identificados nos estudos realizados, apresentam resultados de acordo com as variáveis presentes. Assim, não se chega a um consenso por causa da escassez de estudos até a presente data. Dessa forma, os índices de prevalência encontrados variam de 13,9% (Francisco & Libório, 2009) a 49% (Pinheiro & Williams, 2009).

Na pesquisa sobre *bullying* mais abrangente realizada no Brasil, a qual investigou a ocorrência do fenômeno nas 26 capitais do país, além do Distrito Federal, contemplando 60.973 alunos do nono ano do Ensino Fundamental de 1.453 escolas públicas e privadas, identificou-se que 30,8% dos participantes relataram já terem sido vítima de *bullying* (Malta et al., 2009). Outro grande estudo realizado pela Associação Brasileira Multiprofissional de Proteção à Infância e à Adolescência (Abrapia) em 2002 envolveu 5.875 estudantes de todas as séries do Ensino Fundamental de 11 escolas localizadas no município do Rio de Janeiro. Seus resultados apontaram que 40,5% dos alunos referiram ter estado diretamente envolvidos em atos de *bullying* naquele ano, sendo 16,9% alvos, 10,9% alvos/autores e 12,7% estritamente autores de *bullying* (Lopes Neto & Saavedra, 2004). Já em um estudo realizado por Calbo e colaboradores (2009), que investigou a ocorrência de *bullying* em uma escola da região metropolitana do Rio Grande do Sul, com amostra de 143 participantes, identificou que 27% dos alunos já se envolveram com essa prática, sendo que 13% deles foram considerados estritamente vítimas de tal violência. Outro estudo que objetivou caracterizar o *bullying*, realizado em duas escolas públicas do estado de São Paulo, identificou que, dos 283 participantes, 23,3% relataram ter sofrido ameaças de seus pares (Francisco & Libório, 2009). Em outra pesquisa realizada em um município do estado de São Paulo, dos 239 alunos participantes, com idade média de 13 anos, 49% deles admitiram algum envolvimento em *bullying* nos três meses anteriores à pesquisa. Destes, 26% foram exclusivamente vítimas, 21% foram alvo/autores de intimidação e 3% foram considerados apenas autores (Pinheiro & Williams, 2009).

Em relação à variável sexo dos adolescentes pesquisados, diversos estudos identificaram diferenças estatisticamente significativas. No estudo de Calbo e colaboradores (2009), 74% dos alunos envolvidos nas práticas de *bullying* eram do sexo masculino. Dos 13% de participantes identificados como agressores, 67% eram meninos, enquanto, do total de vítimas, 80% também eram do sexo masculino. No estudo que abrangeu todos os estados brasileiros também foi identificado um número menor de meninos que nunca haviam sofrido *bullying* em comparação com as meninas, ao passo que também foi identificado que a variável "sempre sofrer *bullying*", ou seja, ser vítima com muita frequência, está mais relacionada ao sexo masculino do que ao feminino (Malta et al., 2009). Em outro estudo, 29% dos adolescentes que admitiram ter sido alvo e autor de *bullying* nos três meses anteriores à pesquisa eram do sexo masculino, enquanto apenas 16% eram do sexo feminino (Pinheiro & Williams, 2009).

Como se nota, por meio dos resultados apresentados, os adolescentes do sexo masculino estão envolvidos com mais frequência em práticas de *bullying*, tanto como agressores como no papel de vítimas. Esses resultados brasileiros vão ao encontro de resultados de pesquisas realizadas em diversos países quanto à influência do gênero no fenômeno *bullying*, indicando que se trata de uma característica relacionada ao sexo, não estritamente cultural (Calbo et al., 2009; Lopes Neto, 2005; Malta et al., 2009; Pinheiro & Williams, 2009). Entretanto, o fato de meninos envolverem-se em atos de *bullying* mais comumente não indica necessariamente que sejam mais agressivos, e, sim, que possuem maior probabilidade de adotar esse tipo de comportamento em situações específicas (Lopes Neto, 2005). Porém, faz-se necessário ressaltar que os meninos envolvem-se mais vezes em práticas de *bullying* identificadas como diretas e caracterizadas principalmente por agressões físicas e verbais, tornando-os também mais propensos a sofrerem o mesmo tipo de agressão. Além disso, práticas de *bullying* diretas são mais facilmente identificáveis se comparadas às demais.

Todavia, as meninas tendem a adotar formas mais sutis de expressar a violência, como exclusão e difamação, as quais não se tornam menos graves e são mais difíceis de ser identificadas. Isso pode ser explicado por processos de socialização, nos quais os meninos são muito mais encorajados a manifestarem violência do que as meninas, tornando-se uma prática aceita com maior naturalidade pela sociedade (Bandeira & Hutz, 2010; Calbo et al., 2009; Fante, 2005; Francisco & Libório, 2009; Lopes Neto, 2005; Lisboa et al., 2009; Pinheiro & Williams, 2009). Calbo e colaboradores (2009) também ressaltam que alguns transtornos mentais possuem maior prevalência em indivíduos do sexo masculino, principalmente aqueles denominados disruptivos, como o Transtorno de Conduta e o Transtorno Desafiador Opositivo, os quais estão diretamente relacionados a condutas de expressão da agressividade.

Além do gênero, algumas outras variáveis parecem estar associadas a maiores probabilidades de ocorrência de *bullying* para determinados indivíduos, configurando-se como fatores de risco. Um estudo para identificar a associação entre *bullying* e violência intrafamiliar encontrou os seguintes resultados: a probabilidade de ser vítima de *bullying* foi 2,6 vezes maior para os alunos expostos a qualquer tipo de violência por parte da mãe, mesmo que indireta, em relação àqueles que não a sofreram. Esse índice aumenta 3,2 vezes mais as chances de envolverem-se em *bullying* como alvo/autores para os adolescentes que sofreram pelo menos um tipo de violência direta por parte da mãe. Já os meninos vítimas de violência física leve por parte da mãe tinham 16,4 vezes mais probabilidade de declarar ser alvo/autores de *bullying* quando comparados aos que não sofreram tal violência. A probabilidade de se envolver em *bullying* como vítima-agressora também aumenta à medida que se eleva o grau de violência doméstica perpetrada pelo pai contra o adolescente de ambos os sexos. Porém, os índices são maiores para o sexo masculino. Para os meninos a probabilidade de ser alvo e autor de *bullying* no caso de sofrer violência física leve por parte do pai foi 4,1 vezes maior do que a daqueles cujos pais não apresentaram esse tipo de violência. O índice de probabilidade chega a sete vezes quando a violência física era moderada, e passa a ser 8,5 vezes maior no caso de violência física severa quando comparados aos adolescentes que não sofrem tal violência (Pinheiro & Williams, 2009).

Segundo as autoras, essas probabilidades são explicadas a partir da Teoria da Aprendizagem Social de Bandura, segundo a qual, nesses casos, as crianças e os adolescentes aprendem a ser agressivos quando expostas a modelos de pessoas violentas. Dessa forma, possuem maior probabilidade de reproduzir tais comportamentos, principalmente aqueles praticados pelos pais, os quais representam figuras de maior referência (Bandura, 1973; Pinheiro & Williams, 2009).

Além das consequências relacionadas à maior probabilidade de envolvimento com situações de violência para os adolescentes que são expostos a ela, outras consequências negativas foram identificadas em estudos que investigaram as relações entre *bullying* e consequências para seus autores e/ou vítimas. Foi observada correlação negativa entre comportamento pró-social e vitimização na prática de *bullying*, que possibilita duas formas de interpretação: a manifestação de comportamentos pró-sociais, como ter bom desempenho acadêmico, ser um bom líder, preocupar-se com o bem-estar alheio, que pode funcionar como um fator de proteção contra sofrer vitimização; e a possibilidade de que os efeitos da vitimização diminuam a capacidade do indivíduo de manifestar tais comportamentos pró-sociais. Também foi observada correlação positiva entre comportamento agressivo e vitimização, ou seja, quanto maior a probabilidade de o indivíduo ser autor de *bullying*, maior será a probabilidade de tornar-se vítima. A relação inversa é igualmente provável, pois, quanto mais o adolescente sofre manifestações de violência, maiores serão as chances de reproduzir tal comportamento, como já fora mencionado anteriormente (Calbo et al., 2009).

Em um estudo realizado com 465 participantes a fim de investigar a relação entre a autoestima de adolescentes envolvidos na prática de *bullying* em três escolas de Porto Alegre, identificou-se que o grupo formado pelas vítimas apresentou as menores taxas de autoestima nos sexos masculino e feminino quando comparado aos demais grupos. Esse dado pode ser explicado pelo fato de que esses adolescentes possivelmente se sentem impotentes para cessar com as agressões, passando a se sentirem fracos e sem valor, o que reduz ainda mais seu status perante o grupo e os recursos para se defender, contribuindo para um impacto negativo na autoestima. Em ambos os sexos as médias de autoestima mais altas são encontradas nos grupos de agressores típicos, os quais possuem maior popularidade e recebem maior retorno positivo dos pares em comparação ao grupo de vítimas/agressores. Esses retornos servem como reforçadores para o comportamento agressivo, aumentando a probabilidade de sua ocorrência, uma vez que os autores se percebem como capazes, competentes e com grande valor, influenciando de forma positiva na autoestima desse grupo (Bandeira & Hutz, 2010).

Um estudo norte-americano constatou a gravidade das consequências geradas pelo *bullying* na opinião de crianças e adolescentes. A pesquisa, realizada com participantes com idades entre 8 e 15 anos, apontou que esse tipo de violência é classificado como um problema maior que o racismo e as pressões para fazer sexo ou consumir álcool e drogas (Bond et al., 2001, citado por Lopes Neto, 2005). Outros estudos com adolescentes, os quais buscaram identificar os prejuízos ocasionados para os adolescentes envolvidos no fenômeno *bullying* constatou: redução do desempenho escolar e desempenho no relacionamento interpessoal, maiores probabilidades de episódios depressivos, transtornos de ansiedade, sintomatologia de estresse, doenças psicossomáticas, baixa autoestima, redução da capacidade de autoaceitação e tolerância à frustração. Os autores também apontam que o *bullying* pode estimular a delinquência e induzir a outras formas de violência explícita, como a manifestação de Transtorno de Conduta (na adolescência) e o Transtorno da Personalidade Antissocial (na vida adulta), além de maior predisposição para intenções homicidas, no caso dos indivíduos que praticam o *bullying* (Constantini, 2004; Fante, 2005, Lopes Neto & Saavedra, 2004). No caso dos indivíduos que são vitimizados, não se tornando autores de *bullying*, as taxas de tentativas de suicídio são mais elevadas (Fante, 2005).

Em um estudo realizado no interior de São Paulo, com 16 adolescentes do sexo masculino em conflito com a lei, oito em cumprimento de medidas socioeducativas em regime de semiliberdade e oito em liberdade assistida, foi constatado que 100% deles haviam sido vítimas e agressores na prática de *bullying* no último ano. Também foi identificada correlação entre atos infracionais mais graves e relato de maior frequência de *bullying*. Os comportamentos de autoria de *bullying* mais relatados foram agressões físicas, ameaças físicas e agressões verbais. Contudo, também foi constatado que os participantes já haviam sido alvos de agressões realizadas por adultos, todas perpetradas por figuras de autoridade, como padrasto, policial, agente penitenciário e professor. Isso evidencia a dinâmica do fenômeno *bullying*, pois essas agressões sofridas também se configuram como típicas daquelas evidenciadas nas relações estabelecidas por desequilíbrio de poder. Dessa forma, identificou-se que os comportamentos de violência mencionados pelos adolescentes como já praticados por eles não haviam sido restritos aos pares, e sim também dirigidos a adultos. Identificou-se em todos os relatos a utilização de armas de fogo ou de algum instrumento usado para ferir. Os autores do estudo referem que, uma vez que esses jovens se tornaram eficientes em intimidar colegas e se associaram em atividades ilegais, esse comportamento passa a ser generalizado a diferentes grupos (Zaine et al., 2010).

Os mesmos autores referem estudos nos quais foram identificadas correlações entre *bullying* na adolescência e comportamentos na vida adulta, como abuso de substâncias, relações negativas com pares, delinquência e envolvimento com gangues, depressão, ideação suicida e violência doméstica (Heinrichs, 2003, citado por Zaine et al., 2010). Ainda em relação a comportamentos antissociais, Lopes Neto e Saavedra (2004) referem estudos realizados em diversos países, nos quais se identificou mais probabilidade de que indivíduos que foram autores de *bullying* na adolescência se envolvessem com atos criminosos na idade adulta, bem como violência doméstica e/ou violência no ambiente de trabalho. Já em um estudo longitudinal foi verificado que um grupo de adolescentes, entre 12 e 16 anos, identificado como agressor na prática de *bullying*, teve um índice de 60% de condenação legal antes dos 24 anos (Olweus, 1993, citado por Fante, 2005).

Perpetradores e Traços de Psicopatia na Adolescência

Seria um equívoco afirmar que todos os adolescentes praticantes de *bullying* apresentam traços de psicopatia subjacentes a sua personalidade em formação. Indivíduos podem cometer violência física ou verbal para com outros indivíduos motivados por questões circunstanciais ou tendências comportamentais não relacionadas a qualquer dos dois grandes agrupamentos de sintomas que caracterizam a psicopatia. Em outras palavras, não apenas problemas na esfera afetiva ou atitudes antissociais recorrentes relacionados explicam o cometimento de *bullying* e outros tantos tipos de violência.

No entanto, tais práticas podem, por certo, estar relacionadas a traços de psicopatia verificados na adolescência. Alguns trabalhos mais atuais chegam a sugerir essa mesma relação. "Admite-se que os que praticam o *bullying* têm grande probabilidade de se tornarem adultos com comportamentos antissociais e/ou violentos, podendo vir a adotar, inclusive, atitudes delinquentes ou criminosas" (Lopes Neto & Saavedra, 2004, p. 3). Achados de pesquisa também indicam que tais tendências e a sua respectiva associação com transtornos de personalidade na idade adulta já podem ser percebidas antes mesmo dos 8 anos de idade em indivíduos para os quais a perpetração mostra-se recorrente (Sourander et al., 2007). Nas entrevistas realizadas para avaliar traços de psicopatia com base na escala Hare para jovens (PCL:YV) (Forth, Kosson & Hare, 2003) também é possível constatar que esses mesmos traços contribuem para o cometimento de *bullying* na infância e na adolescência.

Em parte, essa associação explica-se pelo fato de que agredir e humilhar alguém se vincula a um maior distanciamento afetivo diante desse mesmo alguém. Sobretudo a agressividade proativa ou instrumental, que, por sua vez, envolve uma ação deliberada e direcionada para a obtenção de algum ganho pessoal, não sendo, conforme assinalam Crick e Dodge (1994) e Dodge e Coie (1987), uma mera defesa, requer uma maior indiferença ao outro. Dito de outro modo, diferente da agressividade reativa, na qual o indivíduo tende a comportar-se apenas em função de ameaças reais ou presumidas, o exercício de uma relação de poder sobre o outro depende tanto da interpretação das reações alheias, como de certo nível de indiferença a essas mesmas reações. Em termos gerais, tendências desse tipo são passíveis de serem observadas quando se avalia alguns adolescentes com traços de psicopatia. Na sequência, os autores apresentam alguns casos ilustrativos, modificando inteiramente o nome dos avaliados.

Daniel, um adolescente de 15 anos entrevistado, cometeu mais de um homicídio, sendo que, em todos os casos, as vítimas foram indivíduos adultos. Embora não exista relação direta entre esses atos infracionais e as práticas de *bullying* mencionadas na entrevista, seus atos antissociais e sua pouca capacidade de estabelecer vínculos afetivos constatada nessa mesma entrevista demonstram a presença de traços de psicopatia.

Questionado sobre suas relações no ambiente escolar, Daniel relata uma série de situações de conflito envolvendo seus colegas e seus professores. As brigas e expulsões protagonizadas pelo adolescente demonstram níveis acentuados de agressividade e impulsividade por parte dele. Entretanto, é principalmente na forma pela qual tende a estabelecer relações com os indivíduos vistos como mais fracos que Daniel evidencia uma relação mais direta entre seus traços de personalidade e suas práticas recorrentes de *bullying*. Conforme suas palavras: "Sempre tinha um ou dois trouxas que faziam o tema de casa para mim. Eu nunca fazia, sempre achava alguém para fazer".

Quando perguntado sobre suas atitudes, caso esses colegas não fizessem o tema, o adolescente responde apenas: "Eu quebrava todos eles", afirmando ainda: "Às vezes batia mesmo que eles tivessem feito, eram uns manés mesmo".

Em outra situação, um adolescente entrevistado e avaliado como apresentando traços de psicopatia expressa resposta semelhante na mesma parte da entrevista, a qual explora possíveis tentativas de usar outros indivíduos para obter vantagens pessoais. Conforme suas palavras sobre esse mesmo assunto: "Sempre tem alguém para fazer isso pra gente e, quando não fazem o que a gente pede, aí tem quem bater".

Nos dois casos, os adolescentes também responderam que nunca chegaram a achar que tivessem exagerado. Também não relataram nenhuma situação de arrependimento posterior. Demonstravam, nesse sentido, acreditar que a violência era um caminho legítimo e eficaz para obterem tais vantagens pessoais quanto à realização das tarefas que lhe foram solicitadas pelos professores.

Os exemplos anteriores não sugerem a relação de um único sintoma relativo a traços de psicopatia com a prática do *bullying*. Diferentes aspectos como problemas comportamentais precoces, falta de empatia, manipulação para ganhos pessoais, irresponsabilidade, dentre outros, estão na raiz dos comportamentos destacados. Por outro lado, um dos itens que orientam a avaliação de traços de psicopatia em jovens revela-se basilar para entender o *bullying* em tais situações. Dito de outro modo, a orientação parasitária abarca essas tendências comportamentais, fazendo com que se mostrem convergentes para distintas maneiras de explorar os demais indivíduos. Conforme o manual do PCL:YV (Forth et al., 2003), usar outras pessoas, nesse caso, não é simplesmente o resultado de circunstâncias temporárias, mas traduz um padrão de comportamento no qual os outros são requisitados para satisfazer suas vontades ou para livrar-se de determinadas responsabilidades.

Nem sempre, no entanto, a relação de traços de psicopatia e perpetração de *bullying* evidencia-se a partir de um padrão de agressividade instrumental. A impulsividade, somada a outros fatores, também pode estar no cerne dessa prática, como é possível constatar na fala de um adolescente de 17 anos que será chamado de Carlos neste relato. Nesse caso, os traços de psicopatia verificados no adolescente não contribuíram para o cometimento de homicídios, tal como em um dos exemplos anteriores, mas se relacionam a distintas modalidades de atos infracionais e a uma maior reincidência verificada.

Em determinado momento da entrevista, Carlos fez a seguinte afirmação: "No colégio, eu já briguei só por brigar, só para bater em alguém. Já bati até na professora, mas com ela foi porque ela me tirou do sério. Ela encheu".

A partir da primeira parte da fala do adolescente, constata-se que outro sintoma diretamente ligado a traços de psicopatia na adolescência pode também ter contribuído para a manifestação dessa agressividade. A busca por estímulos demonstra ser, nesse caso, um fator preponderante. Bater por bater ou ameaçar somente por ameaçar pode ter sido uma forma de obter certo grau de estímulo que costuma estar diretamente associado a diferentes comportamentos antissociais em adolescentes com traços de psicopatia (Forth et al., 2003). Não há, tal como nos casos anteriores, um relato condizente com ações direcionadas para fins precípuos. Apenas uma impulsividade recrutada como forma de opor-se ao tédio, sem que o próprio adolescente perceba os reais motivos pelos quais está agindo dessa forma.

De modo geral, observa-se, a partir de tais exemplificações, que a relação entre traços de psicopatia e a prática do *bullying* diz respeito a um entrelaçamento de sintomas. A forma pela qual diferentes aspectos constitutivos da personalidade podem gerar condições para perpetração de atos de *bullying* refere-se à ampla sintomatologia relacionada à vida afetiva desses indivíduos. Em outras palavras, o comportamento antissocial direcionado aos seus pares vincula-se a uma baixa responsividade afetiva nas situações interpessoais que caracterizam tais práticas. Nesses termos, a indiferença ao outro encontra-se fortemente associada ao próprio desrespeito ao outro.

Tal afirmação não suporta a noção de que todo e qualquer praticante de *bullying* seja incondicionalmente frio e distante diante dos indivíduos com os quais interage. Pressões externas e a forma como o indivíduo busca aceitação perante os demais também pode exercer influência significativa. No entanto, tais considerações sugerem, de outro modo, que, em muitos casos, tais práticas podem evidenciar tendências para a consolidação de um transtorno mais sério na idade adulta (Skilling, Quinsey & Craig, 2001).

Em estudos já realizados pelo grupo de pesquisa diretamente envolvido na elaboração desta obra, foi possível constatar, por exemplo, que determinadas deficiências em termos de cognição social podem ser constatadas em adolescentes com traços de psicopatia tal como em adultos psicopatas. Esses trabalhos também sugerem que verificar essas mesmas deficiências depende de uma metodologia capaz de averiguar aspectos mais sutis sobre o processamento de informações sociais. Dito de outro modo, tais trabalhos geraram dados sugestivos de que adolescentes com traços de psicopatia apresentam dificuldades quanto à identificação de determinadas emoções negativas que são semelhantes a outras registradas em alguns estudos com adultos. Mais especificamente, tais achados sugerem, por exemplo, que adolescentes com traços de psicopatias apresentam maior dificuldade para identificar emoções de medo do que adolescentes sem esses mesmos traços.

Quanto às questões de desenvolvimento e formação da personalidade, esses trabalhos também sugerem que uma reatividade menor diante das emoções negativas alheias pode estar atrelada a um processo de detecção menos acurado dessas emoções. Uma hipótese compatível refere-se ao fato de que é mais fácil agredir e dominar alguém quando se atribui um impacto emocional menor gerado por tais atos. Em outras palavras, é possível que, enquanto um perpetrador de *bullying* sem traços de psicopatia se mostra capaz de considerar que suas atitudes causam pânico em suas vítimas, outro adolescente com traços de psicopatia pode acreditar, de outro modo, que produz apenas um medo tolerável. Nesse sentido, tal hipótese se coaduna com uma possível distinção com relação à gravidade da prática de *bullying* cometida por adolescentes com e sem traços de psicopatia. Uma gravidade que, por sua vez, terá relação direta com a percepção do outro em uma situação de interação social envolvendo violência. Além disso, um tipo de percepção capaz de, até certo ponto, regular o comportamento do perpetrador, sinalizando até onde ir em seus atos antissociais.

A confirmação dessa hipótese requer trabalhos mais consistentes comparando perpetradores de *bullying* com e sem traços de psicopatia. Afirmações peremptórias sobre tais questões não fazem, portanto, parte deste trabalho. Apresentá-las como possíveis focos de análise para pesquisas futuras é, de outro modo, plenamente compatível com a proposta deste capítulo.

Bullying e Responsabilidade Penal

Uma vez consideradas questões sobre a relação entre personalidade e prática de *bullying*, faz-se necessário discorrer também sobre algumas implicações jurídicas concernentes à doutrina nacional. Abordá-las é também uma forma de mais bem pensar alternativas eficazes e, ao mesmo tempo, ponderadas quanto ao modo pelo qual o problema deve ser tratado no âmbito jurídico.

> Injúria
> Art. 140 – Injuriar alguém, ofendendo-lhe a dignidade ou o decoro:
> Pena – detenção, de um a seis meses, ou multa.
> § 1º – O juiz pode deixar de aplicar a pena:
> I – quando o ofendido, de forma reprovável, provocou diretamente a injúria;
> II – no caso de retorsão imediata, que consista em outra injúria.
> § 2º – Se a injúria consiste em violência ou vias de fato, que, por sua natureza ou pelo meio empregado, se considerem aviltantes:
> Pena – detenção, de três meses a um ano, e multa, além da pena correspondente à violência.
> (Bitencourt, p. 310)

Portanto, ocorrida a ação delituosa, uma ofensa à dignidade da pessoa humana, é necessário trazer alhures a tipificação do artigo 140 do Código Penal.

Levando em conta o fenômeno *bullying*, ainda não existe uma legislação específica em nosso país capaz de tipificar o crime que é cometido com prevalência maior em escolas. Por isso, podemos vislumbrar, nesses casos, o crime de injúria, uma vez que o agressor comete contra a vítima ofensas de ordem física e moral, acarretando consequências psicológicas a ela.

Na lição do jurista Bitencourt (2008), "a injúria traduz sempre desprezo ou menoscabo pelo injuriado. É essencialmente uma manifestação de desprezo e de desrespeito suficientemente idônea para ofender a honra da vítima no seu aspecto interno" (p. 311). Entretanto, Brito (2009) refere que o *bullying* é muito mais grave do que o crime de injúria; uma vez que traz consequências psicológicas que prejudicam a personalidade da vítima, "acaba esmagando sua honra em todos os aspectos, subjetiva ou objetiva, colocando a vítima em estado de depressão ou até mesmo de uma fobia social" (p. 35).

Portanto, casos de *bullying* ocorridos em escolas devem necessariamente ser denunciados às Varas da Infância e Adolescência, com o propósito de remediar e diminuir a ocorrencia do fenômeno. Esses atos de agressão ferem o fundamento assegurado pela Constituição Federal de garantia de vida digna a todos. O artigo 227 preceitua que é dever da família, da sociedade, e do Estado assegurar à criança e ao adolescente, com absoluta prioridade, o direito à vida, à saúde, à alimentação, à educação, ao lazer, à profissionalização, à cultura, à dignidade, ao respeito, à liberdade e à conveniência familiar e comunitária, além de colocá-los a salvo de toda forma de negligência, discriminação, exploração, violência, crueldade e opressão. Nessa mesma senda, o artigo 15, do Estatuto da Criança e do Adolescente, prescreve que a criança e o adolescente têm direito à liberdade, ao respeito e à dignidade como pessoas humanas em processo de desenvolvimento e como sujeitos de direitos civis, humanos e sociais garantidos na Constituição Federal (Pinto, Windt & Céspedes, 2009).

Tendo em vista a responsabilidade penal dos agressores, os quais praticaram *bullying*, se eles são maiores de 18 anos, serão aplicados o Código Penal e suas devidas cominações legais. Entretanto, caso os agressores sejam menores de 18 anos, o que ocorre na maioria dos casos, conforme mencionado anteriormente, eles serão considerados inimputáveis, pois, conforme as palavras do jurista português Dias (2007), "o agente não atingiu, ainda, em virtude da idade, a sua maturidade psíquica e espiritual" (p. 594). Como corolário, caberá medida socioeducativa prevista no Estatuto da Criança e do Adolescente, que são: obrigação de reparar o dano; prestação de serviços à comunidade; liberdade assistida; inserção em regime de semiliberdade; internação em estabelecimento educacional; encaminhamento aos pais ou responsável mediante termo de responsabilidade; orientação, apoio e acompanhamento temporário; matrícula e frequência obrigatória em estabelecimento oficial de ensino fundamental; inclusão em programa comunitário ou oficial de auxílio à família, à criança e ao adolescente (Pinto et al., 2009).

Essa sanção estatutária, conforme refere o jurista Saraiva (2009), tem uma carga retributiva, podendo levar à privação da liberdade (regime de semiliberdade), desde que tenha sido realizada dentro do devido processo legal, sob os princípios pilares do direito penal e do garantismo jurídico e constitucional. Ademais, faz-se necessário mencionar a responsabilidade no âmbito cível, que gera obrigação de indenizar as vítimas de *bullying*. Verifica-se em nosso país uma extensa senda de jurisprudências e decisões judiciais, em que se condenam as instituições de ensinos e os responsáveis pelos agressores, quando eles forem menores, a uma indenização por dano moral, em razão do caráter vexatório a que as vítimas são expostas.

Ademais, quanto às legislações municipais e estaduais já existentes e que se referem a esse fenômeno, o estado do Rio Grande do Sul publicou a Lei Estadual n° 13.474, de 28/06/10, que preceitua como *bullying* as ações de bater, furtar, roubar, praticar vandalismo, fazer comentários racistas, divulgar fotos e vídeos na internet, enviar mensagens violentas, entre outras. A lei Estadual, no entanto, não prevê punições aos agressores, estabelecendo, contudo, ações de política *antibullying*, como palestras, debates e programas de formação de professores, alunos e pais, além de oferecer apoio técnico e psicológico às vítimas de *bullying*. Também é necessário salientar que o *bullying* se prolifera em nossas escolas, e o que se busca em nossa sociedade é que essas agressões e esses delitos diminuam, partindo de um contexto pedagógico e da necessidade de uma legislação específica federal e da criminilização do fenômeno a partir do Código Penal. Assim, espera-se que seja possível exercer o pleno exercício da cidadania em um país que está cada vez mais desperto para a inclusão social e para a educação básica, indispensáveis à vida de qualquer ser humano.

Considerações Finais

Em termos gerais, é correto afirmar que questões relacionadas ao *bullying* já eram consideradas em trabalhos elaborados muito tempo antes de o fenômeno ser concebido e estudado da forma como vem ocorrendo nas últimas décadas. Sem abarcar as mesmas delimitações ou destacar o mesmo rol de comportamentos relacionados, situações de violência no ambiente escolar ligadas a relações de poder e domínio já eram, por exemplo, investigadas na obra Psicologia pedagógica de James Sully, originalmente publicada em 1889. Para o autor, mostra-se importante compreender as diferentes tendências comportamentais vinculadas a situações de violência nas quais crianças agridem e ridicularizam outras crianças (Sully, 1899).

Atualmente, a avaliação de traços da personalidade em adolescentes já conta com instrumentos válidos e confiáveis. Recursos desse tipo não objetivam o diagnóstico final, considerando o próprio processo de formação da personalidade na adolescência. Mostram-se sugestivos, no entanto, quanto a algumas tendências da personalidade que podem subsidiar transtornos na idade adulta.

Dessa forma, este capítulo apresentou como um dos seus principais objetivos assinalar a relação entre traços de psicopatia na adolescência e perpetração do *bullying* na infância e adolescência. Buscou ainda elucidar o próprio conceito de *bullying*, destacar trabalhos atuais sobre o tema e abordar algumas questões legais relacionadas. Entende-se que a articulação teórica envolvendo esses diferentes enfoques pode contribuir para melhor compreender o tema a partir de um enfoque interdisciplinar, fomentando também uma maior abrangência quanto a pesquisas futuras sobre o fenômeno.

Ressalta-se, portanto, que o estudo do *bullying* levando-se em consideração aspectos da personalidade dos perpetradores pode agregar um conhecimento fundamental para todo e qualquer pesquisador da área. No Brasil, a validação da Escala Hare para Adolescentes (PCL:YV) representa, nesses termos, a ampliação de possibilidades quanto a novos entendimentos sobre o assunto.

Com base em uma abordagem interdisciplinar, pode-se dizer, dessa forma, que apresentar alguns trabalhos brasileiros e destacar hipóteses plausíveis para novos estudos compuseram os objetivos deste capítulo que convergiram com outros trabalhos desta obra que elucidam a avaliação da personalidade na adolescência, seus limites e suas possibilidades. Incluem-se, portanto, nessas mesmas possibilidades a investigação de semelhanças e diferenças quanto a perpetradores de *bullying*, considerando a presença ou não de traços de psicopatia. Estudos nesse campo poderão sugerir ainda a necessidade de que sejam pensadas medidas legais distintas, embora educativas e não meramente punitivas para ambos os grupos.

Referências

Almeida S. B., Cardoso, L. R. D., & Costac, V. V. (2009). Bullying: Conhecimento e prática pedagógica no ambiente escolar. *Psicol. Argum.*, 27, 201-206.

Antunes, D. C., & Zuin, A. A. S. (2008). Do bullying ao preconceito: os desafios da barbárie à educação. *Psicologia e Sociedade*, 20, 33-42.

Bandeira, C. M., & Hutz, C. S. (2010). As implicações do bullying na autoestima de adolescentes. *Revista Semestral da Associação Brasileira de Psicologia Escolar e Educacional*, 14, 131-138.

Bandura, A. (2008). *Teoria Social Cognitiva*. Porto Alegre: Artmed.

Bitencourt, C. R. (2008). *Tratado de Direito Penal, parte especial 2: Dos crimes contra a pessoa* (4ª ed.). São Paulo: Saraiva.

Botelho, R. G., & Souza, J. M. C. (2007). Bullying e Educação Física na escola: Características, casos, consequências e estratégias de intervenção. *Revista de Educação Física*, 139, 58-70.

Brito, L. S. (2009). *Responsabilidade penal do "Bullying" no Brasil*. São Paulo: Blucher.

Calbo, A. S., Busnello, F. B., Rigoli, M. M., Schaefer, L. S., & Kristensen, C. H. (2009). Bullying na escola: Comportamento agressivo, vitimização e conduta pró-social entre pares. *Contextos Clínicos*, 2, 73-80.

Cleary, M. (n.d.). *Stop Bullying! Guidelines for schools*. Retirado em 15 de janeiro de 2011, de http://www.police.govt.nz/service/yes/nobully/stop_bullying.pdf

Costantini, A. (2004). *Bullying: Como combatê-lo?* São Paulo: Itália Nova Editora.

Crick, N. R., & Dodge, K. A. (1994). A review and reformulation of social information-Processing mechanisms in children's social adjustment. *Psychological Bulletin*, 115, 74-101.

Dias, J. F. (2007). *Direito Penal: Parte geral* (2ª ed.). Coimbra: Coimbra.

Dodge, K. A., & Coie, J. D. (1987). Social-information-processing factors in reactive and proactive aggression in children's peer groups. *Journal of Personality and Social Psychology*, 53, 1146-1158.

Fante, C. (2005). *Fenômeno bullying: Como prevenir a violência nas escolas e educar para a paz*. Campinas: Versus.

Forth, A. E., Kosson, D. S., & Hare, R. D. (2003). *Hare Psychopathy Checklist: Youth version manual*. Toronto: Multi-Health Systems.

Francisco, M. V., & Libório, R. M. C. (2009). Um estudo sobre bullying entre escolares do Ensino Fundamental. *Psicologia: Reflexão e Crítica*, 22, 200-207.

Lei nº 13.474, de 28 de junho de 2010. Disponível em http://www.al.rs.gov.br/legis/. Acesso em 01 agosto 2011.

Lemos, A. C. M. (2007). Uma visão psicopedagógica do bullying escolar. *Rev. Psicopedagogia*, 24, 68-75.

Lisboa, C., Braga, L. L., & Ebert, G. (2009). O fenômeno bullying ou vitimização entre pares na atualidade: definições, formas de manifestação e possibilidades de intervenção. *Contextos Clínicos*, 2, 59-71.

Lopes Neto, A. (2005). Bullying: comportamento agressivo entre estudantes. *Jornal de Pediatria*, 81, 164-172.

Lopes Neto, A., & Saavedra, L. H. (2004). *Diga não para o bullying: Programa de redução do comportamento agressivo entre estudantes*. Retirado em 15 de janeiro de 2011 de http://www.observatoriodainfancia.com.br/IMG/pdf/doc-154.pdf

Malta, D. C., Silva, M. A. I., Mello, F. C. M., Monteiro, R. A., Sardinha, L. M. V., Crespo, C. et al. (2010). Bullying nas escolas brasileiras: Resultados da Pesquisa Nacional de Saúde do Escolar (PeNSE). *Ciência & Saúde Coletiva*, 15, 3065-3076.

Palácios, M., & Rego, S. (2006). Bullying: Mais uma epidemia invisível? *Revista Brasileira de Educação Médica*, 30, Editorial.

Pinheiro, F. M. F., & Williams, L. C. A. (2009). Violência intrafamiliar e intimidação entre colegas do Ensino Fundamental. *Cadernos de Pesquisa*, 39, 995-1018.

Pinto, A. L. T., Windt, M. C. S., & Céspedes, L. (2009). *Vade Mecum Saraiva* (7ª ed.). São Paulo: Saraiva.

Saraiva, J. B. (2009). *Adolescente em conflito com a lei, da indiferença à proteção integral: Uma abordagem sobre a responsabilidade penal juvenil*. Porto Alegre: Livraria do Advogado.

Skilling, T. A., Quinsey, V. L., & Craig, W. M. (2001). Evidence of taxon underlying serious antisocial behavior in boys. *Criminal Justice and Behavior*, 28(4), 450-470.

Sourander A., Jensen P., Rönning J. A., Niemelä S., Helenius H., Sillanmäki L. et al. (2007). What is the early adulthood outcome of boys who bully or are bullied in childhood? The finnish "From a Boy to a Man" study. *Pediatrics*. 120, 397-404.

Sully, J. (1899). *Psicologia Pedagógica*. Nova York: D. Appleton Y Compañia.

Vieira, T. M., Mendes, F. D. C., & Guimarães, L. C. (2009). De Columbine à Virgínia Tech: reflexões com base empírica sobre um fenômeno em expansão. *Psicologia: Reflexão e Crítica*, 22, 493-501.

Zaine, I., Reis, M. J. D., & Padovani, R. C. (2010). Comportamentos de bullying e conflito com a lei. *Estudos de Psicologia*, 27, 275-382.

CAPÍTULO 6

O entendimento da norma penal segundo a teoria do desenvolvimento moral de Kohlberg

Marcello Jahn[1]
Guilherme Machado Jahn[2]
Silvio José Lemos Vasconcellos[3]

Objetiva-se, neste capítulo, demonstrar a pertinência da teoria do desenvolvimento moral de Kohlberg (1992) e a sua estreita relação com o campo jurídico, com a norma e com o sistema repressivo/punitivo do Direito Penal. Pretende-se demonstrar que a compreensão desse sistema relaciona-se com o desenvolvimento moral do agente, sendo que este está capacitado a compreender tais propositoras de acordo com o seu estágio moral. Dessa forma, propõe-se uma análise de determinados aspectos para esse entendimento a partir das seguintes considerações: o transgressor reconhece a dupla função da norma penal a partir do seu desenvolvimento moral? Reconhecendo tais funções, por quais motivos transgride-as?

Discute-se, no âmbito do direito penal, a atividade repressiva e punitiva das normas penais. São essas funções objetivas que transmitem dois tipos de "impulsos" aos indivíduos receptores. Em termos gerais, pode-se dizer que a primeira finalidade é a prevenção genérica da norma penal:

---

[1] Advogado criminalista. Especialista em Ciências Penais pela Pontifícia Universidade Católica do Rio Grande do Sul (PUC-RS).
[2] Graduando em Psicologia pela Universidade Federal do Rio Grande do Sul (UFRGS).
[3] Psicólogo, Mestre em Ciências Criminais (PUCRS) e Doutor em Psicologia (UFRGS). Professor Adjunto do Curso de Psicologia da Universidade Federal de Santa Maria (UFSM).

> Uma das principais características do moderno Direito Penal é a sua finalidade preventiva: antes de punir o infrator da ordem jurídico-penal, procura motivá-lo para que dela não se afaste, estabelecendo normas proibitivas e cominando as sanções respectivas, visando evitar a prática do crime. (Bitencourt, 1993, p. 3).

A segunda finalidade da norma penal é a aplicação da pena, tendo como castigo "*a prevenção genérica*, destina a todos, uma realidade concreta atuando sobre o indivíduo infrator, caracterizando a *prevenção especial*, constituindo a manifestação mais autêntica do seu caráter coercivo." (Bitencourt, 1993, p. 3)

Tais questões não podem ser enfrentadas apenas pela doutrina penal ou criminal, portanto, faz-se necessário um complexo diálogo com a Psicologia, mais especificamente com a teoria já referida, na qual o desenvolvimento moral é entendido como um requisito (Kohlberg, 1992) para que o indivíduo perceba e compreenda a dupla função da norma penal. Nesses termos, o infrator reconhece a dupla função da norma penal (?) ou tal reconhecimento depende do seu nível de desenvolvimento moral? Diante dessas considerações, busca-se evidenciar a falta de compreensão da norma penal a partir do desenvolvimento moral.

Para Kohlberg (1992), uma norma só é elaborada pelo indivíduo que se encontra dentro do nível pós-convencional, tendo em vista que a partir deste nível é possível compreender preceitos necessários para a elaboração de normas sociais justas que respeitem a coletividade. Todavia, o entendimento do infrator pode ser outro, uma vez que este estaria dentro do nível pré-convencional (Kohlberg, 1992). Assim, o indivíduo pode não compreender a proposição da norma pelo fato de estar em um nível cujos recursos seriam insuficientes para tal compreensão. Portanto, diante desse distanciamento, o adolescente transgressor ainda não tem o raciocínio moral necessário para compreender tais preceitos mandamentais repressivos e punitivos do direito penal (Bitencourt, 2008).

Para explicitar melhor o tema, faz-se necessária a análise de conceitos que são de fundamental importância para a compreensão da proposta. Portanto, o capítulo parte da norma jurídica, passa pela função punitiva/repressora do Direito Penal, e finaliza com a teoria do desenvolvimento moral de Lawrence Kohlberg.

Norma

Conforme De Plácido e Silva (2004), a palavra norma, do latim *norma*, em seu sentido literal, é tomada na linguagem jurídica como regra, modelo, paradigma, forma ou tudo que se estabelece em lei ou regulamento para servir de pauta ou padrão em relação à maneira de agir. Nesse sentido, a norma deve ser vista como um agir social, partindo de padrões, mais especificamente leis ou costumes pré-determinados, sendo o eixo da conduta social.

Conforme esse entendimento, a norma não deixa de ser também uma regra de conduta emanada do Estado, podendo esta ser ainda uma norma moral, técnica, cultural, filosófica, sociológica ou outra, como demonstra Kelsen (1986). O conceito de norma, como é possível observar, é extremamente amplo e contempla padrões de condutas para os indivíduos.

A norma jurídica, por sua vez, é tida como regra de conduta imposta pelo Estado, admitida e reconhecida pelo ordenamento jurídico, no caso o Direito Penal, imputando para aqueles que a transgridam uma pena previamente definida, como propõe Ferraz Junior (1994, p. 100). Para Junior, "a norma, na sua frieza formal, apenas prescreve: deve ser punida com uma sanção a conduta de matar".

É importante salientar o entendimento de Carvalho (2001), autor que prescreve como principais características das normas de conduta, tanto jurídicas como sociais, a sua coercividade, pois procuram reprovar simbólica ou faticamente atos selecionados como indesejáveis dentro de uma determinada sociedade.

Além disso, as normas de direito são destinadas às pessoas, conforme afirma Montesquieu (1993, p. 11): "as leis são as relações que se encontram entre elas e os diferentes seres, e as relações destes diferentes entre si". Nessa linha, Kelsen (1986, p. 12) diz que "a norma 'dirige-se a uma pessoa' quando fixa uma determinada conduta de uma pessoa ou de um determinado ou indeterminado *número* de seres humanos". A norma, como já referido pelos autores, é destinada à sociedade, e age na consciência moral dos indivíduos. Como elucida Welzel (2003, p. 32), "o Direito deve exercer sua influência sobre todos esses fatores: mediante seu conteúdo de valor, sobre a consciência moral; mediante sua permanência, sobre o costume; e mediante a força do direito, sobre os institutos egoístas." Em outras palavras, tanto as normas jurídicas como as normas sociais servem para (pré) determinar condutas ou padrões de agir que devem ser seguidos pelos indivíduos que fazem parte de uma determinada coletividade. Esse é, portanto, o maior objetivo da norma.

Norma Penal

Conforme mencionado, a norma está intimamente ligada à lei, bem como é parte integrante do conceito de Direito Penal. A lei é fonte da norma penal e, conforme Bitencourt (2008), a lei penal contém uma norma que pode ter características proibitiva, mandamental, permissiva, explicativa ou complementar. O autor une, de forma íntima, a lei e a norma, de modo a que uma não exista sem a outra.

A norma penal incriminadora tem como competência a função de definir as infrações penais, proibindo ou impondo determinadas condutas sob a ameaça específica de uma pena. Capez (2008) entende que, no âmbito normativo jurídico penal, a norma limita-se às atividades finais humanas. Essa norma é aquela que o legislador considera como condutas ilícitas, atribuindo respectivas sanções.

Conforme Fragoso (2003), a norma penal jurídica define crimes e estabelece sanções, bem como as condições de aplicação da pena. Tal norma é denominada incriminadora e está contida na parte especial do Código Penal.

O objetivo da norma jurídico-penal é determinar regras de condutas humanas para o convívio social, impondo uma pena para aqueles que não cumprem tal preceito. Entretanto, o Direito Penal não visa somente punir o indivíduo que o transgrida mas, antes disso, reprimir ações delimitadas, como crimes, para as quais impõe uma pena. Como menciona Welzel (2003, p. 27) "O direito penal é a parte do ordenamento jurídico que determina as ações de natureza criminal e as vincula a uma pena ou medida de segurança".

Nota-se que a pena, desse modo, serve como uma "advertência" ou indicativo, conforme Bitencourt (2008, p. 3): "a sua finalidade é preventiva: antes de punir o infrator da ordem jurídico-penal, procura motivá-lo para que ele não se afaste, estabelecendo normas proibitivas e cominando as sanções respectivas (...)".

Assim, o Estado utiliza, por intermédio do Direito Penal, a pena como uma proteção para eventuais lesões a determinados bens jurídicos, ao mesmo tempo em que busca desmotivar de toda sorte a arbitrariedade das penas. Outra função da norma penal encontra-se em Ferrajoli (2002, p. 269). Conforme este autor, "o Direito Penal tem como finalidade uma dupla função preventiva, (...), a prevenção geral dos delitos e a prevenção geral das penas arbitrárias ou demasiadas".

Mas, por certo, o Direito Penal não existe para ser "pai carrasco", que "castiga o filho" ao descumprir uma norma. Além disso, o Direito Penal visa prevenir o crime e a arbitrariedade da pena. "Significa, antes que o direito penal tem como finalidade uma dupla função preventiva, tanto uma como a outra, negativas, quais sejam a prevenção geral dos delitos e a prevenção geral das penas arbitrárias." (Ferrajoli, 2002, p. 269).

É importante considerar, de forma específica, as funções da pena que, conforme já posto, funcionariam como um sinalizador, que alerta o tempo todo para que o indivíduo não cometa delitos. Assim, a pena teria, como uma de suas funções, manter qualquer pessoa afastada do crime e, por conseguinte, da possível aplicação punitiva. Desse modo, a pena possuiria um caráter retribucionista relativo, ou seja, seria caracterizada como um meio para alcançar um fim utilitário de prevenção de futuros delitos, conforme o entendimento de Cerqueira (2002).

Diante dessas considerações, observa-se que a pena, assim como a norma penal, tem uma função ligada à prevenção de delitos. Dessa forma, o Direito Penal e a pena preocupam-se, primeiramente, em prevenir delitos, desmotivando tal atitude com a possível imputação da pena, em vez de tão somente aplicar a pena como punição.

Bitencourt (2008) afirma que a privação da liberdade é um mal necessário e que, em meados do século XIX, acreditou-se, como ainda acredita-se, que essa privação configurava-se um meio adequado para conseguir a "reforma" do delinquente, entendendo-se que a prisão era um meio idôneo para realizar as finalidades da pena e que, dentro dessa perspectiva, seria possível reabilitar o delinquente. No entanto, esses fins não são alcançados, sendo necessário que se encontrem novas penas compatíveis com os novos tempos. Deve-se "aperfeiçoar" a pena privativa de liberdade ou substituí-la quando possível, pois, como Bitencourt (2008) demonstra, a pena, como prisão restritiva de liberdade, está falida em seu objetivo ressocializador.

É importante ressaltar, também, que o indivíduo pode ainda não compreender a pena "(...) o ser humano pode adaptar-se com o último dos 'castigos' ao cometer um delito" (Gauer, Neto &

Pickering, 2008, p. 122). Diante desses argumentos, evidencia-se, mais uma vez, que o indivíduo pode "acostumar-se" com a pena.

O entendimento da norma, a compreensão da punição e, consequentemente, a (re) socialização estariam intimamente ligadas ao nível de desenvolvimento moral no qual encontra-se o indivíduo? Cabe, então, analisar, de forma mais direta, a teoria de Kohlberg (1992), relacionada ao próprio desenvolvimento moral.

Teoria do desenvolvimento moral de Kohlberg e suas implicações

Lawrence Kohlberg nasceu em 1927. Em 1948, matriculou-se na Universidade de Chicago, obtendo o bacharelado em um ano, devido a suas altas notas. Dando prosseguimento à sua formação, teve contato com a obra de Jean Piaget a respeito do desenvolvimento moral nas crianças e nos adolescentes (Biaggio, 2006).

Em sua tese de doutorado, que data do ano de 1958, Kohlberg identificou estágios de desenvolvimento moral, com base em uma entrevista com 72 meninos brancos de Chicago, a respeito do dilema de Hans (marido que roubava remédio para salvar a esposa doente que estava à beira da morte).

Jean Piaget teve grande influência na obra de Kohlberg, entretanto, pode-se afirmar que "seu trabalho de desenvolvimento moral foi único – ele tinha seus pressupostos, seus insights próprios e, acima de tudo, o entendimento mais claro a respeito das implicações filosóficas e morais de seu trabalho psicológico" (Biaggio, 2006, p. 13).

O objetivo de Kohlberg (1992) era investigar o desenvolvimento do juízo moral em crianças e adolescentes. Para essa investigação, o autor utilizou como método os pressupostos gerais de Piaget. Assim, preliminarmente, centrou-se no juízo moral e na definição de juízo moral nos termos de juízo de justiça. Para o autor, a plenitude do entendimento moral é atingida quando o indivíduo é capaz de entender que a justiça não é o mesmo que a lei e ainda, mesmo que existindo uma orientação normativa, esta pode ser moralmente errada.

Todos são capazes de compreender os valores aos quais foram socializados, em vez de incorporá-los passivamente como uma absorção. Notoriamente, esse foi o ponto central do trabalho de Kohlberg (1992).

Conforme esse pesquisador, o desenvolvimento moral apresenta-se em todas as culturas (evidenciando pequenas variações). Kohlberg (1992) argumenta também que a sequência de estágios existe em todas as culturas, o que é geralmente confirmado em pesquisas sobre o tema. A noção de que a sequência de estágios mantém-se nas diversas culturas, com algumas nuances que podem ser atribuídas a fatores culturais, não ameaçam, no entanto, a ideia de universalidade proposta por Kohlberg.

É importante notar que, na teoria de Kohlberg (1992), os estágios refletem maneiras de raciocinar e não conteúdos morais. Qualquer pessoa pode ser enquadrada em qualquer um dos estágios morais, mas, no caso da pesquisa proposta, o principal é a justificativa em função da qual o indivíduo estabelece a base para determinadas atitudes.

Segundo o entendimento de Kohlberg (1992), o indivíduo, além de conhecer a norma e reconhecê-la, deve pensar e agir de acordo com o seu desenvolvimento moral. Os aspectos fundamentais no comportamento são as razões, ou seja, as formas de raciocinar moralmente, frente a determinados atos, e não aos conteúdos morais propriamente ditos. O autor desenvolveu seus estudos em duas etapas, explicadas, a seguir, para uma melhor compreensão do tema.

Os primeiros pontos a serem esclarecidos são os três níveis morais, abarcando, portanto, os níveis, (I) pré-convencionais, (II) convencionais, (III) e pós-convencionais. O primeiro, nível social pré-convencional, pode ser definido como: "(...) *el nivel de la mayoría de los niños menores de nueve años, de algunos adolescentes y de muchos adolescentes y adultos delincuentes*" (Kohlberg, 1992, p. 187).

No nível convencional, encontra-se: "*la mayoría de adolescentes y adultos de nuestra sociedad y de outras sociedad*". O último, pós-convencional, "*si alcanza por una minoría de adultos y, normalmente, solo después de los veinte años*" (Kohlberg, 1993, p.187).

A segunda parte abarcaria os estágios. De acordo com o autor, "*Estos estadios de toma de rol describen el nivel en el que la persona ve outra gente, interpreta sus pensamientos y sentimientos y considera el papel o lugar que ocupan em la sociedad*" (Kohlberg, 1992, p. 186). Esses estágios desdobram-se em seis etapas, dois para cada um dos níveis expostos, conforme se verifica no livro de Kolberg (1992), aqui apresentados em tradução livre.

No nível pré-convencional, são encontrados dois estágios de desenvolvimento moral. No primeiro estágio, o da moralidade heterônoma, o entendimento de "o que está bem" ou "o que é bom" busca a não ruptura com as normas, porém, apenas com o intuito de não ser castigado, evitando assim os danos físicos.

A razão pela qual é necessário atuar corretamente é cumprida para evitar o castigo e o poder superior das autoridades (pais ou polícia). Na perspectiva social desse estágio, existe uma visão egocêntrica diante da qual o indivíduo não considera que os outros tenham também interesse, fazendo uma confusão em relação à perspectiva de autoridade com a própria perspectiva.

O segundo estágio, referente ao individualismo, finalidade instrumental e inter-relacional, ainda no nível pré-convencional, relaciona-se ao entendimento de "o que é bom" ou "o que está bem" diz respeito a obedecer às regras quando as mesmas servem ao interesse de alguém; atua-se de determinada maneira para alcançar os próprios interesses e necessidades, e espera-se que os outros façam o mesmo; o correto é o que é justo, é justo o que é igual, como uma inter--relação, uma troca, um acordo. Nesse ponto, cada indivíduo segue seu próprio interesse. É importante ressaltar que os motivos para atuar corretamente seriam para servir as necessidades dos interesses próprios, em um mundo onde se deve reconhecer que outras pessoas também têm seus interesses. A perspectiva social desse estágio é individualista concreta, na qual todos têm interesses e, ao buscá-los, acabam conflitando-se, de forma que o correto mostra-se relativo aos interesses próprios.

O primeiro estágio do nível convencional remete à expectativa interpessoal e às relações decorrentes nas quais "o que está bem" ou "o que é bom" refere-se a viver conforme as expectativas das pessoas ao redor. Ou seja, aquilo que esperam do indivíduo no papel que este representa em seu meio social, tal como irmão, filho, sobrinho, amigo. Ser bom é importante e significa, dessa forma, a manutenção de boas relações, preocupando-se com os outros. Importa também, nesse estágio, manter mútuos relacionamentos de gratidão, lealdade e confiança, a partir dos quais as pessoas começam a colocar-se no lugar dos outros (Kohlberg, 1992).

Conforme já evidenciado, a perspectiva dos indivíduos em relação aos outros indivíduos, colocando-se no lugar das outras pessoas é enfocada, mas não se considera, nesse estágio, a perspectiva geral de um fato. Existe uma consciência que divide os sentimentos dos interesses; relaciona o ponto de vista por intermédio de uma regra, colocando-se no lugar de outra pessoa (Kohlberg, 1992).

Na segunda etapa, no nível convencional, (social e consciente), "o que está bem" diz respeito a cumprir as obrigações acordadas, devendo o indivíduo manter as leis nos casos extremos, conflitantes com outros deveres sociais estabelecidos. Observa-se, nesses termos, uma contribuição para a sociedade, para o grupo ou instituição (Kohlberg, 1992).

A razão para atuar bem seria, portanto, manter a instituição em funcionamento como um todo, evitando o colapso no sistema, sendo que a própria consciência levaria o indivíduo a cumprir as suas obrigações. A perspectiva social, nesse estágio, distingue o ponto de vista da sociedade e os motivos acordados entre eles – interpessoal. Assim, essa perspectiva toma o ponto de vista do sistema que define as regras e as normas, considerando as relações individuais conforme o lugar que ocupam no sistema (Kohlberg, 1992).

No último nível, que é o nível pós-convencional, não diferente dos anteriores, encontram-se duas etapas. A primeira é a etapa de contrato social ou utilidade e direitos individuais. Nessa etapa "o que está bem" é ter a consciência de que se deve manter uma variedade de valores e opiniões e que a maioria dessas normas e valores são relativas aos grupos. Essas normas deveriam manter-se imparciais, pois são acordos sociais. Envolve, ainda, a compreensão de que tais normas são relativas a um grupo, devendo valer de forma imperativa e imparcial (Kohlberg, 1992).

Alguns direitos e deveres devem manter-se, conforme essa perspectiva, independentes de qualquer sociedade. Tais direitos seriam a vida e a liberdade. Existiria uma razão para atuar corretamente e de acordo com a lei relacionada ao bem de todos, agindo conforme o contrato social, mantendo-se fiel às leis. Nesse ponto, há um sentimento de compromisso (contrato social) que foi aceito de forma livre, ao qual amigos, familiares e colegas de trabalho devem seguir. Na perspectiva social desse estágio, tem-se uma consciência individual racional dos valores e direitos anteriores ao contrato e compromisso social. Integram perspectivas por mecanismos formais de acordo, contrato, imparcialidade objetiva e processo. Consideram-se os pontos de vista legal e moral, reconhecendo que, por vezes, os mesmos entram em conflito.

Na última etapa desse nível pós-convencional, encontram-se os princípios éticos universais diante dos quais "o que está bem" envolve aderir princípios éticos autoescolhidos. As leis particulares e os acordos sociais são válidos porque estão baseados em princípios. Quando as leis violam tais princípios, atuam de acordo com os princípios que seriam os direitos universais de igualdade, direitos humanos e respeito à dignidade dos seres humanos como pessoas individuais (Kohlberg, 1992).

A perspectiva social desse estágio deriva da perspectiva do ponto de vista moral, na qual derivam os acordos sociais. A perspectiva seria a de qualquer indivíduo racional que reconhece a natureza da moral, o direito que as pessoas apresentam em si mesmas e o direito relacionado ao fato de que devem ser tratadas com tais.

Norma, desenvolvimento moral e entendimento

Para o indivíduo compreender a norma, ele deve fazer uma assimilação conforme o nível de desenvolvimento moral em que se encontra. Isso decorre do próprio fato de que, tal como exposto, a norma passa pelo nível de desenvolvimento moral do infrator, sendo que para que se mostre possível alcançar uma concepção moral coerente, este deve valorar tanto a sua conduta quanto a norma emanada pelo Estado.

A sociedade é composta de indivíduos que, agrupados, formam uma sociedade e acabam por impor normas, ou, melhor dizendo, uma moral que eles compreendem e aceitam como sendo justa. Mas essa mesma moral é imposta por uma determinada classe de pessoas que denominamos legisladores.

Esse senso de "justiça" passa pelo desenvolvimento moral do indivíduo, no caso, o legislador. Indiscutivelmente, a compreensão que este tem acerca da norma é muito maior, e isso se dá, considerando o próprio fato de que estão os legisladores em um nível superior de raciocínio moral, diferente dos infratores (Kohlberg, 1992). Resta, assim, para os que se encontram em níveis inferiores, a incompreensão quanto à imposição legislativa.

Essa questão pode ser exemplificada da seguinte forma: as pessoas que se encontram no nível pré-convencional (I) do segundo estágio, não alcançam a propositura normativa que é imposta. Essa realidade decorre do simples fato de que, nesse estágio, cada indivíduo busca a satisfação do seu interesse. Nesse ponto, o indivíduo não reconhece a sociedade como um sistema complexo de seres que vivem em "harmonia" e que têm direitos e deveres como impõe a norma. De outro modo, essa compreensão dar-se-á somente no nível pós-convencional.

É fundamental salientar as narrativas que seguem, de jovens infratores que não reconheceram o que haviam feito. Existe, nesses casos, uma falta de reconhecimento de direitos por parte do infrator. A falta dessa percepção causa profunda estranheza e desconforto, pois os autores não reconhecem uma estrutura mínima de sociedade/família ou, até mesmo, que a sociedade tem uma organização. Entendem menos ainda a estrutura repressora/punitiva, que impõe um preceito mandamental (norma penal) de não fazer.

Apresenta-se oportuno também destacar que o relato a seguir ocorreu em uma situação de acompanhamento do depoimento de um infrator preso em flagrante por cometer um homicídio protagonizado por um dos autores do presente texto. O delegado, nessa ocasião, fez duas perguntas ao jovem de 14 anos. A primeira delas: Você sabe que matou um homem, pai de família, no dia do aniversário de seu filho? Você sabe que vai ser preso (punido) por isso?

O jovem, sem aparentar muita preocupação, respondeu que não tinha feito nada de errado, pois ele não tinha família e nem aniversário, então tinha "pegado um home qualque". Respondeu ainda que poderia ser preso sem problemas porque "estar preso" não quer dizer nada para ele, pois tinha muitos amigos na Fundação de Atendimento Socioeducativo (FASE) e sabia que isso aconteceria cedo ou tarde.

Assim, percebe-se que essa pessoa encontrava-se na perspectiva de desenvolvimento moral individualista concreta, considerando que cada pessoa tem um interesse. Ao buscar a satisfação desse interesse, o indivíduo não se "preocupa" nem com a norma imposta, nem com a ocorrência de um castigo. Em síntese, o infrator tem como orientação principal a satisfação de um objetivo, ou seja, evitar o castigo como forma punitiva, deixando de lado o sistema de prevenção e punição que está inserido intrinsecamente na norma penal. Assim, conforme já mencionado, neste trabalho é demonstrado, a partir dos estudos por Kohlberg (1992), que a maioria dos transgressores encontra-se no nível pré-convencional, independente do próprio estágio em que se encontre.

Desse modo, a lei é imposta *pela polícia* e, consequentemente, a razão para obedecê-la é *evitar o castigo*. Não existe uma percepção de que a pena ou castigo seja algo (re)socializador ou mesmo de que exista uma prevenção. O infrator que se encontra nessa perspectiva não reconhece ou compreende tal composição.

Tanto é verdade, que o relato de um jovem recolhido junto ao Departamento Estadual da Criança e Adolescente (DECA) explica, de forma prática, essa afirmativa. Observou-se tal nível de incompreensão em afirmações feitas por um jovem de 13 anos, recolhido por estar traficando drogas (22 "petecas" de cocaína). O mesmo disse ao delegado que os objetos apreendidos não estavam com ele. Foram os "homems" que colocaram no bolso dele "pra prenderem". Quando o delegado anunciou que ele seria recolhido para a FASE, abriu um sorriso e disse que M., um amigo, também estava lá.

O rapaz demonstra saber que o castigo é ruim e tenta não ser pego. O indivíduo que se encontra nesse estágio pouco liga para o tipo de "castigo" que vão aplicar-lhe. Apenas sabe que o castigo ou a pena é algo maléfico e tenta evitar, ao máximo, a punição.

Observa-se esse fato em outro relato de um menor de 12 anos de idade, preso em flagrante delito por cometer o crime de roubo. Na delegacia, acabou sendo questionado pelo delegado sobre o motivo de ter empreendido uma fuga. Sua resposta foi apenas: "eu sei né o que os cara fazem lá" – referindo-se aos policiais que o perseguiram e complementando: "dae eu corri". O delegado perguntou, então, o que os policiais fazem. "Eles batem na gente e depois nos deixa pindurado". Nesse mesmo relato, o jovem demonstra preocupação em não "apanhar", mas não se importa em ser encaminhado para a FASE.

Outro caso é de um menor de 11 anos de idade que havia furtado guloseimas de uma padaria e foi pego logo após cometer o delito, uma vez que havia uma viatura que efetuava patrulhamento perto do local. Os policiais observaram o jovem correndo e o dono da padaria atrás, acabaram abordando o menor e levando-o para a delegacia. Ao chegar à delegacia (DECA), o menor entra em desespero, ao saber que sua mãe estava dirigindo-se para esse mesmo local a fim de buscá-lo. Questionado sobre o motivo de estar tão alterado, a justificativa foi simples: "minha mãe vai me bater".

Observa-se, dessa forma, que evitar a pena é, nessa perspectiva, não ser castigado, nesses casos, a partir de penas corporais. Assim, o pensamento do infrator encaminha-se no sentido oposto ao da doutrina, na qual, conforme elucida Bitencourt (2003), a pena (castigo) serviria para afastar o indivíduo do crime. Esse afastamento que o Direito Penal busca, não ocorre. O indivíduo vai ultrapassar a norma e, fazendo isso, o pensamento que se evidencia é: "não devo ser pego".

Em momento algum, o infrator preocupa-se, em tais casos, em evitar o delito, tendo em vista a pena como uma forma para afastá-lo do crime. Nessas condições, evidencia-se o entendimento de que, por trás da proibição de matar, está o pensamento primário que tende a assegurar o respeito pela vida dos demais.

No nível pré-convencional, o indivíduo não se preocupa e nem reconhece esse pensamento, conforme ficou evidenciado pelo relato dos infratores. O transgressor pensa, tão somente, em não ser pego, ficando a proposta de proteção ao bem jurídico "sem rumo", quando enfocada por esse viés.

Diferente é o que acontece com o legislador, que se encontra no nível pós-convencional. Este compreende, portanto, composições como sociedade, bem-estar social e contrato social, bem como a função repressora punitiva do Direito Penal.

Os que se encontram nesse nível compreendem primeiramente a sociedade. Apresentam uma consciência individual racional dos valores e dos direitos anteriores ao contrato e compromissos sociais. Ou, ainda, a perspectiva de um ponto de vista moral, relacionando o direito e a moral individual e coletiva.

De acordo com esse entendimento, o legislador propõe normas de acordo com a sua perspectiva moral, partindo do seu conhecimento de sociedade, bem jurídico, bem-estar social etc. Nessa esteira, a função preventiva e punitiva do Direito Penal é proposta nesses moldes.

É importante ainda dizer que as pessoas não saltam de níveis morais, ou seja, elas devem passar por todos, do primeiro ao último. Em função disso, o indivíduo que se encontra no nível pré-convencional não pode, de uma hora para outra, "saltar" para o nível pós-convencional. Faz-se necessário passar por todos os estágios.

Diante dessas considerações, estando o cidadão transgressor em estágios anteriores ao desenvolvimento moral do legislador, restam algumas perguntas. Primeiramente, pode o infrator entender o legislador? Pode entender todas as objetividades implícitas e explícitas na lei? Pode o delinquente, de acordo com o seu desenvolvimento moral pré-convencional, compreender características de repressão e punição que propõe o legislador em seu nível superior de desenvolvimento moral?

De acordo com as proposições destacadas, vislumbra-se um horizonte fértil e promissor, no qual o diálogo entre a Psicologia e o Direito Penal faz-se verdadeiramente possível e necessário, considerando melhor o desenvolvimento moral do indivíduo e sua relação com esses enfoques.

Referências

Biaggio, A. m. b. (2006). *Lawrence Kohlberg: Ética e educação moral* (2. ed.). São Paulo: Moderna Editora.

Bitencourt, C. R. (1993). *Falência da pena de prisão: Causas e alternativas*. São Paulo: Revista dos Tribunais.

Bitencourt, C. R. (2008). *Tratado de direito penal: Parte geral* (13. ed.). São Paulo: Saraiva.

Capez, F. (2008). *Curso de direito penal: Parte geral* (12. ed.). São Paulo: Saraiva.

Carvalho, S. (2001). *Pena e garantias: Uma leitura do garantismo de Luigi Ferrajoli no Brasil*. Rio de Janeiro: Lúmen Júris.

Cerqueira, A. A. (2002). *Direito penal e garantista & nova criminalidade*. Curitiba: Juruá.

De plácido e Silva, o. j. (2004). *Vocabulário jurídico* (25. ed.). Rio de Janeiro: Forense.

Ferrajoli, L. (2002). *Direito e razão: Teoria do garantismo penal*. São Paulo: Revista dos Tribunais.

Ferraz Junior, T. S. (1994). *Introdução ao estudo do direito*. São Paulo: Atlas.

Fragoso, H. C. (2003). *Lições de direito penal: Parte geral* (16. ed.). Rio de Janeiro: Forense.

Gauer, G. J. C., Neto, A. C., & Pickering, V. L. (2008). Realidade do indivíduo na prisão. In: Gauer, R. (Org.), *Criminologia e sistemas jurídico-penais contemporâneos* (pp. 121-120). Porto Alegre: EDIPUCRS.

Kelsen, H. (1986). *Teoria geral das normas*. Porto Alegre: Fabris.

Kohlberg, L. (1992). *Psicologia del desarrollo moral*. Bilbao: Editorial Desclée de Brouwer.

Montesquieu, C. (1993). *O espírito das leis*. São Paulo: Martins Fontes.

Welzel, H. (2003). *Direito Penal*. Campinas: Romana.

CAPÍTULO 7

Comportamentos antissociais e questões diagnósticas: a propósito de um caso

Gabriel José Chittó Gauer[1]
Tárcia Rita Davoglio[2]
Marina Davoglio Tolotti[3]

As questões diagnósticas sempre suscitaram, na prática clínica, inúmeros debates, muitas vezes envolvendo a primazia de um determinado enfoque teórico ou metodológico em detrimento dos demais. As classificações nosográficas disponíveis na atualidade pela Associação Psiquiátrica Americana (APA; 2002 [Manual Diagnóstico e Estatístico para Transtornos Mentais – Texto Revisado; DSM-IV-TR]) e pela Organização Mundial da Saúde (OMS; 2007 [Classificação Estatística Internacional de Doenças e Problemas Relacionados à Saúde – Décima Revisão; CID10]), apesar das limitações que possam apresentar, cumprem um importante papel de unificar a linguagem entre os profissionais, definindo critérios universais e parâmetros claros para o estabelecimento de diagnósticos em saúde mental, facilitando a descrição de sintomas clínicos.

No entanto, o campo da psicopatologia, da psiquiatria dinâmica e dos avanços nos diferentes contextos da psicologia contrapõem-se cada vez mais às abordagens dissociativas e exclusivistas, que se fundamentam em um único diagnóstico. A formulação de distintos níveis

---

[1] Psiquiatra. Professor do Programa de Pós-Graduação em Psicologia da Faculdade de Psicologia e em Ciências Criminais da Faculdade de Direito da Pontifícia Universidade Católica do Rio Grande do Sul (PUCRS). Bolsista Produtividade CNPq 300659/2010-5.

[2] Psicóloga/Psicoterapeuta. Doutoranda em Psicologia (Bolsista CAPES) do Programa de Pós-Graduação em Psicologia/PUCRS. Mestre em Psicologia Clínica; Especialista em Psicoterapia Psicanalítica; Perita Em Avaliação Psicológica; Professora de Ensino Superior.

[3] Graduanda em Psicologia, Faculdade de Psicologia/PUCRS. Bolsista de Iniciação Científica BPA-2011/PUCRS.

de diagnósticos, se necessário auxiliada pelo uso de instrumentos e técnicas confiáveis, reflete a preocupação com uma visão integral do ser humano e integradora dos inúmeros enfoques científicos possíveis, contemplando, concomitantemente, múltiplos processos psíquicos que se associam a um quadro clínico.

Entre pesquisadores e clínicos atuais, podemos observar o consenso em relação à urgência e necessidade de mudanças fundamentais nos processos de diagnósticos para assegurar a validade e utilidade das descrições diagnósticas em uso (Widiger, Livesley e Clark, 2009). Para além do exame das manifestações sintomáticas, acreditamos ser fundamental, no processo diagnóstico, o reconhecimento do funcionamento psíquico de cada indivíduo em suas peculiaridades, incluindo desde o contexto social até aspectos neurobiológicos. Essa abordagem é ainda mais relevante quando associada à construção de diagnósticos diferenciais envolvidos em transtornos relacionados com aspectos caracteriológicos. Desse modo, o exame da estrutura da personalidade e das questões desenvolvimentais agregam importantes informações que repercutem não apenas no diagnóstico clínico e no prognóstico, mas, sobretudo, na dinâmica interacional e interventiva, factível ou almejada.

Nessa perspectiva, as condutas transgressoras e destrutivas e o funcionamento antissocial, típico dos jovens que entram em atrito com questões legais, não parecem ser suficientemente entendidos se não forem examinados em profundidade, a partir de um contexto amplo. Nessa compreensão diagnóstica, além dos aspectos descritivos e comportamentais, é necessário considerar a história relacional precoce, a estrutura intrapsíquica subjacente e os aspectos familiares e grupais que afetam o jovem, bem como os estressores psicossociais e os mecanismos de defesa comumente acionados.

É consenso que a realidade dos adolescentes em conflito com a lei devido a condutas antissociais quase nunca se apresenta de modo simples. Ao contrário, pode ser marcada por sucessivos acontecimentos subjetivos e sociais e pela presença de diagnósticos e comorbidades clínicas que pressupõem fatores biopsicossociais que vão criando uma complexa rede de conflitos, sintomas e comportamentos. Tais pressupostos necessitam ser considerados e não podem ser negligenciados, sob pena de obter-se apenas uma visão parcial e fragmentada dos mecanismos que sustentam o que é manifesto no comportamento antissocial.

Tomando como ponto de partida as ideias de Hector Fiorini (1986) acerca dos diversos níveis de diagnósticos que podem ser obtidos a partir de uma avaliação multidimensional, dinâmica e integrativa, iremos relatar, a seguir, um caso baseado na experiência clínica com adolescentes em conflito com a lei. Apesar da subjetividade que acompanha cada indivíduo, a ilustração clínica permite identificar características que, com muita frequência, encontramos no relato de vida de adolescentes que enfrentam situações de conflito e exclusão. Será feita, então, uma tentativa de compreender o funcionamento antissocial manifesto, a partir de diferentes níveis diagnósticos, sem a intenção de esgotar o tema.

Ilustração Clínica

O adolescente que iremos chamar de Pedro tem dezoito 18 anos e completou apenas o Ensino Fundamental. Na época do atendimento psiquiátrico estava cumprindo medida socioeducativa (MSE) em privação de liberdade na Fundação de Assistência Socioeducativa do Rio Grande do Sul (FASE), distante cerca de trezentos quilômetros de sua cidade natal; não trabalhava, nem estudava. Durante o cumprimento da MSE, foi hospitalizado em unidade psiquiátrica de um hospital geral, devido à recusa em receber medicação e alimentar-se, culminando em uma tentativa de suicídio com uma faca, cortando-se superficialmente em várias partes do corpo.

A história familiar revelou que Pedro é o mais velho de uma prole de quatro filhos, tendo sua mãe engravidado no início da adolescência. Nos primeiros anos de vida, apesar de estar sempre "aprontando", os pais, avós e tios o mimavam muito por ser a única criança na família. Com sete anos, época em que também nasceu o primeiro irmão, Pedro entrou para a primeira série e teve facilidade na alfabetização. Entretanto, foi também nesse ano que começou a cometer pequenos furtos. Segundo Pedro, o primeiro deles ocorreu quando dois amiguinhos o convidaram para "gazear" aula. Foram, então, para uma loja e saíram com os bolsos cheios de brinquedos. Mas Pedro foi pego ali mesmo, referindo: "Fui tão estúpido que abri um carrinho diante de um Policial Civil que estava na frente da loja". O policial o levou até seu pai, o qual trabalhava em uma função ligada à justiça, e foi, então, quando este lhe deu a primeira grande surra. Pedro lembrou que quando a mãe ficou sabendo, ao chegarem em casa, ela "teve uma crise de nervos". Daí em diante, seu relacionamento com a família começou a ficar cada vez mais difícil, principalmente com o pai, que lhe batia violentamente e com frequência.

Pedro relatou que o fato de o pai ser muito violento e "mulherengo" era motivo das constantes brigas conjugais, presenciadas por todos. Preferia, então, ficar na rua, pois, quando ia para casa era apenas para ver ou envolver-se em brigas. Quando seu primeiro irmão nasceu, tinha sete anos de idade e disse que ficou "muito feliz". Porém, nessa época, furtava seguidamente nas lojas e supermercados e começou a faltar muita à escola. Estava sempre envolvido em alguma confusão e quando o pai ficava muito bravo com ele, ia refugiar-se na casa dos parentes. Seus avós e seus tios o socorriam, mas sempre lhe diziam que "ninguém mais podia com ele".

Segundo Pedro, a mãe "sofria dos nervos, era muito briguenta e gritona", mas nunca o agredia fisicamente. No entanto, quando estava com nove anos, durante uma briga entre o casal, o pai sacou o revólver para atirar na mãe. Pedro interferiu gritando, o que fez com que o pai apenas a atingisse com uma coronhada. Relatou que, depois desse incidente, a mãe ficou com sequelas cognitivas, o que piorou ainda mais a convivência familiar.

Os pais relataram que desde pequeno, em algumas ocasiões, Pedro apresentava sinais de crueldade bem explícitos, sendo capaz de maltratar sem piedade. Em uma ocasião, afogou uma ninhada de gatos da sua irmã em um riacho que passava perto da casa. Costumava também jogar os gatos em fios de alta tensão para eletrocutá-los. Era briguento e agressivo; diversas vezes foi suspenso da escola por essa razão, acabando por abandoná-la. Em uma dessas situações, um colega perdeu a consciência de tanto que Pedro apertou sua garganta, mesmo com vários colegas e professores tentando impedi-lo.

Por volta dos doze anos, Pedro começou a fazer uso de drogas, abusando de várias substâncias como cola, medicamentos e maconha. Passou a praticar assaltos e arrombamentos com frequência, levando dinheiro e mercadorias, sendo, a partir de então, vigiado pela polícia, que suspeitava de sua participação na autoria dos delitos. Segundo P., o consumo de drogas e as ideações suicidas iniciaram quando a mãe estava grávida do seu irmão mais novo, hoje com cinco anos, coincidindo também com a ocasião em que os pais se separaram. Relatou que diversas vezes o pai o responsabilizou pela separação conjugal, alegando que ele "só causava incômodos à família".

Após a separação, o pai mudou-se para outra cidade e obrigou Pedro e um dos irmãos a acompanhá-lo. Cerca de um ano depois, Pedro fugiu da casa do pai e retornou para sua cidade, dizendo que sentia saudades de casa, dos avós e, principalmente, dos companheiros. Relatou que seu relacionamento com o pai era péssimo e que este vivia lhe batendo. Foi depois da separação dos pais que passou a praticar um número muito maior de delitos, bem como tentativas de suicídio e autoagressão, por meio de cortes pelo corpo todo, com exceção da face, preservando os bonitos traços que possuía.

Com 13 anos, Pedro teve a primeira experiência sexual com uma menina e, daí em diante, teve muitas namoradinhas. Porém, em pouco tempo, cansou das meninas e teve um período em que seus parceiros sexuais eram do mesmo sexo. Nesse mesmo ano, Pedro foi para outra cidade, na casa de um parente paterno. Este lhe arrumou um emprego como *office boy* e tudo parecia transcorrer bem, até que Pedro ingeriu uma grande dose de benzodiazepínicos, ficando inconsciente por quatro dias, na CTI do hospital. Desse dia em diante, segundo informações dos familiares, começou a mostrar-se muito inquieto, até que furtou algum dinheiro do escritório em que trabalhava e retornou para a casa materna.

De volta a sua cidade, persistiu no uso de drogas e continuou arrumando confusões nas ruas. Com 14 anos, junto com dois companheiros, saqueou uma loja, levando produtos e todo o dinheiro que encontraram. Depois de venderem a mercadoria para um receptor de materiais furtados, foram presos e Pedro ficou detido pela polícia por mais de trinta dias. Durante essa detenção, fez um profundo corte em seu braço com uma faca que trazia escondida consigo. Foi solto por falta de provas, mas ficou sob a responsabilidade do avô paterno, trabalhador rural de uma cidade do interior. Segundo o relato de Pedro, a casa do avô "era uma espécie de colônia penal", enfatizando seu desagrado com a situação. Nessa época, com uma espingarda do pai, deu um tiro no próprio braço: "já que não tinha coragem de disparar contra minha própria cabeça, resolvi sentir dor".

Em seguida, Pedro adquiriu um revólver, com o dinheiro dos furtos, com o qual passou, então, a realizar assaltos. Em um deles, a vítima reagiu e ele acabou atirando e fugindo do local com o carro, alegando que "essa marca de automóvel dá azar". Foi então responsabilizado legalmente por latrocínio. Referiu que, desde aquela época, sua vida tornou-se uma confusão total, que havia horas em que desejava matar toda sua família e depois se matar. Os momentos em que mais sentia vontade de se cortar eram quando ficava feliz, triste ou emocionado, quase sempre sob efeito de drogas: "Gosto de ver meu sangue escorrendo; se pudesse, enchia um balde com meu sangue e derramava sobre meu corpo".

Nos anos que se seguiram, Pedro continuou a furtar, sendo frequentemente detido pela polícia e fugindo de casa e das instituições socioeducativas para onde era encaminhado. Após uma dessas fugas, passou algum tempo morando na casa de um traficante, com quem mantinha relações sexuais e para o qual trabalhava. Com a prisão do traficante, retornou para a casa da mãe. Por fim, por volta dos dezessete anos de idade, foi detido ao tentar revender os produtos que havia roubado de uma loja, sendo enviado novamente para a FASE. Acreditava que o dono da loja foi o maior responsável pelo assalto e pela sua detenção, pois deixou a caixa registradora aberta e foi aos fundos da loja, quase que "forçando-o" a roubá-lo. Foi durante essa MSE que ocorreu a internação hospitalar relatada.

Durante o período em que esteve em hospitalização psiquiátrica, inicialmente ficou bem. Dividia o quarto com um senhor mais velho, do interior do estado, o qual apresentava um quadro depressivo. Porém, era uma pessoa muito disciplinada e adaptada às rotinas da internação, gostando de acordar cedo, tomar "mate" e escutar música gauchesca. Pedro entrosou-se muito com esse colega de quarto, passando a reproduzir seus hábitos e até mesmo o linguajar. Pedro seguia todas as normas da hospitalização, acordava cedo e tomava "mate" com o colega, parecendo bem. Considerando seu comportamento até esse momento, a equipe de saúde chegou a supor que seu tratamento hospitalar não seria tão longo e que, em breve, poderia retornar à FASE.

Entretanto, o colega de quarto melhorou logo e teve alta hospitalar. Pedro passou, então, a dividir o quarto com outro adolescente que era dependente de cocaína. Este vestia roupas rasgadas, falava gírias próprias de um adolescente da capital, dormia até a hora do almoço e não seguia as regras da unidade, desafiando a equipe de saúde. Foi quando bruscamente o comportamento de Pedro também mudou. Passou a não tomar banho, dormir até a hora do almoço, falar gírias e desrespeitar as normas. Em uma ocasião, frustrado frente à negativa de autorização para um passeio, conseguiu extrair uma pequena lâmina de um aparelho de barbear descartável e fez vários cortes por todo o corpo. Pedro somente diminuiu os sintomas autodestrutivos após um longo período de hospitalização, de cerca de quatro meses, depois do qual foi novamente encaminhado para a FASE para cumprir o restante da medida socioeducativa que recebera.

Discussão a Partir de Diferentes Níveis de Diagnóstico

Fiorini (1986), ainda na década de 1980, propôs dez categorias diagnósticas aplicáveis à clínica, as quais serão discutidas a partir da história de Pedro. As hipóteses diagnósticas são apresentadas de modo a favorecer uma visão didática, porém, se complementam e se sobrepõem em suas múltiplas e dinâmicas facetas, exigindo um meticuloso e gradual trabalho de construção diagnóstica e reavaliação ao longo do processo terapêutico.

1. Diagnóstico Clínico

Entre os diagnósticos de saúde mental, o diagnóstico clínico é, com certeza, o que recebe maior ênfase, sendo o mais explorado em termos acadêmicos e clínicos. Está baseado na quantificação de sinais e sintomas consistentes e evidenciáveis. Envolve as classificações e categorizações descritivas da psiquiatria clássica, compiladas em manuais de uso universal, por entidades de reconhecida credibilidade, como a APA e a OMS.

Segundo os critérios do DSM-IV-TR (APA, 2002), o transtorno de personalidade antissocial (TPAS)[4] foi apontado como o diagnóstico clínico principal para Pedro, cujas condutas desviantes lhe renderam inúmeras passagens pela justiça e por serviços de saúde, denotando um padrão antissocial inflexível e duradouro. De acordo com tais critérios, os sintomas para o TPAS envolvem um padrão global de desrespeito e violação dos direitos alheios, iniciado ainda antes dos 15 anos. Pedro preenche a maioria desses critérios (APA, 2002, p.660):

- Incapacidade para adequar-se às normas sociais com relação a comportamentos lícitos, manifesta em comportamentos repetitivos que são motivo de detenção.
- Impulsividade ou fracasso em fazer planos futuros.
- Irritabilidade e agressividade, indicada por repetidas lutas corporais e agressões físicas.
- Desrespeito irresponsável pela segurança própria ou alheia.
- Irresponsabilidade consistente, indicada por um repetido fracasso em manter atividade laboral.
- Ausência de remorso, indicada por indiferença ou racionalização por ter ferido, maltratado ou roubado alguém.
- Evidências de transtorno de conduta (TC) com início antes dos 15 anos.
- Ocorrência de comportamento antissocial, não sendo este exclusivamente durante esquizofrenia ou episódio maníaco.

Porém, se considerarmos que esses critérios do TPAS não são totalmente aceitos para a adolescência, devido às questões de desenvolvimento, teríamos que recorrer ao diagnóstico de transtorno de conduta. Este se mostra ainda mais limitado para definir o funcionamento de Pedro, apenas agrupando os comportamentos desadaptativos em quatro eixos: (1) agressão a pessoas e animais; (2) destruição de patrimônio; (3) defraudação ou furto; e (4) sérias violações de regras (APA, 2002). Nesse sentido, alguns autores apontam duas importantes questões que devem ser consideradas na avaliação de transtornos de personalidade em jovens: a categorização diagnóstica apresentada pela APA responde apenas por 49% da variação de traços desadaptados. Para a população restante, podem estar presentes até dez traços de transtornos

---

[4] O TPAS não é recomendado como diagnóstico clínico até os 18 anos de idade, porém, P. encontrava-se às vésperas do 18º aniversário na época da internação hospitalar.

insuficientes para preencher um diagnóstico clínico, mas significativos o bastante para gerar implicações (Kernberg, Weiner & Bardenstein, 2003).

Com frequência, outros transtornos de personalidade se apresentam como comorbidades do TPAS, muitas vezes exigindo diagnósticos diferenciais de difícil reconhecimento. Aspectos narcisistas inflexíveis, compatíveis com transtorno de personalidade narcisista, são esperados na presença de TPAS. Um diagnóstico adicional é recomendado apenas quando os aspectos narcisistas contribuem de modo significativo para o funcionamento antissocial, reforçando características ligadas ao autoamor patológico, excessiva autorreferência, egocentrismo e grandiosidade, ausência de empatia, excessiva necessidade de admiração e tendência à exploração nas interações com os demais (APA, 2002).

Por outro lado, a intensa suscetibilidade de Pedro às circunstâncias ambientais e o padrão invasivo de instabilidade nas relações, autoimagem e afeto sugerem elementos que vão além da descrição do TPAS. A intensa impulsividade e superficialidade, ligada a sentimentos de vazio crônico e reatividade de humor, não aliviados por períodos de satisfação e bem-estar; a recorrência de gestos suicidas, comportamentos automutilantes e sintomas dissociativos transitórios diante de estressores agudos, relacionados a situações de abandono, são todas evidências sugestivas da presença de traços importantes de transtorno de personalidade borderline (TPB).

Porém, muitos dos aspectos afetivos atribuídos à sobreposição dos diagnósticos do eixo II, do DSM-IV-R, aspectos estes que diante de estressores significativos podem levar a reações transitórias de características psicóticas, tendem a demandar pelo exame de outros diagnósticos diferenciais. Destacam-se, neste caso, os diagnósticos do Eixo I, associados ao humor, à impulsividade e ao abuso de substâncias. Desde a infância, Pedro fez uso abusivo de diversas substâncias, o que contribuiu para potencializar comportamentos irresponsáveis, complicações legais e fracasso escolar. A literatura atual tem produzido evidências da correlação entre o abuso de drogas e outros transtornos psicopatológicos, tais como, transtorno depressivo maior, transtorno bipolar (Elbreder, Laranjeira, Siqueira, & Barbosa, 2008), transtorno de conduta (Biederman et al., 2008) e, entre os transtornos de personalidade, encontra-se especialmente o TPAS (Chapman & Cellucci, 2007).

É necessário ter em mente que os comportamentos antissociais, em si mesmos, em geral, podem emergir na presença de diversos quadros psicopatológicos e estruturação psicossocial, aumentando a relevância da compreensão psicodinâmica e estrutural subjacente para a adequada caracterização diagnóstica. Em pacientes como Pedro, as limitações esperadas da categorização dos transtornos, típicas do diagnóstico clínico baseado em classificações diagnósticas descritivas, reforçam a importância de que os diagnósticos sejam sempre reavaliados e ampliados para outros níveis, além dos sinais e sintomas evidentes.

2. Diagnóstico Psicopatológico Dinâmico

Fundamentado na psicopatologia psicanalítica, o diagnóstico psicodinâmico visa identificar diversos tipos de conflitos intrapsíquicos e interpessoais, conscientes ou inconscientes, bem como ansiedades e mecanismos defensivos subjacentes à queixa que motivou a intervenção (Fiorini, 1986). Os sintomas são explorados psicodinamicamente, permitindo uma visão ampla e aprofundada da inter-relação de traços de caráter, manifestações sintomáticas, defesas e conflitos.

Sob a perspectiva psicodinâmica, Kernberg (1995) aponta que os pacientes com TPAS quase sempre têm um funcionamento muito primitivo e narcisista, que se mantém inflexível. Em casos complexos, como o de Pedro, é comum a presença de comportamento antissocial que se associa e se mistura a componentes passivo-espoliativos (mentiras, roubos, manipulações), comportamentos agressivos que envolvem tanto características sádico-paranoides (agressões, violência física e assalto com armas) quanto persecutórias e autodirigidas (tentativas de suicídio e autoagressões).

Podemos observar que a internação hospitalar de Pedro, devido aos autoataques durante o cumprimento da MSE, com privação de liberdade, evidencia a imensa dificuldade para lidar com afetos mais intensos, diante da impossibilidade de manipular livremente a realidade. Há a emergência de importantes distorções, tanto das representações do *self* quanto dos objetos, que o impedem de estabelecer genuínas relações de dependência e cuidado. Constata-se, assim, que, em Pedro, há o predomínio de conflitos pré-edípicos e defesas dissociativas que denunciam relações objetais parciais, idealizadas e inconstantes. Indicam, portanto, dificuldades nas relações objetais precoces sobre as quais se estrutura a personalidade e a identidade.

Conforme o relato da história pregressa, pode-se inferir que a imaturidade dos pais adolescentes e a dinâmica familiar vivenciada teve impacto significativo nos estágios iniciais do desenvolvimento de Pedro. As primeiras evidências de problemas no desenvolvimento afetivo e relacional de Pedro, caracterizadas como problemas de externalização, foram negadas ou minimizadas pelo contexto familiar. Em problemas de externalização, há um predomínio das reações impulsivas e de descarga dos impulsos (não parava quieto, não tolerava frustração, agredia, fazia birra, brigava com outras crianças) que, em geral, precedem os comportamentos antissociais.

O surgimento das primeiras ideações suicidas e comportamentos transgressores e autodestrutivos denunciam a incapacidade de lidar com afetos intensos, sendo expressão de um ego frágil e regredido diante de um superego não amadurecido. Muito mimado pela família, Pedro teve oportunidade de experimentar um ambiente interno bom durante os estágios iniciais de seu desenvolvimento emocional (conforme Winnicott, 1990; 1999). Porém, isso não o preparou para enfrentar situações de perda e frustração. A família, ao mesmo tempo em que identificava Pedro como uma criança "difícil", também o superprotegia e mimava excessivamente, evidenciando um funcionamento ambivalente, confundidor, com dificuldade de impor limites claros, protetores e continentes, deixando-o exposto a todo tipo de excesso pulsional.

É possível, então, que uma retirada ou mudança repentina dos cuidados e atenção aos quais a criança estava acostumada, assuma, em seu psiquismo ainda imaturo, uma conotação traumática (Winnicott, 1999). Essa vivência traumática, muitas vezes, não é visível a olho nu, nem se estabelece em ambientes "maus", podendo ocorrer a partir de situações cotidianas, como uma mudança de humor da mãe ou o nascimento de outro filho. Podemos inferir que a insegurança e a dor pela perda do lugar especial de único filho e neto, possivelmente, foram experimentadas de forma traumática por um menino acostumado a ser atendido prontamente, invadindo-o de sentimentos contrataditórios, que o levaram a desejar estar junto à família de modo idealizado, mas também ao desejo de vê-los distantes e separados. A tendência antissocial inicial surgiria como um recurso para canalizar os impulsos ambivalentes e agressivos e para buscar atenção e contenção externa. Porém, aquilo que, inicialmente, na visão de Winnicott (1999), poderia ser uma oportunidade de recuperar o amor da mãe e o limite continente do pai, integrando os aspectos dissociados de seu funcionamento, acabou por confirmar a sensação de desamparo de Pedro, diante das respostas agressivas e desorganizadas do ambiente, cristalizando defesas antissociais.

Ao deparar com situações reais de crescimento, portanto, de limites e exigências, Pedro reagiu de modo a evidenciar suas dificuldades afetivas. Os primeiros furtos ocorreram diante do nascimento de seu primeiro irmão e de seu ingresso na escola, situações em que tendem a emergir sentimentos conflituosos, como o temor à perda do controle onipotente e do objeto amoroso, baixa tolerância à frustração, confronto com a realidade e com aimpossibilidade de resgatar os pais idealizados.

Nesse contexto, a produção de *acting out* é esperada e é comum que as expectativas realistas ou proibições, por parte dos pais, tendam a ser desvalorizadas ou transformadas em ameaças persecutórias. Nesse sentido, Rosenfeld (1971/1990) aponta como, sob o domínio do narcisismo maligno, as anteriores relações objetais são dramaticamente transformadas e desvalorizadas, fomentando uma relação de submissão sádica dos objetos internalizados (e potencialmente bons) a um *self* integrado, porém, cruel e onipotente. Cria-se, assim, um *self* patológico grandioso e sádico sobre o que deveriam ser apenas os componentes sádicos do superego que, em situações normais, evoluiriam com a maturidade. Esse *self* "anormal" luta contra a internalização de elementos mais realísticos do superego, experimentando objetos externos como onipotentes e cruéis. Desse modo, o esforço real das figuras de autoridade, para convocarem uma adequação às regras sociais, teria que enfrentar um ataque onipotente, necessitando ser cuidadosamente planejado.

A situação familiar confusa e ambivalente, decorrente da imaturidade parental e dos conflitos intrafamilires, possivelmente, favoreceu a vivência de objetos internalizados como onipotentes e cruéis. Esses objetos tanto poderiam levar a um comportamento de submissão, quanto poderiam levar à subsequente identificação com eles, repetindo seu funcionamento destrutivo. Segundo Kernberg (1995), a identificação com figuras experimentadas como agressoras gera um ilusório sentimento de poder, que afasta os medos e gera a sensação de que a única forma de relacionar-se com os outros é por meio da gratificação da própria agressão. Um ego frágil e debilitado, que não consegue tolerar uma carga grande de ansiedade, pode então negar o valor das relações afetivas, desenvolvendo uma conduta autossuficiente, manifesta em comportamentos como mentir, roubar, manipular e usar drogas.

A presença de elementos narcisistas de personalidade, em oposição à personalidade antissocial propriamente dita, segundo Kernberg (1995), pode ser reconhecida no comportamento antissocial que envolve sadismo egossintônico ou agressividade ligada a aspectos de caráter e tendências paranoides. Nesses casos, o sadismo egossintônico se expressa na forma de necessidade de autoafirmação agressiva ou de tendências suicidas crônicas, como se percebe em Pedro. Embora na literatura, frequentemente, as reações suicidas em geral em geral sejam apontadas como tendo um caráter manipulador nas estruturas antissociais e psicopáticas, os resultados de alguns estudos encontraram correlações positivas entre tais estruturas e suicídio, especialmente entre as mulheres (Gretton, Hare, & Catchpole, 2004; Sevecke, Lehmkuhl, & Krischer, 2008). Tais tendências, porém, em vez de fazerem parte de um processo depressivo legítimo, emergem de crises emocionais sem depressão, em que há a fantasia de superioridade e triunfo sobre o medo característico da dor e da morte (Kernberg, 1995). Como no caso de Pedro, as tentativas de suicídio, em fantasia, podem representar uma forma de exercer controle sádico sobre os demais ou afastar-se de situações das quais se sente incapaz de controlar.

É possível supor, então, que as agressões dirigidas ao próprio corpo, antes de representarem ataques do superego, evidenciam uma intensa autodestrutividade baseada na agressão primitiva e na falta de desenvolvimento das estruturas intrapsíquicas e do próprio superego. Essa destrutividade difusa cria uma ilusória sensação de poder e autonomia para o indivíduo, que, em casos menos graves, pode representar uma tentativa de controle sobre o ambiente e de manifestação de culpa nas outras pessoas. (Kernberg, 1995). Porém, em casos como o de Pedro, a autodestrutividade se manifesta diante de situações que sustentam a possibilidade real ou imaginária de perda da sensação de grandiosidade, o que, em sua percepção, geraria humilhação ou fracasso. A suposta sensação de triunfo sobre qualquer temor ou dor estaria encarregada, assim, de restabelecer a sensação de grandiosidade, além de demonstrar a própria superioridade diante da reação de choque ou desconforto experimentados por quem presencia as automutilações. É como se Pedro dissesse a si mesmo que é forte e poderoso por vivenciar as automutilações, o que pode ser constatado no seu discurso: "Gosto de ver meu sangue escorrendo; se pudesse, enchia um balde com meu sangue e derramava sobre meu corpo".

Os mecanismos defensivos utilizados por Pedro são, então, essencialmente primitivos: dissociação, identificação projetiva, idealização, negação primitiva (baseada na cisão e não na repressão). Kernberg (1995) lembra que a identificação primitiva pressupõe alguma capacidade de diferenciar *self* e não *self* e alguma capacidade de simbolização, ainda que insuficientes. Essas condições podem ter sido constituídas, em Pedro, a partir das primeiras relações objetais que lhe propuseram gratificações ilimitadas, fomentadoras de um desejo de fusão contínuo. Desse modo, a identificação projetiva é essencial como mecanismo defensivo diante da dor psíquica intolerável e, ao mesmo tempo, serve para manter a cisão entre os estados totalmente bons ou totalmente maus. O enfraquecimento da capacidade de diferenciar *self* e não *self* permite que Pedro possa sentir o que é internamente insuportável como algo vindo da realidade externa.

Assim, as situações de agressão reais repetidamente buscadas na figura paterna, em parte, dissimulam os ataques originalmente dirigidos aos objetos de amor, preservando também a dissociação entre a mãe boa e doente e o pai mau e poderoso.

Ao lado dos mecanismos de identificação projetiva, podemos mencionar, também, os de identificação adesiva (Bick, 1968), visíveis por meio da simulação inconsciente, que tem algo de caricatural, indicativo da superficialidade da vida emocional. Nesse sentido, Pedro tendia a adquirir os hábitos, trejeitos e características de personalidade das pessoas que se tornavam significativas para ele, como se observou durante a internação psiquiátrica. Pedro se comportava da mesma forma que o personagem de Woody Allen (1983), no filme Zelig, um "homem-camaleão", dotado do poder de modificar a aparência para agradar as outras pessoas. Denota-se, assim, a presença do que Kernberg (1995) estabeleceu como um dos principais critérios para o diagnóstico das organizações borderline: a difusão da identidade.

3. Diagnóstico Evolutivo

Baseado nos processos de desenvolvimento relacionados ao ciclo vital, o diagnóstico evolutivo permite identificar a adequação do indivíduo às etapas evolutivas, em termos de maturidade, conflitos e ansiedades esperados (Fiorini, 1986).

Pedro encontrava-se cronologicamente no período da adolescência. Porém, havia déficits presentes desde a infância, que se estabeleceram a partir dos mecanismos de introjeção e identificação, associados aos processos de individuação-separação. Esses são processos pré-edípicos que repercutem sobre a construção da identidade e interferem em todo o desenvolvimento posterior. Em termos evolutivos, Pedro apresentava limitações no desenvolvimento emocional e psíquico que se manifestavam, sobretudo, na qualidade de suas relações objetais expressas em um funcionamento infantil. Aquilo que deveria corresponder à vivência de expectativas e atitudes realistas por parte das figuras parentais, ao lhe imporem limites e responsabilidades, de algum modo, foi desvalorizado ou transformado em experiências persecutórias.

Para alguns teóricos, a cada etapa do ciclo vital, o indivíduo cresce não apenas a partir das exigências internas de seu ego, mas também sob a influência das exigências do meio em que vive. Nessa perpectiva, os conflitos básicos da adolescência se relacionam com a busca pela identidade em oposição à confusão de papéis (Erikson, 1987). A procura pela identidade seria um processo saudável, que leva à consciência de quem se é e de para onde se está indo, gerando, aos poucos, um senso de identidade que se mantém contínuo. Porém, a preocupação do adolescente em encontrar um papel social provoca também uma confusão de identidade. Essa confusão, quando não resolvida, pode levar o adolescente a sentir-se vazio, ansioso e incapaz de se encaixar no mundo adulto, o que pode, muitas vezes, levar a um funcionamento regressivo, que não se adequa à evolução esperada. Essa ideia se associa à de difusão da identidade, na qual há uma incapacidade para desenvolver uma consciência coesa de si mesmo, o que pode refletir na não consolidação das relações objetais totais durante a integração da identidade, como sugere Kernberg (1995).

A difusão da identidade se manifesta especialmente na adolescência, período em que o superego, em vez de desenvolver-se, mantém-se fixo em seus precursores, levando a uma descrição caótica do *self*, que torna difícil a autodefinição (Kernberg et al., 2003). Essa limitada integração levava Pedro a não ver a si mesmo e aos outros como imagens totais, capazes de conter aspectos bons e maus, mas à vivência de relações parciais e excludentes entre si, as quais oscilavam entre a percepção de serem totalmente boas ou totalmente más.

4. Diagnóstico Estrutural (Adaptativo e Prospectivo)

Esse diagnóstico busca avaliar o estado das capacidades egoicas do indivíduo e o ajustamento destas ao grau de exigências a que é confrontado, levando-se em conta o funcionamento possível, a partir da estrutura psíquica existente. Observa-se, também, se há um projeto de vida, consciente ou inconsciente, que justifique os comportamentos manifestos, considerando as suas distorções e as condições reais de viabilização desse projeto (Fiorini, 1986).

Em geral, independentemente do diagnóstico clínico descritivo baseado nos sintomas, a estruturação econômica e dinâmica do aparelho psíquico determina diferentes níveis de funcionamento psíquico: neurótico, borderline ou psicótico. Esse funcionamento envolve o equilíbrio entre as condições do ego, os impulsos do *id* e a força do superego. A integração ou dissociação dessas estruturas depende dos impulsos e das defesas, em associação às relações objetais internalizadas, refletindo-se no caráter e nos vínculos interpessoais.

Entendemos, assim, que é fundamental distinguir a estruturação neurótica de personalidade da estruturação borderline, tendo em vista que as estruturas psicóticas são mais facilmente reconhecidas. Essas estruturas se diferenciam entre si por diversos elementos: (1) grau de integração da identidade; (2) tipos de operações defensivas empregadas; (3) e capacidade para a prova de realidade, isto é, para discernir o interno do externo ao *self* (Kernberg,1984). Em uma perspectiva estrutural, nos neuróticos, os conflitos inconscientes são essencialmente de natureza intersistêmica, organizados a partir de um aparelho psíquico tripartite bem constituído e definido. Já nas patologias graves com funcionamento borderline, os conflitos são predominantemente intrasistêmicos, focados nas relações internalizadas, estas constituídas de modo não integrado, e ancorados em mecanimos de cisão (Fenichel, 1981; Kernberg, 1995).

O estado básico do ego de indivíduos como Pedro, definidos por Kerberng (1995) como portadores de uma organização de personalidade borderline, é caracterizado por um sentimento cronificado de vazio, evidenciado pela incapacidade de aprender e relacionar-se, pela busca voraz por estímulos e pelo sentimento difuso de que a vida não tem sentido. O desenvolvimento do ego, no funcionamento borderline, caracteriza-se pela presença de impulsos do *id* que foram mais dissociados do que reprimidos, dificultando os processos de integração e as relações interpessoais totais.

Em Pedro, o superego apresenta-se debilitado e severo, o que fica claro em seu sentimento de culpa em relação à separação dos pais, na baixa autoestima falsamente engrandecida, nas oscilações de humor e atitudes autodestrutivas. Um superego imaturamente integrado produz dificuldades para experimentar tristeza autorreflexiva, gerando alterações constantes de humor, juntamente com um sistema de valores muito imaturo, que valoriza mais a visibilidade e admiração do que a capacidade, a realização e os ideais.

Em uma estrutura borderline, o funcionamento psíquico apresenta difusão da identidade e utilização de mecanismos de defesa muito primitivos, embora o teste de realidade esteja preservado na maior parte do tempo. Mais tarde, essa difusão se amplia envolvendo também a sexualidade. Há uma quase incapacidade para estabelecer relações objetais, podendo-se distinguir, mesmo nos transtornos associados à personalidade antissocial, subgrupos capazes de relações interpessoais não espoliativas e duradouras, ainda que inadequadas, daquelas que apresentam uma marcante tendência à ausência de empatia e culpabilidade.

5. Diagnóstico Grupal

Esse diagnóstico propõe-se a investigar as dinâmicas grupais que se associam aos conflitos existentes, estabelecendo relações entre os dinamismos do grupo e os intrapsíquicos, estes ativados ou potencializados na interação grupal. Envolve os papéis estereotipados, os fenômenos de depositação de características em determinado membro, os mitos e expectativas reais, imaginárias ou fantasmáticas reativadas no sujeito, os mecanismos de homeostase grupal em situações de estresse e a inclusão do distúrbio do indivíduo nas redes de significado que constituem a história do grupo (Fiorini,1986).

As instituições e grupos sociais representadas pela família, escola e, mais tarde, pelo sistema judiciário e de saúde evidenciam grandes limitações para conter a desorganização, a imaturidade e a psicopatologia de jovens como Pedro. No grupo familiar, diversos comportamentos que poderiam ter sido oportunidades para reflexão, *insight* e reorganização psicossocial, acabaram sendo apenas a confirmação de uma relação conturbada, indiferenciada e agressiva, revelando a vulnerabilidade de todos os envolvidos. Há manejos parentais inapropriados que pretendiam a repressão das condutas sintomáticas, por meio de medidas coercitivas e dissociativas, potencializadoras de mais agressão. Os estudos apontam que o efeito das práticas parentais ineficazes é favorecer inúmeras interações diárias, nas quais os membros da família, involuntariamente, acabam reforçando o comportamento coercitivo e os problemas de conduta da criança (Capaldi, Chamberlain & Patterson, 1997).

Quando se evidenciou a necessidade de maior contenção e acolhimento familiar diante dos primeiros roubos, a fragilidade parental revelou-se de modo explícito por meio da pouca capacidade para lidar com as demandas de Pedro. As figuras parentais, possivelmente imaturas para assumir as responsabilidades da maternidade e da paternidade, recorriam frequentemente ao suporte familiar, o qual era, em geral, oferecido de modo intrusivo, comprometendo a já frágil autoridade parental.

Há projeção de muitos conflitos familiares no comportamento de Pedro, o qual, devido a seu próprio funcionamento indiscriminado, correspondia a essa imagem de filho problema. Por outro lado, as vivências superegoicas persecutórias induzem a experiências grupais que oferecem alguma forma de contato com líderes carismáticos, a quem o indivíduo busca "imitar", em vez de construir a própria identidade. Essas características são típicas dos fenômenos já referidos de difusão da identidade e, frequentemente, são encontradas nas "gangues" formadas por pares (Kernberg et al., 2003).

Adolescentes e crianças com funcionamento antissocial tendem a estabelecer amizades de modo peculiar, devido às limitações associadas às relações objetais que se manifestam nos comportamentos coercivos, não empáticos e enganadores, dirigidos aos pares. É, portanto, mais confortável para esses jovens se associarem a outros pares delinquentes ou a pessoas mais vulneráveis, porque com estes a exploração e manipulação habitual, que os caracterizam e que interfere muito no desenvolvimento de relações de amizade normais, é compensada. Porém, quando isolados de ambientes grupais, impossibilitados de exercer a costumeira sedução para obter vantagens, estes jovens tendem a manifestar reações micropsicóticas episódicas (Kernberg et al., 2003).

Nesse contexto, o grupo de pares desviantes torna-se convidativo para a manutenção dos comportamentos antissociais, mesmo que esses vínculos não sejam determinantes para os atos infracionais (Lotz & Lee,1999). Os delitos cometidos por Pedro, em geral, envolviam outros adolescentes com os quais desenvolveu uma relação que, momentaneamente, pode ser sentida como de pertencimento. A afiliação com pares desviantes é um fator que vem sendo mais estudado em relação aos Transtornos de Conduta e TPAS, tendo em vista sua relevância no início e manutenção dos comportamentos delinquentes (Crosnoe, Erickson, & Dornbusch, 2002; Monahan, Steinberg, & Cauffman, 2009; van Lier & Koot, 2008).

6. Diagnóstico Psicossocial

Esse nível de diagnóstico define relações entre valores e ideologias sociais com a problemática que atinge o indivíduo (Fiorini, 1986). Já sabemos que os comportamentos antissociais na infância e na adolescência estão diretamente, mas não exclusivamente, associados aos diversos fatores psicossociais, tais como: ser do sexo masculino, receber cuidados maternos e paternos insuficientes ou inadequados, conviver com a discórdia conjugal, ter pais agressivos ou violentos, existência de doença mental materna, relação com pares transgressores, residir em áreas urbanas e ter níveis socioeconômicos mais baixos (Bordin & Offord, 2000; Loeber, 1990; Loeber, Slot & Stouthamer-Loeber, 2008).

As inserções institucionais que o indivíduo realiza e o modo como essas instituições exercem influência sobre a sua realidade pessoal também se incluem nesse nível (Fiorini,1986). Para

Pedro, foi diante da perda efetiva do papel familiar que lhe conferia exclusividade e livre trânsito entre os adultos, com o ingresso na escola e o nascimento do irmão, que os conflitos extrapolaram a dinâmica familiar, sendo abertamente evidenciados em diversos outros contextos sociais. De acordo com Winnicott (1999), a sensação de privação ou a perda real de um ambiente gratificador (anteriormente experimentado como bom) seriam desencadeantes do comportamento antissocial. Do ponto de vista psicodinâmico, ao não encontrar na família a reação esperada, a criança tende a reagir intensificando algum comportamento incômodo e provocador, buscando inicialmente ser percebida, na esperança de obter acolhimento. Se o meio familiar não atende a essa expectativa, a criança irá tentar buscá-la fora do meio familiar, sendo a ausência de esperança o maior motivador da cristalização desses comportamentos.

Além disso, a vivência de situações de maus-tratos e violência intrafamiliar é reconhecidamente um fator relevante na transmissão de comportamentos violentos. Ainda se discute, porém, em que medida a influência da experiência e a influência de aspectos constitucionais contribuem para a transmissão da violência familiar (Patrick & Vaidyanathan, 2011).

Após a repetição constante de situações de infração legal, Pedro encontrou ainda mais dificuldades para romper o círculo vicioso que o levava às constantes entradas e saídas na FASE. A ausência de condições adequadas de suporte e acompanhamento ao egresso é apontada como outro fator que contribui para a manutenção do comportamento transgressor (Davoglio & Gauer, 2011; Silva & Gueresi, 2003).

7. Diagnóstico Comunicacional

Esse diagnóstico foca-se no modo típico de comunicação do indivíduo, levando em conta o estilo comunicacional próprio de cada estrutura de personalidade e de cada grupo a que pertence. Considera, assim, as modalidades e distorções na emissão e recepção de uma informação (Fiorini, 1986).

É bastante comum que os adolescentes se comuniquem tanto com linguagem verbal quanto não verbal. No entanto, é esperado que, com o desenvolvimento psicossocial, adquiram um predomínio gradual da comunicação verbal. A comunicação não verbal envolve dramatizações com conteúdo simbólico e manifestações por meio da conduta, contendo elementos de comunicação pré-verbal, sendo frequente na adolescência sob a forma de *acting out*, devido à emergência maciça dos núcleos primitivos durante o processo de identificação que caracteriza esta etapa evolutiva.

Nas estruturas neuróticas, as comunicações não verbais tendem a atenuarem-se com o desenvolvimento de uma capacidade maior de transformar a liberação direta da pulsão em pensamento, o que não costuma ocorrer nas estruturas borderline, que se mantém em um nível pré-verbal. Então, quando o *acting out* é utilizado de forma intensa e repetida, pode servir como um alerta para uma personalidade com alto risco de se estruturar de forma psicopatológica. Na história de Pedro, as atuações mostraram-se como sendo o modo predominante de comunicação, expressas, por exemplo, pelos comportamentos antissociais e pelas automutilações, denunciando a capacidade simbólica pouco desenvolvida ou regredida a estados mentais em que a via motora é o meio maior de expressão dos afetos. Nesse sentido, sua forma de comunicação confirma as hipóteses diagnósticas já discutidas.

A literatura aponta como a linguagem de adolescentes e crianças que manifestam características de TPAS é desprovida de qualidade afetiva e dissociada do seu conteúdo formal. As verbalizações servem mais para desviar a atenção do que, de fato, para comunicar, produzindo um jogo de adivinhações e clonagens que apenas envolvem o outro, minimizando o real contato com questões sérias e responsabilidades (Kernberg et al., 2003).

8. Diagnóstico de Potenciais de Saúde

Este busca identificar recursos intrapsíquicos, tais como capacidade de *insight*, associação, autocontrole, flexibilidade, tolerância à frustração, criatividade, sublimação, entre outros. Aqui, também, podem ser incluídos os fatores de proteção e suporte social disponíveis, fundamentais para o planejamento de estratégias de intervenção (Fiorini,1986).

Pedro demonstrou que o ambiente exercia grande influência sobre seus estados mentais, o que é bastante esperado nas estruturas com funcionamento borderline. A tendência a desenvolver identificações adesivas, ao mesmo tempo em que evidencia seu funcionamento psicopatológico, também mostra a importância de uma rede de suporte social que ofereça modelos saudáveis com os quais o jovem possa interagir de modo mais integrado. Embora haja a cristalização de muitos aspectos do funcionamento de Pedro, há diversos autores que tendem a apontar para o fato de que algumas distorções do *self* podem não ser irreversíveis, ainda que sejam de difícil mudança. As limitações na capacidade de *insight* de Pedro, típicas do funcionamento egossintônico e psicopatológico, geram dificuldades adicionais a serem enfrentadas. A possibilidade de criar alguma narratividade dos próprios pensamentos e sentimentos, decorrentes da capacidade de mentalizar (Bateman & Fonagy, 2010), associada ao controle da impulsividade, pode reduzir, especialmente, a tendência a atuações maciças.

No caso de Pedro, chegar a esse ponto já representaria um importante benefício terapêutico. Nota-se que a internação e o uso de medicação foram medidas experimentadas pela primeira vez com Pedro, tendo alguns resultados positivos, ainda que não se tenha um acompanhamento longitudinal posterior que dê informações adicionais de sua evolução.

9. Diagnóstico da Problemática do Corpo

Esse nível de diagnóstico busca o mapeamento de implicações relacionadas ao corpo e ao funcionamento biológico. É relevante para a definição de intervenções interdisciplinares e implicações de comorbidades e déficits orgânicos (Fiorini,1986).

Comportamentos antissociais e questões diagnósticas

No caso de Pedro, a utilização de medicação psiquiátrica mostrou-se um importante recurso para suprir aspectos biológicos possivelmente envolvidos em seu funcionamento. O uso de diversas substâncias sem nunca desenvolver uma dependência "florida" aponta para a possibilidade de Pedro utilizar as drogas de uma forma diretiva. Ou seja, na ausência da medicação, o controle da impulsividade e da ansiedade poderia ser buscado por conta própria, por meio do abuso de drogas e medicamentos diante de uma incapacidade de obter domínio sobre os mesmos. Suspeita-se, então, da presença de vulnerabilidades ou déficits de ordem biológica, o que parece coerente com o comportamento observado.

Na descrição da família, Pedro era uma criança que estava sempre "aprontando" (não parava quieto, não tolerava frustração, agredia, fazia birra, brigava com outras crianças), o que poderia estar não apenas ligado com questões comportamentais e de disciplina, mas com um funcionamento hiperativo não incomum na história pregressa de portadores de TPAS e TC. Na atualidade, as pesquisas buscando associação entre esses quadros clínicos e fatores neurobiológicos ainda são incipientes, mas podem contribuir significativamente para os avanços diagnósticos e terapêuticos.

10. Diagnóstico do Vínculo Terapêutico

De acordo com Fiorini (1986), esse nível faz considerações acerca da capacidade de vinculação e de estabelecimento de aliança terapêutica, levando em conta a realidade atual e as experiências prévias. Envolve a adesão às intervenções de modo amplo, desde a conscientização dos problemas, a capacidade de manter e estabelecer um contrato terapêutico, até a capacidade de mudança e de envolvimento e responsabilidade nessas modificações. Em indivíduos como Pedro, a fluidez da transformação dos afetos em atuações é um importante obstáculo para a manutenção de vínculos, inclusive o terapêutico, criando uma espécie de intimidade ilusória. Esses *acting out* são também entendidos como mecanismos defensivos maníacos, por meio dos quais Pedro lutava contra sentimentos que lhe despertavam intenso sofrimento e dor.

No entanto, durante a internação hospitalar, com a diminuição das ansiedades persecutórias e a constância de um ambiente receptivo e organizado, a possibilidade de aproximação afetiva de Pedro expandiu-se consideravelmente. Mas seus sentimentos de triunfo eram evidentes tanto quanto eram evidentes suas projeções no sentido de que o vazio, o fracasso e a dor ficassem com a equipe de saúde. Esse funcionamento é característico de estruturas que utilizam intensamente mecanismos de defesa dissociativos e projetivos, o que os remete a um contínuo ciclo de idealização e desvalorização nas relações interpessoais.

Os obstáculos para o tratamento de pessoas como Pedro se justificam, em boa parte, no próprio funcionamento psicopatológico da personalidade, interferindo direta e negativamente no tratamento. Características como desconfiança, manipulação, fuga de intimidade real, dificuldade de trabalhar com metas a longo prazo, dificuldade de pensar nas consequências de suas ações antes de agir e desonestidade típica são questões que têm grande implicação na capacidade de construir uma aliança terapêutica colaborativa. No entanto, a adequada identificação diagnóstica de suas limitações e necessidades é fundamental para oferecer intervenções que amenizem o sofrimento e promovam respostas interacionais mais saudáveis, ainda que limitadas. Às vezes, apenas a capacidade do terapeuta de conter, receber e assimilar os impulsos provindos do sujeito já possui, em si, valor terapêutico, talvez mais efetivo, em um primeiro momento, do que uma interpretação verbal ou medicamentosa. É algo semelhante ao que uma mãe tranquila e acolhedora pode oferecer ao aconchegar ternamente seu bebê que se mostra incoerente e agitado frente a algum desconforto interno e desconhecido que parece atacá-lo.

Considerações Finais

O exercício de compreensão psicodiagnóstica realizado, não pretende de modo algum negligenciar ou negar os atuais estudos empíricos envolvendo o comportamento antissocial que vêm trazendo importantes contribuições científicas. Porém, a articulação e o diálogo entre ampla gama de conceitos e teorias, clássicas e atuais, que ajudem a melhor compreender o funcionamento de jovens como Pedro é um recurso necessário e acessível à clínica. Nesses transtornos, questões etiológicas de base ainda não estão suficientemente elucidadas, a ponto de não se saber em que proporção questões biopsicossociais influenciam-se mutuamente para que resulte a presença de determinados quadros, como transtorno de conduta, transtorno de personalidade antissocial e psicopatia (esta como descrita por Forth, Kosson & Hare, 2003; Hare, 2003; Hare & Neumann, 2006). Por exemplo, é possível que boa parte dos adolescentes em conflito com a lei apresente déficits no processamento de informações afetivas e sociais, mas ainda não é possível determinar o quanto estes se devem a fatores biológicos de fundo constitucional e/ou a fatores psíquicos decorrentes da interação relacional precoce, sendo bem provável que a interação desses fatores produza uma alquimia mais significativa do que ambos produziriam isoladamente.

Para além de debates que busquem a exclusividade da etiologia de transtornos que implicam em comportamentos antissociais graves, o mais importante é que não se perca de vista o elemento essencial dessa questão, representado pelo próprio sujeito. Desse modo, todos os possíveis fatores associados à produção de violência, delinquência e problemas mentais devem ser considerados relevantes, independentemente das abordagens teóricas, e incluídos nas investigações empíricas, especialmente àquelas relacionadas às populações jovens. A integração de diferentes diagnósticos, sem desconsiderar a complexidade que constitui cada pessoa, pode também abrir caminho para intervenções mais enriquecidas. Porém, a coexistência de abordagens que atendam às diversas demandas subjacentes à realidade de jovens transgressores ainda é rara e contribui para limitar a eficácia obtida nos procedimentos dirigidos a esta população.

Referências

Associação Psiquiátrica Americana (APA; 2002). *Manual Diagnóstico e Estatístico de Transtornos Mentais.* Texto Revisado – DSM-IV-TR. (4ª ed.) Porto Alegre: Artmed.

Bateman, A. & Fonagy, P. (2010). Mentalization based treatment for borderline personality disorder. *World Psychiatry,*9 (1), 11-15.

Bick, E. (1968). The experience of the skin in early object-relations.*Int.J. Psycho-Anal.* 49 (2-3): 484-6.

Biederman, J., Petty, C. R., Dolan, C., Hughes, S., Mick, E., Monuteaux, M. C., & Faraone, S. V. (2008). The long-term longitudinal course of oppositional defiant disorder and conduct disorder in ADHD boys: findings from a controlled 10-year prospective longitudinal follow-up study. *Psychological Medicine,* 38(7), 1027-1036.

Bordin, I.A.S., & Offord,D.R. (2000).Transtorno de Conduta e Compotamento Antissocial. *Revista Brasileira de Psiquiatria,* 22 (2), 15-5.

Capaldi, D., Chamberlain, P., & Patterson, G. (1997). Ineffective discipline and conduct problems in males: Association, late adolescent outcomes and prevention. *Aggression and Violent Behavior,* 2, 343-353.

Chapman, A. L., & Cellucci, T. (2007). The role of antisocial and borderline personality features in substance dependence among incarcerated females. *Addictive Behaviors,* 32(6), 1131-45.

Crosnoe, R., Erickson, K. G.,& Dornbusch, S. M. (2002). Protective functions of family relationships and school factors on the deviant behavior of adolescent boys and girls.*Youth & Society,* 33(4): 515-44.

Davoglio, T.R., & Gauer, G.J.C.(2011). Adolescentes em conflito com a lei: aspectos sociodemográficos de uma amostra em medida socioeducativa com privação de liberdade. Conextos Clínicos , 4 (1) (in press). *Contextos Clínicos,* 4(1),42-52. doi: 10.4013/ctc.2011.41.05

Erikson, E. H.(1987). *Identidade, Juventude e Crise.* (2ª Ed.) Rio de Janeiro: Guanabara.

Gretton, H., Hare, R.D., & Catchpole, R. (2004). Psychopathy and offending from adolescence to adulthood: A 10-year follow-up. *J Consult Clin Psychol,* 72:636-45

Fenichel, O. (1981). *Teoria psicanalítica das neuroses.* Rio de Janeiro: Atheneu.

Fiorini, H.J.(1986). *Estruturas e abordagens em Psicoterapias.* Rio de Janeiro: Francisco Alves Editora.

Forth, A. E., Kosson, D. S., & Hare, R. D. (2003). *The Hare Psychopathy Checklist: Youth Version.* Toronto, Ontario: Multi-Health Systems.

Hare, R.D. (2003). *The Hare Psychopathy Checklist-Revised.* Toronto, ON, Canada: Multi-Health Systems.

Hare, R. D. & Neumann, C. S. (2006). The PCL-R assessment of psychopathy: Development, structural properties, and new directions. In C. Patrick (Ed.), *Handbook of Psychopathy* (pp. 58-90). New York: Guilford.

Kernberg, O.F. (1984). *Transtornos graves de la personalidad: estrategias psicoterapéuticas.* México, DF: Editorial El Manual Moderno.

Kernberg, O.F. (1995).*Agressão nos transtornos de personalidade e nas perversões*.Porto Alegre: Artes Médicas Sul.

Kernberg, P.F; Weiner, A. S., & Bardenstein,K.K. (2003).*Transtornos de personalidade em crianças e adolescentes*. Porto Alegre: Artmed.

Loeber, R. (1990). Development and risk factors of juvenile antisocial behavior and delinquency. *Clinical Psychology Review*, 10, 1-41.

Loeber, R., Slot, W., & Stouthamer-Loeber, M. (2008). A cumulative developmental model of risk and promotive factors. In: Loeber, R., Wim Slot, N., van der Laan, P.H. & Hoeve, M. (eds) (pp.133-63). *Tomorrow's Criminals: The Development of Child Delinquency and Effective Interventions*. England, UK: Ashgate Press.

Lotz, R. & Lee,L.(1999). *Sociability, school experience, and delinquency*.Youth & Society, 31(2): 199-223.

Monahan, K.C., Steinberg, L., & Cauffman, E. (2009). Affiliation with antisocial peers, susceptibility to peer influence, and antisocial behavior during the transition to adulthood. *Dev Psychol*, 45 (6):1520-30.

Organização Mundial da Saúde. (2007). *Classificação estatística internacional de doenças e problemas relacionados à saúde (CID-10)*. (10ª ed.) Porto Alegre: Artes Médicas.

Patrick, C. J., & Vaidyanathan, U. (2011). Coming to grips with the cycle of violence: A commentary on: 'Violent crime runs in families: a total population study of 12.5 million individuals' by Frisell et al. *Psychological Medicine*, 41: 41-5. doi:10.1017/S0033291710000760.

Rosenfeld, H. (1990). Uma abordagem clínica para a teoria psicanalítica das pulsões de vida e de morte: uma investigação dos aspectos agressivos do narcisismo. In: Spillius, E. B. (editor). *Melanie Klein hoje*. Rio de Janeiro: Imago, 17-29. (Originalmente publicado em 1971).

Sevecke, K.; Lehmkuhl, G., & Krischer, M. K. (2008). Examining relations between psychopathology and psychopathy dimensions among adolescent female and male offenders. *Eur Child Adolesc Psychiatry*, 18 (2), 85-95.doi: 10.1007/s00787-008-0707-7.

Silva, E.R. & Gueresi, S.(2003). *Adolescentes em conflito com a lei: situação do atendimento institucional no Brasil*. Brasília, Instituto de Pesquisa Aplicada e Econômica, IPEA/Ministério da Justiça.

Steiner, R. (1994).In Vienna ...veritas. *International Journal of Psychoanalysis*,75,511-573.

van Lier, P. A. C., & Koot, H. M. (2008). Peer relationships and the development of externalising problem behaviour. In: Loeber, R., Wim Slot, N., van der Laan, P.H. & Hoeve, M. (eds) (pp103-20). *Tomorrow's Criminals: The Development of Child Delinquency and Effective Interventions*. England, UK: Ashgate Press.

Widiger, T.A.,Livesley,W.J., &Clark, L.A. (2009). An Integrative Dimensional Classification of Personality Disorder.*Psychological Assessment*, 21,(3), 243–25.doi: 10.1037/a0016606

Winnicott, D.W. (1990). *O ambiente e os processos de maturação: estudos sobre a teoria do desenvolvimento emocional*. Porto Alegre: Artes Médicas.

Winnicott, D.W. (1999). *Privação e delinquência*. São Paulo: Editora Martins Fontes.

Woody, A. (1983). *Zelig*.EUA: Orion Pictures (Warner Bros).

CAPÍTULO 8

Agressão, delinquência e criminalidade: um enfoque sobre a realidade feminina

Tárcia Rita Davoglio[1]
Daniela Canazaro de Mello[2]

Na maioria das culturas, desde os primórdios da civilização, eram os homens que iam à caça de animais selvagens, travavam batalhas mortais, participavam de guerras e duelavam, conquistando territórios e domínios pelo uso da força e das armas. Historicamente, fomos acostumados a identificar e aceitar as condutas violentas, especialmente quando evidenciadas por meio de descarga motora agressiva, como um modo de expressão masculino, portanto, reconhecido como prática típica dos homens (Welzer-Lang, 2004). Desse modo, não é de estranhar que a delinquência e a personalidade psicopática sempre estiveram mais associadas à criminalidade, violência e agressão masculinas, tanto na literatura quanto no senso comum.

A literatura aponta que, ainda hoje, os homens praticam a violência e se envolvem com a criminalidade de modo mais substancial que as mulheres (Archer & Lloyd; 2002; Fundo das Nações Unidas para a Infância, 2009; Waiselfisz, 2010), sendo que no Brasil, por exemplo, mais de 90% das vítimas de homicídios são do sexo masculino. É também verdadeiro que a maior parte das conclusões acerca dessa temática está baseada em pesquisas realizadas com amostras preponderantemente masculinas (Dolan & Völlm, 2009). De modo geral, ou as mulheres figuram nessas pesquisas como subconjuntos dentro dos resultados globais voltados aos infratores

---

[1] Psicóloga/Psicoterapeuta. Doutoranda em Psicologia (Bolsista CAPES) do Programa de Pós-Graduação em Psicologia da Pontifícia Universidade Católica do Rio Grande do Sul (PUCRS). Mestre em Psicologia Clínica(PUCRS); Especialista em Psicoterapia Psicanalítica (UNISINOS); Perita em Avaliação Psicológica; Professora de Ensino Superior.

[2] Psicóloga. Doutoranda em Ciências Criminais do Programa de Pós-Graduação em Ciências da PUCRS. Mestre em Psicologia Clínica (PUCRS), especialista em Segurança Pública e Justiça Criminal (PUCRS).

do sexo masculino ou são excluídas por representarem interferências dentro das análises propostas, aumentando a dificuldade de acesso a dados consistentes com essa população (Odgers, Reppucci & Moretti, 2005).

Estamos, por outro lado, social e epidemiologicamente habituados a reconhecer as mulheres como vítimas da violência. De fato, a violência contra a mulher constitui um problema de saúde pública que no Brasil, segundo estimativas oficiais, causa mais mortes que muitas doenças como o câncer ou os acidentes de trânsito. Essa violência pode ser observada nos assassinatos, estupros, abusos físicos, sexuais e emocionais, prostituição forçada, violência racial, entre outras (Brasil, 2005). Contudo, as mulheres também ocupam o lugar de agentes de outras violências, talvez, com mais frequência do que se noticie, como nos atos de agressão indireta, social ou agressão relacional no contexto de relacionamentos íntimos.

A agressão pode assumir diversas manifestações que se interligam e se complementam. Porém, a maioria das pesquisas envolvendo comportamento violento e antiantissocial têm como parâmetro o ato violento e agressivo explícito e instrumental, deixando à margem toda diversidade de violência sob outras formas, mais suscetível de ser encontrada entre as práticas femininas (Dolan & Völlm, 2009). De fato, muitos estudos têm demonstrado que as meninas evidenciam significativos problemas relacionados a algum tipo de comportamento agressivo antes da adolescência (Crick, Grotpeter & Bigbee, 2002; Putallaz e Bierman, 2004; Coyne, Archer & Elsea, 2006), reforçando a relevância da atenção ao funcionamento que não envolve, necessariamente, agressão direta e instrumental para a compreensão da psicopatologia e psicodinâmica da violência na realidade feminina.

Em consonância, estudos apontam que a presença da população adolescente feminina no cenário forense cresce na proporção inversa em que o fenômeno é investigado (Porter, 2000). Na última década, países como o Canadá (Savioe, 2000) e Estados Unidos (Puzzanchera, Stahl, Finnegan, Tierney & Snyder, 2003) tiveram um aumento expressivo de casos de violência contra a pessoa entre as adolescentes femininas (157%) em comparação com os adolescentes masculinos (71%). Também nesse período o uso de armas de fogo e o envolvimento com gangues têm sido evidenciados com maior intensidade entre as meninas (Chesney-Lind & Pasko, 2004).

Essa tendência tem sido sendo observada também na realidade brasileira, em que a mídia veicula, com frequência crescente, notícias de agressão, criminalidade e violência envolvendo adolescentes femininas, muitas vezes ocorridas no próprio contexto escolar ou entre os pares. A taxa brasileira de homicídios femininos – de 3,9 em 100 mil mulheres – é extremamente baixa se comparada à dos homens: 47,2 em 100 mil homens, mas se mostra muito elevada quando comparada com os contextos internacionais (Waiselfisz, 2010). O Índice de Vitimização Juvenil por Homicídios, um indicador que resulta da relação percentual entre a taxa de óbitos por homicídio da população de 15 a 24 anos de idade e as taxas correspondentes ao restante da população, em 2007 no Brasil foi de 256, revelando a elevada exposição dos jovens brasileiros a agressão e violência. Índices menores de 100 indicam que a juventude encontra-se relativamente preservada e protegida. O índice apurado em 2007 aponta, portanto, que, proporcionalmente, o

Brasil tem 2,5 vezes mais homicídios entre os jovens do que nas demais faixas etárias (Waiselfisz, 2010). As meninas, portanto, direta ou indiretamente se inserem nesse cenário.

Este capítulo pretende debater acerca da realidade da população feminina no contexto clínico e forense desses fenômenos, apresentando inicialmente o comportamento delinquente e a agressão nos seus aspectos clínicos e psicodinâmicos presentes nas adolescentes. A personalidade psicopática, associada às questões de gênero e suas manifestações clínicas e aspectos conceituais, é apresentada em seguida como um tema emergente que suscita questionamentos e desafios empíricos. E, finalmente, são discutidas as implicações e demandas das mulheres envolvidas na criminalidade relacionada ao sistema prisional.

Comportamento Delinquente, Agressão e Violência em Meninas: Diversidade e Abrangência Conceitual e Clínica

Embora diversos aspectos possam dar a impressão de que a agressão em meninos e meninas seja similar, a agressão assume forma e função distintas nos adolescentes, de acordo com o gênero (Bloss,1998; Little, Jones, Henrich & Hawley, 2003). Estudos realizados na década de 1990 já apontavam que as meninas tendem a se envolver menos em manifestações de agressão física e mais em manifestações de agressão relacional, interpessoal e social (Bjorkvist, Lagerspertz & Kaukiainen,1992; Crick,1995). As meninas são, portanto, socialmente encorajadas a disfarçar a agressão, a qual passa a ser manifestada de forma velada, dependendo do modo como a jovem se coloca diante dos relacionamentos íntimos.

A agressão indireta raras vezes é percebida pelo contexto imediato e figuras de autoridade presentes, sendo praticada muito secretamente (Bjorkvist, 1994; Coyne, Archer & Elsea, 2004). A agressão relacional, que difere da indireta apenas por se fortalecer na relação com os pares, pode ser caracterizada pela prática de atos não públicos e velados, potencial e indiretamente destrutivos, veiculados por meio de relações sociais (Crick, 1995; Moretti, Holland, & McKay, 2001), muitas vezes com fronteiras pouco definidas com o conceito de *bullying* (Roland & Idsoe, 2001), embora se entenda que a agressão seja algo mais amplo que este. A agressão relacional é peculiar, pois aparece fundida com as características afetivas que sustentam o vínculo interpessoal, quase como se fossem parte da dinâmica da relação, portanto, menos facilmente reconhecida em sua destrutividade. Já a agressão social representa uma combinação da agressão relacional e agressão indireta, incluindo qualquer reação que cause danos à reputação, autoestima, ou ambos (Coyne et al., 2004).

Esses tipos de agressão menos ostensivos nem sempre são contabilizados no contexto clínico e epidemiológico do mesmo modo que a agressão explícita, esta mais identificada nos meninos, limitando a visualização da extensão da agressividade praticada pelas meninas. Porém, os danos da agressão relacional ou social podem ser tão prejudiciais quanto os causados pela agressão direta e instrumental (Paquette & Underwood, 1999), envolvendo inúmeras manifestações desde intriga, manipulações, ciúmes e possessividade, até formas diretas ou indiretas de ameaças de exclusão ou rompimento, caso o outro não se submeta a certas condições. Além disso, tais agressões podem se constituir em um elemento fundamental na formação do contexto interpessoal em que atos de agressão mais explícitos e graves se concretizam em algum momento (Moretti & Odgers, 2002). Em outras palavras, a baixa visibilidade dos atos delituosos e violentos não elimina a letalidade e criminalidade das ações, bem como a agressividade intrínseca. Pesquisas recentes demonstram que, de fato, tanto meninos quanto meninas se envolvem em agressão social e relacional. Porém, os meninos evidenciam níveis mais elevados de recorrência à agressão física do que as meninas, enquanto elas apresentam maior nível de agressão nas relações amorosas ou familiares (Moretti, Odgers & Reppucci, 2011).

Além disso, a presença de comportamento agressivo na adolescência é também descrito como um preditor para o desenvolvimento de traços interpessoais compatíveis com transtorno de personalidade antissocial (TPAS) e psicopatia para ambos os gêneros, segundo o estudo de Sevecke, Lehmkuhl e Krischer (2008). Por outro lado, ainda que muitas das vulnerabilidades neuropsicológicas associadas aos comportamentos antissociais estejam presentes em ambos os gêneros durante a infância/adolescência, há estudos que apontam que o comportamento antissocial tende a ter manifestações mais tardias em adolescentes do gênero feminino (Fairchild, Stobbe, Van Goozen, Calder & Goodyer, 2010). Portanto, diferenças de gênero têm implicações na prevalência e apresentação clínica de transtornos de conduta e de personalidade antissocial (Dolan & Völlm, 2009).

As tentativas de explicar essas diferenças entre meninos e meninas do ponto de vista conceitual ainda não avançaram muito. Contudo, acredita-se que os aspectos interpessoais oferecem mais elementos para a compreensão dessas questões do que a análise do comportamento transgressor ou criminal em si, especialmente no que diz respeito às meninas (Sevecke et al., 2008). Muitos estudos enfatizam que a dependência de critérios comportamentais e agressão instrumental, o viés de amostras institucionais que envolvem casos mais graves e crônicos e o preconceito de gênero que estimula a percepção da mulher como menos ofensiva são fatores que contribuem para que a delinquência feminina e o funcionamento antissocial continuem menos explorados em suas peculiaridades (Dolan & Völlm, 2009).

Do ponto de vista jurídico a delinquência e as transgressões de adolescentes masculinos e femininos podem ser similares, mas há evidências que clínica e psicodinamicamente há diferenças significativas. Nesse sentido, Bloss (1998) faz contribuições psicodinâmicas para possíveis distinções no desenvolvimento da delinquência feminina e masculina, desde o vértice psicanalítico. Sem contradizer o que as atuais pesquisas com adolescentes envolvidos em atos infracionais e violência têm constatado (Forth, Kosson & Hare, 2003), o autor enfatiza que a menina possui um repertório de expressão do funcionamento antissocial aparentemente bem mais limitado que o masculino, referindo-se inclusive à versatilidade criminal. Ao contrário dos meninos, elas teriam menor atuação em atos de destrutividade contra o patrimônio e à vida, além de menor interesse por atitudes aventureiras. As manifestações delinquentes em adolescentes femininas estariam, então, muito mais próximas das situações de perversão ou das características do transtorno de personalidade borderline (Kernberg & Michels, 2009), com manifestações visíveis nas atuações sexuais, nos comportamentos sedutores, manipulativos e provocantes, que podem vir a associar-se com a criminalidade.

Bloss (1998) descreve que há pelo menos duas categorias de delinquência feminina: (1) a que envolve a regressão à mãe pré-edípica e (2) a que mantém forte ligação com a mãe edípica. Tais constatações se fundamentam no desenvolvimento psicossexual da primeira infância (Freud, 1905/1980). Segundo a teoria psicanalítica clássica é a necessidade de alterar o objeto amoroso internalizado, passando da figura materna à paterna, o marco diferencial entre o desenvolvimento do feminino e do masculino. Essa passagem se constrói a partir das etapas de desenvolvimento anteriores, num processo cumulativo, exigindo da menina uma repressão da sexualidade infantil, portanto, originariamente dirigida à mãe, muito mais intensa do que é para o menino. Quando há complicações em lidar com essa situação, ou a menina regride afetivamente em sua relação objetal ou resiste a essa regressão por meio de um amadurecimento ilusório e súbito de sua sexualidade. Neste último caso, as relações afetivas se revestem de intensa necessidade de ser desejada e necessária ao parceiro sexual, denotando sua especial expectativa de transformá-lo com seu empenho. É esperado, então, que a adolescente busque nas relações interpessoais pares sexuais que de algum modo tenham déficits de personalidade "rígidos ou tolerados com uma submissão masoquista" (Bloss, 1998, p. 312). Então, desde essa perspectiva, pode-se pensar na frequência com que as mulheres se associam à criminalidade em papéis periféricos e coadjuvantes, como, por exemplo, sendo "mulas" para o tráfico de drogas ou condutoras de celulares e armas para dentro das prisões, apesar do risco que correm.

Por outro lado, a regressão às etapas pré-edípicas está associada à presença de uma estrutura de personalidade de características muito imaturas, que evidenciam falhas nos processos de desligamento e independização maternos, fundamentais para a noção de identidade. Expressa uma psicodinâmica diferente da anterior: nesse caso há maior fragilidade e vulnerabilidade constitucional, produzindo uma pseudossexualidade, na qual a busca por parceiros sexuais é movida apenas pela voracidade e pelo desejo de inclusão (Bloss, 1998), que, em última instância, lhe conferem alguma proteção contra o risco de fusão maior com a figura materna internalizada. Esse funcionamento delinquente se apoia essencialmente nas falhas ou na insuficiência dos processos de desligamento das figuras de apego primárias.

Nessa perspectiva, a delinquência feminina revela déficits no desenvolvimento e organização pulsional, expressos em conflitos que assumem um formato externo peculiar. Ou seja, os adolescentes masculinos assumem lutas por reconhecimento e triunfo muito mais verídicas e tangíveis, envolvendo pessoas e instituições reais, fazendo uso de álcool e drogas, destruindo bens, danificando o patrimônio e roubando e furtando carros, por exemplo. Já as adolescentes lutam com questões mais pautadas em suas fantasias e conflitos internalizados, nos quais o triunfo sobre as figuras de autoridade e de amor se dá muito mais no campo afetivo e sexual (Bloss, 1998).

No entanto, o debate sobre as manifestações clínicas e os aspectos conceituais do funcionamento antissocial na adolescência, embora tenha avançado muito nas últimas décadas, ainda não é conclusivo, especialmente quando se leva em conta que a agressão não é um conceito unitário e que a personalidade adolescente ainda está em desenvolvimento. Os adolescentes tendem a manifestar evidências clínicas de alterações graves nem sempre equivalentes àquelas encontradas nos adultos, assumindo formas que podem ser muito sutis ou relacionadas ao momento evolutivo. Desse modo, as pesquisas atuais têm tentado oferecer alternativas às classificações diagnósticas em uso, considerando outros critérios além daqueles focados essencialmente nos aspectos comportamentais e criminais, tipicamente conhecidos e quase sempre associados ao universo masculino. O estudo da personalidade psicopática, como uma forma extrema e grave de funcionamento antissocial (Cleckley, 1941/1988; Hare, 2003), busca responder a esse vácuo clínico e teórico para a compreensão das manifestações desviantes de natureza espoliativa e não empática.

A Personalidade Psicopática em Mulheres e Meninas

Mesmo que incipientes, as pesquisas empíricas já conhecidas envolvendo amostras femininas são de grande valor para apontar caminhos a serem explorados com maior profundidade diante do funcionamento delinquente e antissocial, o qual sempre revela alterações que, em algum grau, se situam na personalidade. A psicopatia é reconhecida como um transtorno de personalidade que envolve a manifestação de traços interpessoais e afetivos (por exemplo, charme superficial, manipulação, ausência de empatia) e comportamentais (por exemplo, impulsividade, agressão) (Hare, 2003; Cooke & Michie, 2001).

De modo geral, apesar das atuais controvérsias quanto às manifestações em homens e mulheres (Schrum & Salekin, 2006), os pesquisadores concordam que a personalidade psicopática é um construto que apresenta peculiaridades associadas ao gênero em relação à prevalência, incidência, curso e manifestações sintomáticas. Ainda que se considere haver um menor número de estudos com amostras femininas em relação às masculinas e a possibilidade de subdiagnóstico de transtornos de personalidade relacionados ao funcionamento antissocial nessa população (Associação Psiquiátrica Americana [APA], 2002; Kaplan, Sadock & Grebb, 2003), já se sabe que tanto a prevalência quanto a incidência do diagnóstico de psicopatia em mulheres têm sido empiricamente constatadas como menos da metade das observadas em homens (Dollan & Völlm, 2009).

Na atualidade, a extensão e generalização do conceito de psicopatia para a adolescência ainda não está totalmente aceita, suscitando questionamentos ainda mais polêmicos quando o construto é associado com adolescentes do sexo feminino (Odgers et al., 2005); Vincent, Odgers, McCormick & Corrado, 2008). O estudo realizado por Sevecke e colaboradores (2008) com 214 adolescentes delinquentes, com idades entre 14 e 19 anos, apontou que as adolescentes femininas tendem a desenvolver mais sintomas internalizantes (ansiedade, depressão, comportamento suicida) quando comparadas aos sintomas externalizantes dos adolescentes masculinos (irritabilidade, comportamento agressivo, alterações de conduta), demonstrando que a associação de traços psicopatológicos e psicopatia se dá de modo distinto em relação ao gênero. Os autores desse mesmo estudo sugerem que esses resultados, embora ainda incipientes, podem indicar que em adolescentes masculinos os traços de psicopatia corresponderiam ao subtipo primário, enquanto os traços encontrados nas adolescentes femininas estariam ligados ao subtipo de psicopatia denominada secundária.

A psicopatia já foi descrita como tendo formas primária e secundária (Skeem, Johansson, Andershed, Kerr & Louden, 2007; Sevecke et al., 2008; Hicks, Vaidyanathan & Patrick, 2010). O subtipo primário evidencia baixa ansiedade e comportamento antissocial com manifestação de ausência empatia e remorso, enquanto o subtipo secundário apresenta afeto negativo e impulsividade, ligados à presença de neuroticismo. Portanto, o subtipo secundário manifestaria mais sinais de psicopatologia, como transtornos de ansiedade e humor e menos déficits afetivos (Sevecke et al., 2008). Para alguns autores, esses subtipos indicariam as influências de elementos etiológicos para a personalidade psicopática mais relacionados às influências constitucionais e predisposições biológicas – tipo primário – ou às influências desenvolvimentais, tais como negligência/abuso infantil, pobre socialização e rejeição parental – tipo secundário (Sevecke et al., 2008).

No entanto, a literatura não é unânime a esse respeito, e para alguns pesquisadores a psicopatia primária evidenciaria mais traços de distanciamento emocional ligado às características interpessoais e afetivas, enquanto a psicopatia secundária estaria ligada a maior hostilidade, impulsividade e desvios sociais, apresentando um comportamento explosivo e reativo, característico da dimensão antissocial da personalidade psicopática (Mealey, 1995). Para Skeem e colaboradores (2007), o subtipo secundário estaria mais próximo da descrição da personalidade borderline do que da personalidade psicopática, embora ambos apresentem comportamentos antissociais evidentes. Além disso, a presença de ansiedade é sempre apontada como um indicativo importante da distinção entre subtipos primário e secundário (Swogger & Kosson, 2007; Vassileva, Kosson, Abramowitz & Conrod, 2005).

Os primeiros sinais manifestos indicativos da presença de transtorno de conduta e traços de psicopatia costumam aparecer, no sexo feminino, durante o período da pré-puberdade e, no sexo masculino, mais precocemente, ainda durante a infância (Kaplan, et al., 2003; Kim-Cohen et al, 2005). Esse início tardio dos sintomas antissociais nas meninas pode contribuir para que a presença de psicopatia seja subestimada entre elas. Richards, Casey e Lucente (2003) verificaram que nas mulheres a combinação de características interpessoais e afetivas, independentemente dos traços comportamentais, podem ser preditores significativos para a reincidência criminal, em franco contraste com o observado na população masculina em geral, sendo que se mostra mais propícia a manter-se na criminalidade quando há antecedentes de comportamento agressivo, criminoso ou violento (Skeem & Mulvey, 2001).

Por outro lado, as experiências traumáticas na infância mostram-se mais frequentes em jovens delinquentes do que em não delinquentes, constatando-se, assim, que a delinquência juvenil está associada com abuso emocional, sexual e físico na infância, sendo que a frequência desses eventos é maior nas meninas. A literatura vem apontando, então, que os eventos traumáticos têm uma influência diferente sobre as meninas com relação aos traços psicopáticos

(Krischer & Sevecke, 2008). Nas meninas, os eventos traumáticos se associam com a negligência emocional, sugerindo que o contexto de desagregação familiar precoce por si mesmo pode contribuir para desenvolver características, tais como irresponsabilidade, impulsividade, falta de controle da raiva e comportamento antissocial. Os autores inferem que o abuso emocional e físico pode estar mais relacionado com a propensão para desenvolver um transtorno de personalidade borderline nas meninas enquanto nos meninos a história de maus-tratos físicos é um desencadeante mais provável para traços de psicopatia (Krischer & Sevecke, 2008).

É fato, contudo, que poucos casos de psicopatia feminina tenham sido examinados individualmente com o intuito de evidenciar as características típicas do transtorno em relação ao gênero. Porém, no final dos anos 1990, um estudo (Nesca, Dalby & Baskerville, 1999) tentou traçar o perfil de uma personalidade psicopática feminina adulta, a partir das evidências de um caso real, a "sra. X", comportando a descrição de muitas das características típicas do transtorno em mulheres. Quando cumpria pena de quatro anos, por assalto à mão armada, essa senhora assassinou a colega de cela, evidenciando muitos sinais da psicopatia clássica em seu funcionamento e história pregressa. Os sintomas antissociais tiveram um início precoce, com abuso de múltiplas substâncias, mutilação de animais e história de ter sofrido agressão/abuso sexual ainda na infância, o levando-a a diversas passagens por lares adotivos.

Aos 9 anos ela ingressou em uma gangue de rua e passou metade da vida encarcerada em prisões. Além disso, há relato de familiares próximos também com problemas criminais. A escola foi abandonada precocemente, mas os envolvimentos sexuais de natureza perversa e sadomasoquista eram frequentes e os relacionamentos interpessoais, breves e superficiais. Os autores constataram que, diferente dos psicopatas masculinos, a sra. X não tinha a típica impulsividade psicopática encontrada nos homens e o teste de realidade era flutuante. Apresentava-se mais manipuladora e teatral do que narcisista, levando-os a inferir que a personalidade psicopática feminina tende a ser mais paranoica e histriônica do que arrogante e egoísta. Talvez por isso não seja incomum que mulheres com esse transtorno busquem atividades que, embora envolvam controle e poder, estejam voltadas para o cuidado com os demais – em geral, pessoas mais vulneráveis – como funções de babás, cuidadoras de idosos ou doentes (Morana, Stone & Filho, 2006).

O que Revelam os Achados Empíricos Atuais com Amostras Adolescentes e Instrumentos de Avaliação

A pesquisa envolvendo o comportamento antissocial e traços de psicopatia em adolescentes tem se desenvolvido consideravelmente nas últimas duas décadas, ainda que se mantenha muito mais restrita que aquela envolvendo amostras adultas. As escalas Hare (Hare, 2003; Forth et al., 2003) nas suas diversas versões são os instrumentos mundialmente mais utilizados nas avaliações sistemáticas da personalidade psicopática. A maioria dos estudos com a utilização dessas escalas foi realizada com amostras masculinas adultas e presidiárias, porém tais estudos quando comparados com resultados de amostras masculinas adolescentes e encarceradas indicam que a psicopatia é um construto coerente e semelhante no funcionamento entre homens adultos e adolescentes masculinos.

Apenas recentemente as pesquisas com populações femininas acerca da psicopatia vêm ganhando maior destaque. Por isso, duas questões se mostram imediatamente relevantes: (1) os instrumentos para avaliar a personalidade psicopática não foram desenvolvidos levando em conta as especificidades de gênero; (2) e a população carcerária feminina é muito menor do que a masculina em todo o mundo, limitando a diversidade amostral (Dolan & Völlm, 2009).

Além disso, apesar das escalas Hare serem consideradas, de modo geral, válidas e confiáveis, pode haver diferenças de gênero implicadas também na análise dos fatores e cargas dos itens. Na realidade, não há muitos estudos de análise da estrutura fatorial das escalas Hare com mulheres. Mas há evidências de que o modelo de três fatores (Cooke & Michie, 2001) é o que mais bem se ajusta à população feminina (Dolan & Völlm, 2009). Para alguns pesquisadores, os itens comportamentais das escalas poderiam influenciar os resultados, aumentando artificialmente a presença da psicopatia em adolescentes femininas (Sevecke et el., 2008). Também foram encontradas em adolescentes correlações entre suicídio e psicopatia, medida pelo PCL:YV (Forth et al., 2003), as quais apresentaram significância apenas para as amostras femininas (Sevecke et el., 2008). Resultados similares foram encontrados em mulheres adultas com evidências de psicopatia secundária, avaliadas com o PCL-R, as quais apresentaram mais presença de transtorno de estresse pós-traumático, abuso de substâncias e história de tentativas de suicídio (Hicks et al., 2010). Contudo, é necessário ponderar que todos esses achados enfrentam limitações dos tamanhos amostrais considerados pouco robustos para a população feminina, sendo, portanto, evidências que sugerem tais resultados, mas que demandam por investigações mais acuradas.

É também relevante ressaltar que os avanços recentes na compreensão das bases neurobiológicas envolvidas na personalidade psicopática estão mais avançados na população masculina, sendo outro aspecto a ser investigado em pesquisas futuras com mulheres (Dolan & Völlm, 2009). Há evidências de que os estudos acerca dos déficits no reconhecimento e aprendizagem emocional podem contribuir para compreender as dificuldades interpessoais e de resposta à punição em adolescentes com transtornos de conduta, marcando as distinções de gênero.

O estudo realizado por Fairchild e colaboradores (2010), para investigar o reconhecimento emocional das expressões faciais e aprendizagem de respostas em adolescentes femininas, apontou resultante interessantes, ainda que incipientes. Houve evidências da diminuição da sensibilidade para sinais faciais de hostilidade/raiva nessas meninas, o que pode contribuir para que se exponham a situações de agressão. Tais sinais são responsáveis pelas informações sobre os sentimentos e intenções das outras pessoas e são um importante indicador do momento adequado para interromper determinado comportamento em curso devido à reação que está causando no outro (raiva/hostilidade). Da mesma forma, houve diminuição das respostas reflexas de medo diante de estímulos aversivos condicionados em meninas com transtornos de conduta. A ausência dessa reação de medo pode ser preditor para o envolvimento em atividades criminosas em adultos jovens (Gao, Raine, Venables, Dawson & Mednick, 2010).

Há evidências que, de modo geral, sugerem que mulheres adultas com escores elevados nas escalas Hare não são fonte de grande preocupação em relação à gestão institucional quando inseridas no contexto forense (Hicks et al., 2010). Porém, quando tais escores são observados de acordo com os subtipos primário e secundário, infere-se que mulheres com personalidade psicopática do subtipo secundário exigem maior atenção de serviços de saúde mental para as comorbidades e têm maior propensão para deixar de seguir regras institucionais e se envolver em comportamento violento com a equipe e outros detentos. Do ponto de visto clínico, essas personalidades também demandam um foco terapêutico específico envolvendo o desenvolvimento de estratégias mais eficazes para lidar com estados emocionais negativos, particularmente ligados a raiva. Tais inferências podem ser muito úteis para a compreensão e o debate da presença feminina no sistema prisional.

As Mulheres no Sistema Prisional: Implicações e Demandas

A hegemonia masculina no sistema prisional representa ainda um forte obstáculo ao reconhecimento da gravidade da situação feminina diante da delinquência e criminalidade e ao enfretamento de suas implicações no âmbito social e forense, que, via de regra, atinge as gerações futuras de maneira contundente. Segundo dados recentes (International Center for Prison Studies, 2010), o Brasil ocupa a quarta posição no ranking mundial de países com maior população prisional, sendo que as mulheres presas representam apenas 7,4% dessa população total. O estado de São Paulo possui a maior população carcerária do Brasil, que é constituída por 163.915 presos, sendo 152.836 homens e 11.079 mulheres. Seguido do estado de Minas Gerias que possui 46.447 presos, composto por 43.496 homens e 2.952 mulheres. Depois, vem o estado do Paraná com 37.440 presos, tendo 34.470 homens e 2.970 mulheres encarcerados. Já o estado do Rio Grande do Sul está na quarta posição com a maior população do país, o mapa carcerário está constituído por 27.012 homens e 1.738 mulheres presas, totalizando 28.750 pessoas aprisionadas (Brasil, 2009a). Porém, os dados oficiais (Brasil, 2008a) não deixam dúvidas acerca da crescente e visível elevação das taxas de aprisionamento feminino, representando uma taxa média anual de 11,99%.

Com relação aos adolescentes que entram em conflito com a lei e cumprem medida socioeducativa, o quadro de hegemonia masculina é semelhante ao da população forense adulta. Em 2009, a população brasileira era constituída de 16.940 adolescentes de ambos os gêneros, incluindo medidas de internação, semiliberdade e internação provisória. Em 2006 as meninas representavam apenas 4% da população adolescente em medida socio-educativa no meio fechado. No período de 2006 a 2008 a população feminina aumentou 1%. Portanto, tanto as meninas quanto as mulheres envolvidas com delitos têm aumentado de proporção (Brasil, 2008b, 2009b). Uma hipótese salientada por esse levantamento é que a discrepância numérica em relação ao gênero pode estar relacionada à diferente forma de participação nos crimes. Ou seja, enquanto os meninos assumem na maioria das vezes um papel de protagonista, expondo-se mais à categorização de autoria direta no ato infracional ou criminal, as meninas tendem a participar mais na "retaguarda", nem sempre sendo identificadas na autoria do delito.

De qualquer modo, tais dados forçam a retomada do debate acerca das diferentes formas de apresentação da delinquência e criminalidade associada ao gênero, tema há muito relegado ao descaso, como aponta a própria APA (2002). No senso comum, as penitenciárias sempre foram destinadas à população masculina, contribuindo, também, para tornar o ingresso das mulheres no cárcere um tema que envolve rompimento de paradigmas.

Embora exista uma escassez de dados nacionais e oficiais sobre o aprisionamento feminino, dificultando a definição de um perfil nacional, os dados já divulgados salientam a importância de estudos nessa área. As informações existentes apontam que a mulher presa no Brasil é jovem, mãe solteira e que grande parte delas cumpre pena por tráfico de drogas (Brasil, 2007). Esses dados são similares aos internacionais e apontam que as mulheres encarceradas na maior parte são solteiras, jovens, tem filhos, nível de escolaridade baixo e estavam desempregadas antes do encarceramento (Tye & Mullen, 2006; Wright, et al., 2006; Gunter, et al., 2008). Contudo, as mulheres são também mais abandonadas do que os homens durante o aprisionamento. Um número significativo de mulheres não recebe qualquer tipo de visita na prisão e raras são as que recebem a visita do companheiro, ao contrário dos homens que, em sua maioria, são regularmente visitados, principalmente pelas companheiras (Brasil, 2007).

Para demarcar ainda mais as diferenças e peculiaridades do encarceramento feminino em relação ao masculino, a maioria dessas mulheres, quando tinham filhos, detinham também o ônus da criação e educação deles antes de serem presas, residindo com eles. O estudo *Women in Prison* (2008) descreve que as mulheres se diferem dos homens encarcerados por diversos fatores, um deles é que provavelmente as mulheres são mais responsáveis pelo cuidado dos filhos e pela manutenção da casa do que os homens. Assim, ao serem encarceradas, há um percentual elevado de filhos ainda menores de idade que são destinados, judicialmente ou não, à tutela das avós maternas (Brasil, 2007), ou mesmo ficam sob cuidados de vizinhos ou outros familiares mais distantes e, em alguns casos, há situação de abrigamento. No entanto, em todos os casos evidencia-se que o aprisionamento da mulher ocasiona uma ruptura dos laços afetivos com seus filhos. Por causa disso, o impacto da prisão é desproporcionalmente mais grave para as prisioneiras, com frequência resultando na perda do lar (tanto em seu significado concreto quanto simbólico) e em dano severo na vida de seus filhos.

O encarceramento é, então, conhecido por ter implicações psicológicas graves para as mulheres, sendo comuns comportamentos autodestrutivos em todas as prisões femininas. Além disso, em geral, a mulher encarcerada já sofria ao longo da vida um processo mais intenso de exclusão social do que o homem, apresentando altos níveis de abuso e violência doméstica e problemas de saúde mental. Dessa forma, Santa Rita (2006) salienta a relação complexa do encarceramento feminino com o núcleo familiar, frisando algumas "externalizações" da prisão, como: perda da referência materna pelos filhos, sendo que na maioria dos casos não há o referencial paterno; incremento das dificuldades financeiras, visto que as mães são responsáveis pela manutenção do lar; distanciamento dos filhos e familiares por dificuldades financeiras e/ou em se descolar até a prisão para as visitas. Supõe-se que esses fatores, em conjunto, tendem a tornar o aprisionamento mais angustiante na mulher do que no homem diante do abandono familiar e do afastamento dos filhos.

Nesse sentido, Stella (2003) refere que as consequências do aprisionamento materno na vida dos filhos é um problema social praticamente desconhecido pela literatura especializada, pelos profissionais da área e pela população como um todo. Na maioria das vezes a separação entre mãe e filhos se dá com o aprisionamento da mulher, que ocorre de forma inesperada e sem preparação para as crianças. Também há situações em que a mulher gestante é aprisionada e vivencia a gestação e maternidade no cárcere, onde, ao nascer, o filho permanece com ela na prisão. Diversas legislações brasileiras, como a Constituição Federal, a Lei da Execução Penal, o Estatuto da Criança e do Adolescente, entre outras, asseguram a presença dos filhos no ambiente prisional principalmente durante o período de amamentação.

Assim, Stella (2003) aponta que outra questão problemática a ser debatida é a permanência da criança na prisão, onde o ambiente prisional e das relações constituídas em seu interior não são as mais adequadas para o acolhimento da relação mãe-bebê e para o desenvolvimento infantil saudável, na qual as crianças se tornam mais encarceradas que as próprias mães. Isso sugere que para a criança as condições que a prisão oferece tendem a prejudicar seu desenvolvimento, pois tanto os presídios femininos quanto os masculinos não foram elaborados para propiciar o vínculo familiar (Stella, 2006). Kurowsky (1990, p.8) diz ainda que:

> No caso referente às crianças, essa privação estende-se à aprendizagem e à devida estimulação sociocultural emocional adequada a cada faixa etária, sendo que quando se compara uma criança cujo meio é uma instituição com outra do mundo externo, estabelece-se uma discrepância significativa, onde é percebido nitidamente o que representa essa perda do contato social e a consequente impossibilidade de aquisição de conhecimentos necessários ao perfeito desenvolvimento, bem como a sensação ou fracasso que essa criança sentirá ao se comparar à realização pessoal que tem a criança em sociedade.

Dessa forma, a privação pela qual a criança passa evidencia a discrepância no desenvolvimento entre uma criança "livre" e uma criança que vive atrás dos muros de uma penitenciária por causa dos delitos da mãe. Viafore (2005) concorda que há restrição de liberdade da criança, pois elas não conseguem ter uma convivência normal com a mãe e com a sociedade. A prisão caracteriza-se como uma instituição total na qual a barreira com o mundo externo e as dinâmicas envolvidas no seu interior fazem com que o indivíduo passe por um processo de mutilação do eu e aculturação, por meio das mudanças de concepção de si, pelo rebaixamento, degradações e humilhações sofridas nessas instituições (Goffman, 1987).

Ao pesquisar as gestantes e mães presas em companhia dos filhos, Mello (2010) aponta que grande parte das encarceradas apresenta fatores que podem contribuir para a sua vulnerabilidade social e emocional, como: exercer atividade de baixo status social e/ou econômico, possuir familiares presos, fazer visitas a alguém na prisão (principalmente o companheiro) e ter sofrido algum tipo de violência. Muitas delas têm história de uso de drogas, iniciado quando ainda estavam em liberdade e há relatos de que, apesar de terem outros filhos, nunca "conseguiram se sentir mães" em virtude, principalmente, do uso de drogas antes do encarceramento e durante o período gestacional. Paradoxalmente, a prisão para algumas mulheres pode ser considerada um fator de proteção, pois é onde elas conseguem diminuir ou interromper o uso de drogas e cuidar do filho.

Com relação à história pregressa de mulheres brasileiras encarceradas, uma pesquisa realizada com 287 presas relatou que, na adolescência, 15% da amostra teve passagem por detenção juvenil. Ainda, verificou-se que uma grande parcela apresentou história de violência e fuga de casa, somando-se ao uso de drogas anterior ao aprisionamento atual, iniciado também na adolescência (Mello, 2008). Diversos estudos constataram uma alta taxa de mulheres encarceradas com história de abuso (sexual, emocional ou físico) e/ou negligência (Chapman, Specht & Cellucci, 2005; Green, Miranda, Daroowalla & Siddique, 2005; Johnson, 2006; Tye & Mullen, 2006; Blitz, Wolff & Paap, 2006). Uma pesquisa sobre os eventos estressores relacionados com 50 meninas adolescentes que cumpriam medida socioeducativa constatou a presença de um ciclo de violência anterior ao período do envolvimento com o delito (Dell'Aglio, Benetti, Deretti, D'Incao & Leon, 2005). No estudo foram identificados fatores de risco para o seu desenvolvimento, tais como: história de maus-tratos, abuso sexual, uso de drogas, repetência escolar, desemprego e morte dos pais. Portanto, vivências precoces de maus-tratos, humilhações, abusos, pobreza, desamparo e desamor nas relações familiares podem favorecer o desenvolvimento do quadro de psicopatia (Gomes & Almeida, 2010).

A alta prevalência de história de abuso entre as mulheres encarceradas associada com problemas de saúde mental é constatada pela literatura, indicando que eventos traumáticos infantis são significativa e positivamente correlacionados com problemas mentais (Messina & Grella, 2006). Além disso, constata-se que há elevada prevalência de transtornos mentais e comorbidades em prisioneiros, sendo o consumo de substâncias psicoativas a principal comorbidade e 50% dos condenados cometeram crimes relacionados com a substância psicoativa (Assadi et al., 2006). As pesquisas também apontam que, em relação aos homens, as infratoras mulheres são mais propensas a apresentar abuso ou dependência de variadas substâncias psicoativas e a ter mais sinais de transtornos psiquiátricos. Observou-se uma associação significativa entre dependência de substância e problemas de saúde mental, sendo que as mulheres com problemas de saúde mental eram mais propensas à dependência de substâncias psicoativas (Lewis, 2006). Estima-se, assim, que um a dois terços das mulheres presas necessitam de tratamento de saúde mental.

As taxas de transtornos mentais tendem a ser significativamente mais elevadas na amostra de presas do que em amostra da população geral (Tye & Mullen, 2006). Segundo Jackson (2007), as presas são cinco vezes mais propensas a ter um problema de saúde mental do que mulheres da população em geral, sendo elevado o número de reclusas que já tiveram algum problema psicológico antes da detenção. Além disso, os transtornos psiquiátricos tendem a ser mais prevalentes em mulheres que usavam cocaína com maior frequência, evidenciando associação entre a severidade do uso e problemas de saúde mental (Velásquez, Sternberg, Mullen, Carbonari & Kan, 2007). Os estudos apontam prevalências similares entre transtornos mentais ao longo da vida e atual, indicando que não foi a prisão que levou as encarceradas a adquirir tais transtornos.

Segundo estudo realizado por Tye e Mullen (2006), as mulheres já chegam à prisão com altos níveis de múltiplos transtornos mentais, comparadas com a comunidade geral. Para os mesmos autores, não há diferença significativa nas taxas de transtorno mental entre as mulheres que foram encarceradas pela primeira vez e as que já haviam sido encarceradas, também não houve diferença das presas provisórias das presas condenadas, ou das que permanecem reclusas por mais ou menos que três meses. Esses dados são sugestivos de que os problemas de saúde mental não são atribuídos exclusivamente ao estresse do aprisionamento, porém é provável que os transtornos preexistentes sejam exacerbados dentro do ambiente prisional.

Considerações Finais

A maioria dos achados clínicos e dos estudos voltados para a delinquência, agressão e psicopatia são dirigidos às populações masculinas. Em parte, isso se deve ao fato de que delinquência e criminalidade femininas são fenômenos relativamente novos. Porém, acreditamos que as questões envolvendo o funcionamento antissocial associadas ao gênero feminino são ainda mais preocupantes que aquelas pertinentes ao gênero masculino por causa das repercussões transgeracionais intrínsecas a elas. Consiste, portanto, em um tema de extrema complexidade ainda pouco explorado e compreendido em suas peculiaridades, que demanda, além de pesquisas empíricas, também o difícil rompimento de paradigmas socio culturais para a sua ampla compreensão.

Na atualidade, as mulheres em sua maioria são responsáveis pelos cuidados primários aos filhos e pela organização do núcleo familiar a sua volta. Problemas de saúde mental, violência, criminalidade, abuso de substâncias ou qualquer outra vulnerabilidade que interfira na sua capacidade de exercer adequadamente a função materna podem facilmente converter-se em um elemento perpetuador de um ciclo de déficits psicossociais e relacionais que atingirão as gerações seguintes. A literatura aponta a importância e a prioridade da prevenção e intervenção precoce dirigidas a todas as crianças e os adolescentes e de modo especial às meninas, destacando o efeito nocivo da exposição recorrente e prolongada a situações de maus-tratos e vulnerabilidade (Moretti, Odgers & Reppucci, 2011). Desenvolver estratégias de intervenção e, sobretudo, de prevenção a essa realidade é, portanto, um desafio que demanda por atenção imediata e por mais investimentos em investigações e pesquisas empíricas.

Referências

Archer, J. & Lloyd, B. (2002). *Sex and gender*. Cambridge, CUP.

Assadi, S. M., Noroozian, M., Pakravannejad, M., Yahyazadeh, O., Aghyan, S., Shariat, V. S., & Fazel, S. (2006). Psychiatric morbidity among prisoners: prevalence study in Iran. *British Journal of Psychiatric*, 188, 159-164.

Associação Psiquiátrica Americana. (2002). *Manual Diagnóstico e Estatístico de Transtornos Mentais Revista – DSM-IV-TR*. (4. ed.). Porto Alegre: Artmed.

Bjorkvist, K. (1994). Sex differences in physical, verbal, and indirect aggression: A review of recent research. Sex differences in physical, verbal, and indirect aggression: A review of recent research.*Sex Roles*, 30, 177-188.

Bjorkvist, K., Lagerspetz, M. J., & Kaukiainen, A. (1992). Do girls manipulate and boys fight? Developmental tends in regard to direct and indirect aggression. *Aggressive Behavior*, 18, 117-127.

Blitz, C. L., Wolff, N., & Paap, K. (2006). Availability of Behavioral Health Treatment for Women in Prison. *Psychiatr Serv*, 57, 356-360. doi: 10.1176/appi.ps.57.3.356 .

Bloss,P.(1998). *Adolescência: uma interpretação psicanalítica*. São Paulo: Martins Fontes.

Brasil. (2005). Ministério da Saúde. Secretaria de Vigilância em Saúde. (2005). *Impacto da violência na saúde dos brasileiros*. Brasília, DF.

Brasil. (2007). Ministério da Justiça. Secretaria Especial de Políticas para as Mulheres. Relatório Final. *Reorganização e Reformulação do Sistema Prisional Feminino*. Brasília, DF.

Brasil. (2008a). Ministério da Justiça. Departamento Penitenciário Nacional. *Mulheres Encarceradas-Diagnóstico Nacional. Consolidação dos Dados Fornecidos pelas Unidades da Federação*. Brasília, DF.

Brasil. (2008b). Presidência da república. Secretaria Especial dos Direitos Humanos. Subsecretaria de promoção dos direitos da criança e do adolescente. *Levantamento Nacional do Atendimento Socioeducativo ao Adolescente em Conflito com a Lei – 2008*.

Brasil. (2009a). Ministério da Justiça Departamento Penitenciário Nacional.Sistema Nacional de Informações Penitenciárias – INFOPEN. Disponível em: <http:/www.mj.gov.br> Acesso 10/03/2009.

Brasil. (2009b). Presidência da república. Secretaria Especial dos Direitos Humanos. Subsecretaria de promoção dos direitos da criança e do adolescente. *Levantamento Nacional do Atendimento Socioeducativo ao Adolescente em Conflito com a Lei – 2009*.

Chapman, L. A., Specht W. M., & Cellucci T. (2005). Factors Associated with suicide attempts in Female Inmates: the hegemony of hopelessness. *Suicide & Life – Threatening Behavior*, 35 (5), 558-568.

Chesney-Lind, &, Pasko, M. (2004). *The female offender: girls, women and crime*. Newbury Park, CA: Sage Publications, Inc.

Cleckley, H. (1988). *The mask of sanity*. St. Louis: Mosby. (Original Publicado em 1941).

Cooke, D. J., & Michie, C. (2001). Refining the construct of psychopath: Towards a hierarchical model, *Psychological Assessment*, 13, 171–188.

Coyne, S. M., Archer, J., & Elsea, M. (2006). "We're Not Friends Anymore! Unless…": The Frequency and Harmfulness of Indirect, Relational, and Social Aggression. *Aggressive Behavior*, 32, 294-307.

Coyne, S.M., Archer, J., & Elsea, M. (2004). Cruel intentions on television and in real life: Can viewing indirect aggression increase viewers' subsequent indirect aggression. *Journal of Experimental Child Psychology*, 88, 234-253.

Crick, N. R. (1995). Relational aggression: The role of intent attributions, feelings of distress, and provocation type. *Development and Psychopathology*, 7, 313-322.

Crick, N. R, Grotpeter, J. K., & Bigbee, M. A. (2002). Relationally and physically aggressive children's intent attributions and feelings of distress for relational and instrumental peer conflicts. *Child Development*, 73, 1134-42.

Dell'Aglio, D. D., Benetti , S.P.C., Deretti L., D'Incao, D. B., & Leon, J. S. (2005). Eventos estressores no desenvolvimento de meninas adolescentes cumprindo medidas socioeducativas. *Paidéia*, 15(30), 119-129.

Dolan, M.,& Völlm,B. (2009). Antisocial personality disorder and psychopathy in women: A literature review on the reliability and validity of assessment instruments. International *Journal of Law and Psychiatry*, 32(1), 2-9.

Fairchild, G., Stobbe Y., Van Goozen S. H. Calder A. J., & Goodyer, I. M. (2010). Facial expression recognition, fear conditioning, and startle modulation in female subjects with conduct disorder. *Biol Psychiatry*, 68(3), 272-9.

Forth, A. E., Kosson, D.S., & Hare, R. D. (2003). *Manual for the Hare Psychopathy Checlist: Youth Version*. Toronto, ON, Canada: Multi-Health Systems.

Freud, S. (1980). *Três ensaios sobre a teoria da sexualidade*. Edição standard brasileira das obras psicológicas completas de Sigmund Freud. vol. 7. Rio de Janeiro: Imago. p.129-137. (Original publicado em 1905).

Fundo das Nações Unidas para a Infância (2009). *Programa de redução da Violência Letal: Índice de Homicídios na Adolescência (IHA)*. Disponível em: http://www.unicef.org/brazil/pt/IHA.pdf. Acesso 31/07/2009.

Gao, Y., Raine, A., Venables, P. H., Dawson, M. E., & Mednick, S. A. (2010). Association of poor childhood fear conditioning and adult crime. *Am J Psychiatry*, 167, 56 – 60.

Goffman, E. (1987). *Manicômios, prisões e conventos*. São Paulo: Editora Perspectiva.

Gomes, C., & Almeida, R. (2010). Psicopatia em homens e mulheres. *Arquivos Brasileiros de Psicologia*, 62(1), 13-21.

Green, B. L., Miranda, J., Daroowalla, A., & Siddique, J. (2005). Trauma Exposure, mental Health Functioning, and Program Needs of Women in Jail. *Crime & Delinquency*, 51(133), 142-151.

Gunter, D. T., Arndt, S., Wenman, G., Allen J., Loveless, P., Sieleni, B. & Black, W. D. (2008). Frequency of Mental and Addictive Disorders Among 320 Men and Women Entering the Iowa Prison System: Use of the MINI-Plus. *Journal of the American Academy of Psychiatry and the Law*, 36, 27-34.

Hare, R. D. (2003). *The Hare Psychopathy Checklist-Revised* (2nd edition). Toronto, ON : Multi-Health Systems.

Hicks, B. M., Vaidyanathan, U., & Patrick, C. J. (2010). Validating Female Psychopathy Subtypes: Differences in Personality, Antisocial and Violent Behavior, Substance Abuse, Trauma, and Mental Health. *Personal Disord*, 1(1), 38-57.

International Center for Prison Studies (2007). *King's College London, University of London*. Disponível em: http://www.kcl.ac.uk/depsta/law/research/icps/worldbrief/wpb_stats.php?area=all&category=wb_poptotal. Acesso em: 09/12/2010.

Jackson, C. (2007). Life Sentenced. *Mental Health*. (1), 8-10.

Johnson H. (2006). Concurrent drug and alcohol dependency and mental health problems among incarcerated women. *The Australian and New Zealand Journal of Criminology*, 39(2), 190-217.

Kaplan, H. B., Sadock, B. J., & Grebb, J. A. (2003) *Compêndio de psiquiatria: Ciências do comportamento e psiquiatria clínica*. Porto Alegre: Artes Médicas.

Kernberg ,O. F., & Michels, R. (2009). Borderline Personality Disorder. *American Journal of Psychiatry*, 166(5), 505-508.

Kim-Cohen, J., Arseneault, L., Caspi, A., Tomas, M. P., Taylor, A., & Moffit, T. E. (2005). Validity of DSM-IV conduct disorder in 41/2-5-year-old children: a longitudinal epidemiological study, *Am J Psychiatry*, 162(6), 1108-1117.

Krischer, M. K. &Sevecke, K. (2008). Early traumatization and psychopathy in female and male juvenile offenders. *International Journal of Law and Psychiatry*, 31, 253-262.

Kurowski, C.M. (1990). *Análise crítica quanto a aspectos de implantação e funcionamento de uma creche em penitenciária feminina*. Porto Alegre, 37 f.

Little, T. D., Jones, S.M., Henrich, C. C., & Hawley, P. H. (2003). Disentangling the "whys" from the "whats" of aggressive behavior. *International Journal of Behavioral Development*, 27, 122-133.

Lewis, C. (2006). Treating incarcerated women: gender matters. *The Psychiatric Clinics of North America*, 29(3), 773-789.

Mealey, L. (1995). The sociobiology of sociopathy: an integrated evolutionary model. *Behav Brain Sci*, 18, 523-40.

Mello, C. D. (2010). *Aprisionamento de Inocentes: O Encarceramento dos Filhos de Mães Presas*. Trabalho de Conclusão de Curso, Faculdade de Direito, Pontifícia Universidade Católica do Rio Grande do Sul, Porto Alegre.

Mello, C. D. (2008). *Quem são as mulheres encarceradas?* Dissertação de Mestrado. Faculdade de Psicologia, Pontifícia Universidade Católica do Rio Grande do Sul, Porto Alegre.

Messina, N., & Grella, C. (2006). Childhood trauma and women's health outcomes:

A California prison population. *The American Journal of Public Health*, 96(10), 1842-1848.

Morana, H. C., Stone, M. H., & Filho, E. A. (2006). Transtornos de personalidade, psicopatia e serial killers. *Revista Brasileira de Psiquiatria*, 28, 74-79.

Moretti, M. M., Holland, R., & McKay, S. (2001). Self-other representations and relational and overt aggression in adolescent girls and boys. *Behavioral Sciences and the Law*, 19, 109-126.

Moretti, M. M., & Odgers, C. (2002). Aggressive and violent girls: Prevalence, profiles and contributing factors. In: R. Corrado, R. Roesch, & S. Hart (Eds.), *Multi-problem violent youth: A foundation for comparative research on needs, interventions and outcomes* (pp. 302-329). Amsterdam: IOS Press.

Moretti, M. M. Odgers, C., & Reppucci, D. (2011). Serious conduct problems among girls at risk: translating research into intervention. *International Journal of Child, Youth and Family Studies*, 1 & 2, 142-16.

Nesca, M., Dalby, J. T., & Baskerville, S. (1999). Psychosocial profile of a female psychopath. *American Journal of Forensic Psychology*, 17, 63-77.

Odgers, C. L., Reppucci, N. D., & Moretti, M. M., (2005). *Testing the structural, convergent and predictive validity of the PCL:YV in female adolescents*. Paper presented at the conference of the Society for the Scientific Study of Psychopathy, Vancouver, BC.

Paquette, J. A., & Underwood, M. K. (1999). Gender differences in young adolescents' experiences of peer victimization: Social and physical aggression. *Merrill-Palmer Quarterly*, 45, 242-266.

Porter, G. (2000). *Detention and delinquency cases, 1988–1997*. Washington, DC: Office of Juvenile Justice and Delinquency Prevention.

Putallaz, M., & Bierman, K. L.(eds).(2004). *Aggression, antisocial behavior, and violence among girls:a developmental perspective*. The Duke Series in Child Develpment and Public Policy, Pennsylvania State University. New York: The guilford press.

Puzzanchera, C., Stahl, A. L., Finnegan, T. A., Tierney, N., & Snyder, H. N. (2003). *Juvenile court statistics 1998*. Washington, DC: Office of Juvenile Justice and Delinquency Prevention.

Richards, H. J., Casey, J. O., & Lucente, S. W. (2003). Psychopathy and treatment response in incarcerated female substance abusers. *Criminal Justice and Behavior*, 30, 251-276.

Roland, E., & Idsoe, T. (2001). Agression and Bullying. *Aggressive Behavior*, 27,446-62.

Santa Rita, R. P. (2006). *Mães e crianças atrás das grades: em questão o princípio da dignidade da pessoa humana*. Dissertação (Mestrado em Política Social). Departamento de Serviço Social da Universidade de Brasília. Brasília/DF.

Savioe, J. (2000). *Youth violent crime statistics Canada Catalogue*. No. 85-002-XPE, 19(3). Ottawa, ON: Canadian Centre for Justice Statistics.

Schrum, C. L., & Salekin, R. T. (2006). Psychopathy in adolescent female offenders: an item response theory analysis of the psychopathy checklist: youth version. *Behav Sci Law*, 24, 39-63.

Sevecke, K., Lehmkuhl, G., & Krischer, M. K. (2008). Examining relations between psychopathology and psychopathy dimensions among adolescent female and male offenders. *European Child & Adolescent Psychiatry*, 18(2), 85-95.

Skeem, J.,Johansson, P., Andershed, H., Kerr, M., & Louden J. E. (2007). Two subtypes of psychopathic violent offenders that parallel primary and secondary variants. *J Abnorm Psychol*,116, 395-409.

Skeem, J. L., & Mulvey, E. P. (2001). Psychopathy and community violence among civil psychiatric patients: Results from the MacArthur violence risk assessment study. *Journal of Consulting and Clinical Psychology*, 69, 358-374.

Stella, C. (2003). *Filhos de mulheres presas: uma população esquecida*. Disponível em: http://www.sinpsi.org/busca.php. Acesso em: 10/06/2009.

Stella, C. (2006). *Filhos de mulheres presas: soluções e impasses para seus desenvolvimentos*. São Paulo: LCTE Editora.

Swogger, M. T., & Kosson, D. S. (2007). Identifying subtypes od criminal psychopaths: a replication and extension. *Crim Justice Behav*, 34, 953-970.

Tye, S. C., & Mullen, E. P. (2006). Mental Disorders in Female prisoners. *Australian and New Zealand Journal of Psychiatry*, 40, 266-271.

Vassileva, J., Kosson, D. S., Abramowitz, C., & Conrod, P. (2005). Psychopathy versus psychopathies in classifying criminal offenders. *Legal Criminological Psychol*, 10, 27-43

Velásquez, M. M., Sternberg, V. K., Mullen, D. P., Carbonari, P. J., & Kan, Y. L. (2007). Psychiatric distress in incarcerated women with recent cocaine and alcohol abuse. *Women's Health Issues*, 17, 264-272.

Viafore, D. (2005). A gravidez no cárcere brasileiro : uma análise da Penitenciária Feminina Madre Palletier. *Direito & Justiça*, Porto Alegre, 31 (27), 91-108.

Vincent ,G. M., Odgers, C. L., McCormick, A. V., & Corrado, R. R. (2008).The PCL: YV and recidivism in male and female juveniles: A follow-up into young adulthood. *International Journal of Law and Psychiatry*, 31, 287–296.

Waiselfisz, J.J. (2010). *Mapa da Violência 2010: Anatomia dos homicídios no Brasil*. São Paulo: Instituto Sangari. Disponível em: http://www.institutosangari.org.br/mapadaviolencia/MapaViolencia2010.pdf. Acesso 12/12/2010.

Welzer-Lang, D. (2004). Os homens e o masculino numa perspectiva de relações sociais de sexo. Em: Schpun, M. R. (Org.). *Masculinidades*. São Paulo: Boitempo, 107-12.

Women in prison. (2008). Disponível em: <http://www.womeninprison.org.uk/ Acesso 10/09/2008.

Wright, B., Duffy, D., Curtin, K., Linehan, S. Monks, S. & Kennedy, G. H. (2006). Psychiatric morbidity among women prisoners newly committed and amongst remanded and sentenced. *Irish Journal of Psychological Medicine*, 23(2), 47-53.

CAPÍTULO 9

Tratamento cognitivo-comportamental para transtorno antissocial

Helena Diefenthaeler Christ[1]
Tatiana Helena José Facchin[2]
Gabriel José Chittó Gauer[3]

A adolescência caracteriza-se por ser um período de transição entre a infância e a adultez. Fernandes e colaboradores (2008) referem que na adolescência são desenvolvidas concepções mais consistentes acerca de si mesmo e dos outros. É nessa fase que a personalidade é consolidada e, dessa forma, traços de psicopatia podem estar presentes ainda antes dos 18 anos. Comumente se utilizam os diagnósticos de Transtorno de Conduta ou Transtorno Desafiador Opositivo quando o comportamento antissocial é persistente, enquanto o diagnóstico de Transtorno de Personalidade Antissocial (TPAS) é aplicado a indivíduos que já atingiram a maioridade (Davoglio & Argimon, 2010).

Muitos são os fatores que podem tornar o adolescente vulnerável a problemas, tais como baixa escolaridade, frequência de eventos estressores, estresse, violência familiar entre outros (Fernandes et al., 2008). É comum associar maus-tratos na infância a atos infracionais cometidos na adolescência. Entretanto, há controvérsias quanto aos maus-tratos cometidos pelas figuras parentais tendo como consequência a psicopatia do filho. Inclusive alguns autores propõem que, independentemente do ambiente, traços psicopáticos podem aparecer ainda na infância (Schmitt, Pinto, Gomes, Quevedo & Stein, 2006). Ronchetti (2009) alerta para a crescente

---

[1] Psicóloga. Mestranda em Psicologia Clínica pela Pontifícia Universidade Católica do Rio Grande do Sul (PUCRS). Pós-graduada em Psicologia Jurídica e em Psicoterapia de Técnicas Integradas.

[2] Psicóloga. Mestranda em Psicologia Clínica pela Pontifícia Universidade Católica do Rio Grande do Sul (PUCRS). Membro do Instituto Brasileiro de Psicologia da Saúde (IBPS).

[3] Psiquiatra. Professor adjunto do Pós-graduação em Psicologia da Faculdade de Psicologia e em Ciências Criminais da Faculdade de Direito da Pontifícia Universidade Católica do Rio Grande do Sul (PUCRS). Bolsista Produtividade CNPq 300659/2010-5.

participação de crianças e adolescentes em atos violentos, tanto na condição de vítimas como de agressores. Isso reforça a necessidade de busca por tratamentos mais eficazes e preventivos, especialmente por serem indivíduos em plena formação de personalidade.

Estudo realizado por Schmitt e colaboradores (2006) aponta a existência de dois grupos de adolescentes infratores envolvendo a presença ou ausência de psicopatia. Os autores sugerem que, em sua maioria, os adolescentes que cometem crimes graves, com reincidência, possuem traços de personalidade psicopática, embora não apresentem histórico de maus-tratos na infância que seja superior ao de outros adolescentes infratores sem traços de psicopatia.

Huss (2011) relata, ainda, que há a psicopatia primária e a secundária. A primária é caracterizada por atos antissociais, irresponsabilidade, falta de empatia e charme superficial devido a algum déficit inerente. Já a secundária é causada pela desvantagem social, inteligência baixa, ansiedade neurótica ou outra psicopatologia. A diferença principal entre os dois tipos seria a presença de ansiedade na psicopatia secundária, portanto, o psicopata secundário comete o comportamento antissocial por causa da impulsividade gerada pela ansiedade enquanto o primário comete o comportamento antissocial repetidamente e sem consciência pela falta de ansiedade.

Diagnósticos de transtornos de personalidade somente são possíveis quando o sujeito atinge o desenvolvimento completo de sua personalidade, isto é, quando completa 18 anos. Entretanto, ainda na adolescência, algumas características desses transtornos são manifestadas. Este capítulo se concentrará apenas no Transtorno de Personalidade Antissocial, que se caracteriza por um "padrão de desconsideração e violação dos direitos alheios" (DSM-IV-TR, 2002). Embora se compreenda que psicopatia e TPAS sejam construtos diferentes, eles estão comumente associados. Dessa forma, em termos de tratamento, o termo *psicopatia* será utilizado como sinônimo de TPAS, uma vez que se falará sobre comportamentos não específicos os quais envolvem delinquência, agressividade e baixo controle dos impulsos (Sousa, Hazboun, Rocha & Lucena, 2011; Davoglio & Argimon, 2010; Hauck Filho, Teixeira & Dias, 2009).

O tratamento para TPAS ainda é um desafio para profissionais da área da psicologia e psiquiatria por causa da pouca responsividade dos pacientes com esse diagnóstico, justamente pelas características básicas do transtorno. Rocha (2009) aponta que garotos com desordens comportamentais, com história de abuso de substâncias e que estão engajados com grupos de pares desviantes ou com história de comportamento infrator apresentam maior risco de fracassar nos processos de recuperação e reinserção social e, portanto, também estariam sob maior risco de fracassar na psicoterapia.

Embora se constate a existência de um reduzido número de pesquisas voltadas para a questão da efetividade/eficácia das diferentes abordagens terapêuticas com pacientes com TPAS, a literatura tem demonstrado que a Terapia Cognitivo-Comportamental (TCC) tem alcançado resultados positivos. Como o estudo citado por Gomide (2009) de uma revisão descrevendo 20 pesquisas sobre tratamento para infratores com abordagem cognitivo-comportamental em que encontraram uma redução de reincidência de 20 a 30% em comparação a grupos que não foram tratados (Lipsey, Chapman e Landenberg, 2001), foi realizada uma meta-análise com 32 estudos europeus para determinar quais tratamentos são mais eficazes na redução das taxas de reincidência sobre comportamento delinquente. Esses estudos avaliaram a reincidência durante um período médio de seguimento de dois anos, obtendo uma redução de 12%. Observou-se que as terapias comportamentais e cognitivo-comportamentais produziram as taxas mais baixas de reincidência (Illescas, Sanchez-Meca e Genovés, 2001).

Apesar de o termo *psicopatia* poder abranger outros transtornos de personalidade além do TPAS, essa terminologia está mais frequentemente associada a ele por causa das características presentes na psicopatia relacionadas à agressividade e a condutas antissociais. Tais características podem estar presentes na adolescência e também são sintomas que configuram os critérios diagnósticos do DSM-IV como prevalentes no TPAS como pré-mórbidos, tais como:

A. "apresentar um padrão de desrespeito e violação dos direitos alheios, que ocorre desde os 15 anos", incluindo ao menos três dos seguintes critérios:

1. "incapacidade de adequar-se às normas sociais com relação a comportamentos lícitos, indicada pela execução repetida de atos que constituem motivo de detenção";
2. "propensão para enganar, indicada por mentir repetidamente, usar nomes falsos ou ludibriar os outros para obter vantagens pessoais ou prazer";
3. "impulsividade ou fracasso em fazer planos para o futuro";
4. "irritabilidade e agressividade, indicadas por repetidas lutas corporais ou agressões físicas";
5. "desrespeito irresponsável pela segurança própria ou alheia";
6. "irresponsabilidade consistente, indicada por um repetido fracasso em manter um comportamento laboral consistente ou de honrar obrigações financeiras";
7. "ausência de remorso, indicada por indiferença ou racionalização por ter ferido, maltratado ou roubado alguém".

Além disso, a existência de evidências de transtorno de conduta, com início anterior aos 15 anos, também é considerado um critério diagnóstico para TPAS (DSM-IV-TR, 2002).

Portanto, ao se falar em tratamento para psicopatia, será enfocado o tratamento para TPAS, que poderá ser utilizado com adolescentes que apresentam problemas relacionados a condutas mal adaptativas quanto ao cumprimento de normas sociais e agressividade, em conflito ou não com a lei.

Como se tratam de condutas que prejudicam outras pessoas, ausência de culpa, falta de empatia, a não necessidade de reparação moral por parte de quem as pratica, e por serem sintônicas, ou seja, o indivíduo não percebe como prejudicial a si ou aos outros. O psicopata geralmente chega ao tratamento por uma contingência externa, não raramente, encaminhado pela justiça.

Contudo, torna-se um desafio para o psicoterapeuta transformar essa demanda externa em uma abordagem que possa criar interesse no paciente em rever e modificar estratégias. Conforme Morana, Stone e Abdalla-Filho (2006), não são modificadas as condições básicas, mas os sintomas principalmente comportamentais mal adaptativos. Assim, é fundamental para isso o estabelecimento de uma relação terapêutica segura, colaborativa e estruturada (Costa & Valério, 2008).

Terapia Cognitivo-Comportamental

A terapia cognitivo-comportamental integra técnicas e conceitos das duas abordagens: cognitiva e comportamental. Segundo Serra (2011), iniciaram de forma independente: a terapia cognitiva, na década de 1960, com os estudos, experimentos e observações clínicas de Aaron Beck sobre a depressão e o modelo cognitivo, que, posteriormente, foi ampliado para outras psicopatologias; e a terapia comportamental, na década de 1950, com os estudos de processos de condicionamento de Pavlov e o Behaviorismo de Skinner, contrapondo a psicanálise de que a importância do tratamento estava nos fatores que concorriam para a manutenção do problema em vez de sua suposta origem e de que o objetivo da psicoterapia era a modificação do problema observável. Outros autores também tiveram importância nessa abordagem a exemplo de Eysenck e Wolpe.

No entanto, a terapia comportamental começou a apresentar limitações, demonstradas pelo reduzido sucesso no tratamento da depressão. Como o modelo cognitivo de Beck incluía tarefas comportamentais, os comportamentalistas se interessaram e passaram a incluir técnicas cognitivas em seus programas de tratamento.

Estudiosos começaram a integrar as duas abordagens. Bandura, em 1979, influenciou a consolidação da abertura da ciência do comportamento aos fatores cognitivos por meio de trabalhos sobre a aprendizagem observacional. Também Meichembaum, em 1977, desenvolveu a ideia de "treinamento instrucional", saindo de uma abordagem exclusivamente cognitiva, verificando que mudanças em determinados comportamentos podem evitar pensamentos disfuncionais (Bahls & Navolar, 2004).

Assim, a terapia cognitiva de Beck passou a desenvolver um grande interesse entre os terapeutas como uma das mais fortes ênfases teóricas atuais. Conforme postulam Norcross, Prochaska e Gallagher (1989), esse interesse aumentou em 600% desde 1973.

O tratamento de transtornos de personalidade na abordagem cognitivo-comportamental tem como foco principal a modificação de crenças fundamentais do sujeito, bem como seus padrões de comportamentos desadaptativos (Sousa et al., 2011).

Este capítulo se concentrará basicamente na teoria e técnica cognitiva de Beck. Os axiomas da teoria cognitiva desenvolvida por ele e seus colaboradores, descritos por Bahls e Navolar (2004), embasam resumidamente o entendimento dessa abordagem.

As estruturas básicas nessa abordagem, denominadas esquemas, são estruturas de cognição com significado, ou seja, a maneira como a pessoa interpreta determinada situação e se adapta naquele contexto (estratégias adaptativas), que são ativadas a partir do controle de vários sistemas psicológicos, como comportamental, emocional, sistema de atenção e memória. Esses sistemas cognitivos e os demais sistemas psicológicos interagem, gerando uma categoria de significados que são *construídos pelo indivíduo* e implicam a especificidade do conteúdo cognitivo.

Portanto, esses significados podem ser corretos ou incorretos (disfuncionais) e essas distorções podem acontecer tanto no conteúdo como no processo cognitivo. Quando um indivíduo apresenta uma predisposição a fazer construções cognitivas falhas acerca de uma determinada especificidade, então ele cria uma vulnerabilidade cognitiva para uma síndrome específica. Essa síndrome que constitui a psicopatologia interfere na "Tríade Cognitiva" – em relação ao *self*, ao ambiente (experiência) e ao futuro (objetivo).

Beck (1997) postula dez princípios da terapia cognitiva, a fim de mais bem esclarecer o seu funcionamento e uso da técnica. São eles: 1. "a terapia cognitiva se baseia em uma formulação em contínuo desenvolvimento do paciente e de seus problemas em termos cognitivos"; 2. "requer uma aliança terapêutica segura"; 3. "enfatiza a colaboração e participação ativa"; 4. "é orientada em meta e focalizada em problemas"; 5. "inicialmente, enfatiza o presente"; 6. "é educativa, visa ensinar o paciente a ser seu próprio terapeuta e enfatiza prevenção da recaída"; 7. "visa ter um tempo limitado"; 8. as sessões são estruturadas; 9. "ensina os pacientes a identificar, avaliar e responder a seus pensamentos e crenças disfuncionais"; 10. "utiliza uma variedade de técnicas para mudar pensamento, humor e comportamento".

Todos os aspectos citados são extremamente importantes para uma boa compreensão e capacitação técnica acerca da TCC. Dessa forma, o terapeuta tem melhores condições de tratar qualquer paciente, inclusive aqueles com transtornos de personalidade, ou mesmo adolescentes com transtornos de conduta.

Terapia Cognitivo-comportamental para Tratar Psicopatia

Conforme mencionado anteriormente, nos concentraremos na terapia cognitivo-comportamental no modelo proposto por Beck e colaboradores do Transtorno de Personalidade Antissocial para o entendimento das crenças e dos esquemas, mesmo em pacientes que apresentam idade inferior à considerada como desenvolvimento completo da personalidade, mas que apresentam características semelhantes. Para o tratamento, é necessário compreender tanto a teoria cognitiva como a estruturação da personalidade e também especificamente a personalidade antissocial.

O que gera o comportamento problema (comportamentos desadaptativos, pensamentos disfuncionais e emoções negativas) é o processamento cognitivo da realidade pessoal do indivíduo, em outras palavras, o ato de atribuir significado a algo – esquema. Portanto, os processos cognitivos, afetivos e emocionais dependem dos esquemas, que são estruturas básicas da personalidade. Os traços de personalidade são a expressão manifesta dessas estruturas, que percebemos normalmente como característica da pessoa. Essas características, ou padrões comportamentais representam as estratégias interpessoais desenvolvidas a partir da interação entre disposições inatas e influências ambientais (estratégias básicas).

Beck e Freeman (1993) apontam que, antes de formular o plano de tratamento, é necessário esclarecer o paciente sobre o seu diagnóstico de TPAS, bem como propor condições de tratamento. Entretanto, é fundamental que o psicoterapeuta seja especializado e treinado para pacientes com essa psicopatologia, visto que os sintomas do TPAS são intensos na relação terapêutica. Assim, torna-se imprescindível discutir sobre a colaboração e o comprometimento do paciente no processo psicoterápico, a fim de que ele mesmo se torne responsável pelo processo.

Após essa etapa de contrato inicial e estabelecimento das metas que conduzirão o processo terapêutico, trabalham-se as estratégias de mudança cognitiva e de comportamento de modo que o paciente possa desenvolver e fortalecer condutas mais adaptativas e assertivas, tornando-se menos rígido (Sousa et al., 2011).

A crença básica da personalidade antissocial é de que "as pessoas são usáveis" e a estratégia, ou comportamento manifesto é o ataque (Beck & Freeman, 1993). As pessoas acometidas por esse transtorno apresentam como estratégias hiperdesenvolvidas a combatividade, a exploração e a predação, e como estratégias subdesenvolvidas a empatia, a reciprocidade e a sensibilidade social. Portanto, tendem a ver a si mesmas como autônomas e fortes e aos outros como exploradores (que merecem ser explorados) ou como fracos e vulneráveis (que merecem ser predados).

Beck e Freeman (1993) postulam que esses pacientes tem como crenças nucleares: "preciso cuidar de mim"; "preciso agredir para não ser agredido"; "os outros são exploradores, por isso tenho o direito de explorá-los também"; e "os outros são otários". Com isso, sentem-se no direito de infringir as regras, pois é a partir das suas crenças, da sua forma pessoal de interpretação do mundo que será influenciada a tríade cognitiva: como ele se vê (forte e independente), como percebe o ambiente (explorador ou vulnerável) e o futuro (tirar proveito, tirar vantagem), conduzindo suas estratégias de conduta. As estratégias desses pacientes vão desde as mais sutis como manipulações, até as mais manifestas como agredir ou fraudar. Nos adolescentes podem aparecer, por exemplo, nos atos de *bullying* escolar, furtos, tráfico de entorpecentes, brigas, dirigir em alta velocidade ou embriagado, fraudar a assinatura dos pais para proveito próprio, dentre outros.

As ações são influenciadas pelas crenças disfuncionais a respeito de si, do mundo e do futuro, perpetuadas por experiências seletivas e confirmadoras. Como possuem crenças autofavorecedoras, enfatizando satisfações pessoais imediatas e minimizando consequências futuras, não aceitam conselhos ou orientações, tendendo a menosprezar a atitude ou até mesmo a figura do terapeuta. Por isso, a abordagem não deve ser feita dessa forma, mas em termos de uma revisão histórica, em que poderá ser desenvolvida uma lista de áreas problemáticas para dirigir o conteúdo e o foco das próximas sessões. Morana e colaboradores (2006) enfatizam que é importante também tratar as comorbidades que podem estar associadas ao transtorno. Conforme Costa e Valério (2008), é bastante comum a coexistência de TPAS e uso de substâncias psicoativas, entretanto, ainda não são conclusivas as relações entre ambos. Daí a necessidade de haver um cuidado maior no diagnóstico, visto que geralmente se trata apenas o transtorno de personalidade, sendo desconsiderada a co-ocorrência do uso de drogas.

O paciente tem um papel ativo na identificação e correção dos pensamentos e comportamentos disfuncionais e quanto mais colaboração o terapeuta conseguir do paciente, mais chance de a terapia obter os resultados esperados de mudança de comportamento. A terapia cognitiva concentra-se no sentido de ajudar o paciente a mudar os pensamentos predominantemente concretos e imediatistas para pensamentos com um espectro mais amplo de possibilidades e desenvolvimento de crenças alternativas. Dessa forma, auxilia o paciente a desenvolver a acurácia do processamento de informações e a aprendizagem de novas estratégias mais adaptativas para atuar no ambiente (Costa & Valério, 2008).

Relação Terapêutica

A aliança estabelecida entre terapeuta e paciente pode ser determinante para bons resultados. Ao compreender que esse aspecto exige a análise da dupla terapeuta-paciente, percebe-se que, embora o paciente seja o responsável por seus progressos, o psicoterapeuta também exerce papel importante e muitas vezes decisivo para o sucesso do tratamento. Nessa perspectiva, torna-se indispensável que o profissional esteja preparado para lidar com uma aliança instável, na qual há dificuldades de relacionamento com o paciente, desonestidade e problemas de raiva (Sousa et al., 2011).

Na modalidade da TCC, o terapeuta tem como papel ser um catalizador do processo do paciente, auxiliando-o a tornar-se autônomo. Para isso, um dos aspectos a ser considerado é a relação terapêutica positiva, a qual é bastante importante para que a meta seja alcançada, podendo contribuir para o sucesso da terapia (Cottraux & Matos, 2007). Para Alford e Beck (1997), a relação terapêutica proposta pela terapia cognitiva trata-se de uma relação de colaboração empírica, na qual dois investigadores trabalham juntos para a resolução de problemas.

A partir da relação terapêutica, o profissional poderá obter mais informações sobre os comportamentos do paciente, especialmente os que se referem aos relacionamentos com outros. Dessa forma, o terapeuta tem mais condições de perceber as sutilezas de comportamentos que poderiam se perder caso apenas fossem relatadas, e não vivenciadas nessa dupla (Young, Klosko & Weishaar, 2008).

Cada tipo de psicopatologia demandará um tipo diferente de abordagem e relação com o paciente. No caso de pacientes com TPAS cuja crença, em relação ao tratamento, é "devo dominar o terapeuta senão ele me controlará", o profissional precisará utilizar as seguintes estratégias para colaboração do paciente: "estabelecer contrato claro, valorizar as possibilidades de tratamento, manter objetivos mutuamente aceitáveis, postura de segurança e ausência de comportamento defensivo" (Calsa, Fagundes & Bakos, 2008).

Para Beck e Freeman (1993), o papel do terapeuta é guiar o paciente a um processo mais abstrato e elevado de pensamentos, por meio de "discussões dirigidas, exercícios cognitivos estruturados e experimentos comportamentais". Entretanto, precisam esclarecer ao paciente que seu trabalho não é ser juiz, mas sim um parceiro cooperador ou um assistente em sua avaliação pessoal, além de um especialista nesse processo de avaliação. Conforme Cordess, Davidson, Morris e Norton (2007), pode acontecer de o terapeuta apresentar uma postura mais niilista, visto que frequentemente os pacientes com TPAS são estigmatizados como farsantes e trapaceiros. No entanto, isso impossibilita uma postura terapêutica adequada, na qual o profissional proporciona um ambiente mais acolhedor, mostrando disposição para ouvir a verdade. Dessa forma, busca-se evitar a postura retraída e defensiva do paciente, algo que seria considerado antiterapêutico.

É necessário que a relação terapêutica se diferencie das demais relações do cotidiano do paciente. Isso é possível devido ao caráter profissional do vínculo, compreendendo a assimetria – isto é, surge a partir da demanda do paciente – a remuneração e o enquadramento – estrutura específica dos encontros, tais como duração, valor da sessão entre outros (Calsa, Fagundes & Bakos, 2008). O enquadre é imprescindível para melhor definir os papéis. Ressalta-se ainda que a motivação para o tratamento é um aspecto fundamental a ser considerado quando da busca por psicoterapia.

Ainda, o terapeuta precisa atentar para o manejo das sessões, ou seja, evitar faltas suas e excessivas remarcações, pois o paciente antissocial apresenta grande sensibilidade para identificar rejeição ou crítica, o que poderia dificultar ainda mais o processo terapêutico (Sousa et al., 2011). É bastante comum que pessoas com TPAS tenham experienciado situações de rejeição e perdas. A fim de evitar a associação de perda e rejeição no processo psicoterápico, o profissional deve programar o término do tratamento ou eventuais intervalos com antecedência (Cordess et al., 2007).

Pacientes não colaborativos são um desafio para o terapeuta. Beck e Freeman (1993) referem que nesses casos é preciso que a relação terapêutica não seja convencional, isto é, além das estratégias cognitivas, afetivas e comportamentais, é necessário que a relação seja mais íntima e calorosa. Para Calsa, Fagundes e Bakos (2008, p. 17), a aliança terapêutica pode ser considerada como o melhor prognóstico do resultado do tratamento, ou seja, a relação terapêutica será fundamental para que sejam alcançadas as metas de forma mais eficaz. Nesse sentido, o terapeuta cognitivo ideal deve ter a sensibilidade para adaptar a estrutura da terapia para determinados clientes, a fim de maximizar a colaboração em um relacionamento terapêutico positivo.

O terapeuta precisa estar atento à aliança estabelecida, pois podem surgir barreiras ao longo do tratamento, cujo resultado pode ser o abandono ou fracasso. A percepção dessas dificuldades proporciona ao profissional explorar e resolver conflitos, especialmente porque o paciente poderá ter uma experiência emocional corretiva (Calsa, Fagundes & Bakos, 2008). Safran (2002) propõe alguns princípios a fim de rastrear e restaurar as falhas existentes na relação terapêutica: perceber as rupturas na aliança; estar consciente de seus próprios sentimentos; aceitar a responsabilidade sobre a falha na interação; transmitir um entendimento empático da experiência do paciente; manter uma postura de observador-participante, evitando a armadilha *status quo* da dinâmica da relação.

Calsa, Fagundes e Bakos (2008) atentam para a posição do terapeuta em observador-participante. Nessa perspectiva, o profissional precisa estar consciente de que neutralidade não existe, e, portanto, necessita estar alerta para seu viés observacional, por entender que não há imparcialidade.

Pacientes com TPAS demandam maior tempo de tratamento, pois apresentam falhas em suas habilidades interpessoais e, principalmente, por se tratar de um transtorno de personalidade, tratamentos curtos podem ser ineficazes para gerar mudanças em crenças tão arraigadas (Cordess et al., 2007). Além disso, nesses casos, há maiores obstáculos, tais como a resistência à aliança terapêutica e à colaboração. Entretanto, para o próprio terapeuta, trabalhar com pacientes com esse diagnóstico não é uma tarefa fácil, tendo em vista que nesses casos o profissional tende a ter reações desfavoráveis à vinculação.

Percebe-se até aqui que a proposta da terapia não é fazer com que o paciente modifique sua estrutura de base ou que desenvolva empatia ou compaixão pela sua vítima, o que provavelmente se mostraria um fracasso, mas trabalhar o sintoma e modificar o padrão de comportamento para outro mais adaptado. Por exemplo, no caso de um agressor de gênero, que agride a mulher por perceber-se mais forte do que ela e ao mesmo tempo notar a experiência como se ela tivesse uma atitude que o incomoda. Ele toma a agressão como forma de "resolver o problema", evitando imediatamente que ela continue a incomodá-lo e minimizando as consequências futuras. Sabendo que lhe falta a capacidade de desenvolver empatia pela mulher e que o episódio pode se repetir, o terapeuta pode auxiliá-lo a abrir um leque de crenças alternativas acerca do fato "de a mulher incomodá-lo", bem como alternativas de comportamento ou resposta quando ele se sentir novamente incomodado pela mulher, que seja mais aceitável e com consequências melhores.

A ideia da terapia cognitivo-comportamental é a de que seja um trabalho colaborativo entre terapeuta e paciente, a fim de que haja uma adesão melhor ao tratamento, bem como seu sucesso. Entretanto, como já fora dito, muitas vezes um adolescente com traços de TPAS é encaminhado para tratamento, o que representa uma demanda externa a ele, ou seja, ele não necessariamente estará motivado para o tratamento, dificultando o estabelecimento do vínculo, e, consequentemente, o bom desenvolvimento do processo terapêutico.

Técnicas Utilizadas

A terapia cognitivo-comportamental é cientificamente fundamentada. Utiliza-se de procedimentos ativos, diretos e estruturados para o tratamento de uma variedade de transtornos psicológicos. O questionamento é seu principal instrumento. Além disso, o paciente passa a ter maior responsabilidade pelo seu tratamento, especialmente por meio das tarefas de casa, as quais são desenvolvidas fora do *setting* terapêutico (Calsa, Fagundes & Bakos, 2008).

Beck e Freeman (1993) consideram um desafio tratar pacientes com TPAS, especialmente devido a poucas evidências da eficácia do tratamento. Adshead (2001, como citado em Morana et al., 2006) concorda com esses autores sobre ser um desafio o tratamento de pacientes com transtorno de personalidade. Ele propõe que sejam considerados sete fatores a fim de verificar a viabilidade de tratamento: 1. natureza e gravidade da patologia; 2. grau de invasão do transtorno em outras esferas psicológicas e sociais, além do seu impacto no funcionamento em diferentes âmbitos da vida; 3. saúde prévia, existência de comorbidade e fatores de risco; 4. momento da intervenção diagnóstica e terapêutica; 5. experiência e disponibilidade da equipe de trabalho; 6. disponibilidade de unidades especializadas no atendimento de condições especiais; e, por fim, 7. conhecimento científico sobre o transtorno e atitudes culturais quanto à concepção do tratamento.

Alguns aspectos considerados por Adshead também o são na perspectiva da terapia cognitivo-comportamental, principalmente pela preocupação em estabelecer o diagnóstico para planejamento das estratégias de intervenção. Assim, o papel inicial do terapeuta é identificar os transtornos presentes e iniciar o contrato terapêutico, o qual deve ser explícito, informativo acerca do diagnóstico de TPAS e deve estabelecer limites claros para o envolvimento do paciente no tratamento (Beck & Freeman, 1993). Entretanto, pacientes com esse transtorno provavelmente não veem sentido em continuar em psicoterapia, visto que acreditam que os seus problemas nada mais são do que uma incapacidade dos outros em aceitá-los, ou ainda como um desejo de restrição à sua liberdade. Com isso, questiona-se até que ponto adolescentes com traços de personalidade antissocial realmente estão motivados e interessados em seu tratamento quando são encaminhados para tratamento pelo judiciário.

Ao pensar em tratamento para pacientes com TPAS, Beck e Freeman (1993) consideram relevantes todas as informações sobre a história de vida do paciente, pessoas significativas para ele. Dessa forma, é possível desenvolver uma lista de áreas problemáticas, a qual pode ser utilizada para direcionar o conteúdo e o foco das sessões. Além disso, os autores salientam a importância de identificar as distorções cognitivas, passíveis de intervenção, presentes em cada área-problema. Geralmente, as crenças favorecedoras desses pacientes possuem as seguintes características: justificação; pensar é acreditar; infalibilidade pessoal; sentimentos fazem fatos; a impotência dos outros; e consequências de baixo impacto. Por isso, seus pensamentos e reações automáticos estão frequentemente distorcidos. Assim, por meio de sua crença subjacente de que estão sempre certos, dificilmente eles questionarão suas ações.

O processo da TCC para pacientes com TPAS "pode ser conceitualizado em termos de uma hierarquia de funcionamento cognitivo", no qual o papel do terapeuta é guiar o paciente "rumo a um processo mais abstrato e elevado de pensamentos, mediante discussões dirigidas, exercícios cognitivos estruturados e experimentos comportamentais" (Beck & Freeman, 1993, p. 117-118).

No nível mais baixo da hierarquia, o paciente pensa apenas em termos de interesse próprio, baseando-se na obtenção de recompensas ou na evitação de punições imediatas, sem consideração para com os outros. No nível seguinte, o paciente "reconhece as implicações de seu comportamento e tem algum entendimento de como este afeta os outros, com a visão voltada para um interesse próprio mais a longo prazo". O paciente já demonstra alguma preocupação com algumas pessoas específicas. Geralmente, nessa etapa o terapeuta insere os conceitos de pensamento e comportamento disfuncionais, e encoraja o paciente a testar soluções alternativas.

No terceiro nível, o paciente já apresenta um sentido de responsabilidade e de cuidado pelos outros (Beck & Freeman, 1993, p. 118).

Para Beck e Freeman (1993), em termos de intervenções mais específicas, em um primeiro momento cabe ao terapeuta explicar sobre o TPAS, informando tratar-se de um transtorno do estilo de vida, cujas raízes estão na infância e adolescência, e traz uma série de consequências negativas. O terapeuta coloca-se no lugar de observador interessado, favorecendo a aliança terapêutica, especialmente quando são utilizadas as estratégias de colaboração, já descritas anteriormente.

A fim de envolver o paciente no tratamento, o terapeuta o orienta quanto a: comparecimento regular às sessões; participação ativa em discussões; e envolvimento no planejamento e realização de tarefas. Dependendo da forma como o paciente agirá após esse contrato, isto é, se seguirá as combinações ou não, o terapeuta poderá tomar os seguintes caminhos: caso o paciente não esteja seguindo o contrato terapêutico, o profissional deverá inquirir diretamente sobre o modo de o cliente perceber o tratamento, e caso isso não surta efeito, por volta da quarta sessão, o terapeuta pode discutir acerca de continuar ou não o tratamento (Beck & Freeman, 1993).

Apesar de ser difícil tratar paciente com TPAS ou traços já presentes desse transtorno, algumas técnicas podem ser empregadas, sem necessariamente repercutir da forma como o terapeuta imagina. Dentre as técnicas utilizadas destaca-se a de "Resolução de Problemas", cujos objetivos são: auxiliar o paciente na identificação dos problemas; ajudá-lo a reconhecer os recursos que possui; ensiná-lo um método sistemático de solucionar os problemas, para que possa lidar com problemas futuros (Hawton & Kirk, 1997). Essa técnica possui quatro passos: 1. identificar claramente a situação problema; 2. pensar em soluções para cada problema específico, desconsiderando a razoabilidade das opções. Em outros termos, trata-se de uma "chuva de ideias" (*brainstorming*), na qual o paciente simplesmente relata opiniões que lhe vem em mente; 3. após, cada uma das possíveis soluções passam por uma avaliação de vantagens e desvantagens que pode ser discutida entre o terapeuta e o paciente; 4. em seguida, é escolhida a opção mais adequada para resolução daquele problema e discutida sua implementação (Donida & Araujo, 2008).

Outra técnica que pode ser utilizada em pacientes com esse diagnóstico ou traços de TPAS é o "Questionamento Socrático", "Diálogo Socrático" ou ainda conhecido como "Descoberta Guiada", cujo objetivo é permitir que o paciente tenha um *insight* sobre seus pensamentos distorcidos (Knapp & Beck, 2008). Conforme Donida e Araujo (2008), esta técnica consiste em o terapeuta levantar uma série de questões cuidadosamente elaboradas para que o paciente possa chegar a conclusões lógicas em relação a um problema e para fornecer diretrizes adequadas para suas futuras ações. Assim, o terapeuta escuta atentamente ao que o paciente lhe relata, questionando-lhe até que este perceba as distorções existentes entre seu pensamento e as consequências de seus atos.

Uma vez aderido ao tratamento, o terapeuta pode discutir a lista de problemas com o paciente. No entanto, é comum que aquele se defronte com a negação deste aos seus problemas.

Assim, o terapeuta precisará cuidar para não coagir o paciente, posto que pode prejudicar a aliança terapêutica. A forma mais adequada de intervenção é revisar os critérios para TPAS, comparando-os com a história de vida do paciente, lembrando que se trata de um transtorno sério, o qual afeta o julgamento e o comportamento, tendendo a consequências bastante negativas em longo prazo. Conforme Beck e Freeman (1993) "os pacientes antissociais tendem mais a reconhecer os problemas quando eles conseguem ver uma nítida desvantagem pessoal que seja tangível e relevante na vida diária".

A fim de evitar a prisão, alguns pacientes são encaminhados a tratamento. Entretanto, sua participação tende a ser superficial. Cabe ao terapeuta estar atento quanto a isso, pois este pode trabalhar pensando em "resgatar" quem precisa, enquanto, de fato, estará reforçando o comportamento antissocial do paciente, uma vez que estará protegendo-o das consequências legais de suas ações (Beck & Freeman, 1993).

Considerações Finais

Os procedimentos cognitivo-comportamentais focam na origem das crenças, expectativas, percepções e atributos de si mesmo e a respeito dos outros, assim como das cognições e dos comportamentos e sentimentos individuais. Intervenções nesse enfoque enfatizam os processos de informação cognitiva, mas também as mudanças dos comportamentos aparentes dos indivíduos, particularmente no contexto das interações interpessoais (Henggeler, Schoenwald, Borduin, Rowland & Cunningham, 1998).

Dois construtos são centrais para a maioria das intervenções cognitivo-comportamentais: deficiências cognitivas e distorções cognitivas. Cada um deles representa um tipo particular de problema no processamento de informações. Indivíduos caracterizados por déficits cognitivos apresentam pensamento pouco suficiente em situações que requerem prudência antes de realizar a ação (eles agem impulsivamente) e indivíduos caracterizados por distorções cognitivas agem de acordo com pensamentos defeituosos, como um jovem agressivo que interpreta uma colisão inadvertida como intencional e hostil. A partir de uma perspectiva cognitiva-comportamental, os sujeitos com problemas com o controle dos impulsos necessitam de tratamento que lhes proporcione habilidades para superar as deficiências cognitivas.

Tratar adolescentes com traços de TPAS não é uma tarefa fácil. Especialmente porque esse tipo de paciente acredita que não precisa de tratamento em virtude das características antissociais e até da própria adolescência. Dessa forma, a motivação para a mudança torna-se um dos principais desafios para os profissionais, cuja demanda externa precisa tornar-se de interesse do paciente.

Embora o adolescente tenha responsabilidade pelo seu tratamento, é imprescindível que o terapeuta esteja atento ao seu próprio papel no setting terapêutico, bem como às intervenções que irá propor. Esses aspectos são fundamentais para uma boa aliança terapêutica e, consequentemente, para o sucesso do tratamento.

O terapeuta precisa estar sempre atento ao que ocorre ao longo das sessões, questionando-se sobre qual é a real participação do paciente no tratamento. Assim, o profissional tem mais condições de relembrar a responsabilidade do paciente em sua melhora, reforçando o quanto tais características o prejudicam.

Embora haja poucos estudos acerca da eficácia do tratamento para esse tipo de psicopatologia, a TCC apresenta recursos que podem favorecer o sucesso do tratamento, especialmente quando comparada a outros tratamentos mais tradicionais, como o psicanalítico. No entanto, mais importante que a técnica propriamente dita é a relação estabelecida entre terapeuta-paciente, a qual determinará o resultado final do trabalho.

Ainda é um desafio tratar pacientes com psicopatia, especialmente no que se refere a adolescentes com esses traços aparentes. A TCC vem contribuir com intervenções mais diretivas e objetivas, a fim de mudar padrões de comportamento disfuncionais. No entanto, a aderência desses pacientes ainda se mostra bastante incipiente, dificultando o processo terapêutico.

Referências

Alford, A.; & Beck, A, (1997). *The integrative power of cognitive therapy*. New York: The Guilford Press.

Bahls, S. C.; & Navolar, A. B. (2004). Terapia cognitivo-Comportamental: conceitos e pressupostos teóricos. PsicoUTP online. *Revista Eletrônica de Psicologia* (4).

Beck, A.; & Freeman, A. (1993). *Terapia Cognitiva dos Transtornos de Personalidade*. Porto Alegre: Artes Médicas.

Beck, A.; Rush, A. J.; Shaw, B. F.; & Emery, G. (1996). *Terapia Cognitiva da depressão*. Porto Alegre: Artes Médicas.

Beck, J. S. (1997). *Terapia Cognitiva: teoria e prática*. Porto Alegre: Artes Médicas.

Calsa, D. C.; Fagundes, L.; & Bakos, D. S. (2008). Relação terapêutica na terapia cognitivo-comportamental: lidando com clientes de difícil manejo. In: Piccoloto, N. M.; Wainer, R.; & Piccoloto, L. B. (Org.). *Tópicos especiais em terapia cognitivo-comportamental*. São Paulo: Casa do Psicólogo. 11-35.

Cordess, C.; Davidson, K.; Morris, M.; & Norton, K. (2007). Transtornos Anti-Sociais do "Grupo B". In: G. O. Gabbard; J. S. Beck; & J. Holmes. *Compêndio de Psicoterapia de Oxford*. (1.ed). Oxford: Artmed, 368-382.

Costa, J. B. P.; & Valério, N. I. (2008). Transtorno de personalidade anti-social e transtornos por uso de substâncias: caracterização, comorbidades e desafios ao tratamento. *Temas em Psicologia*. 16 (1), 119-132.

Cottraux, J.; & Matos, M. G. (2007). Modelo europeu de formação e supervisão em Terapias Cognitivo-Comportamentais (TCCs) para profissionais de saúde mental. *Revista Brasileira de Terapias Cognitivas*. 3 (1).

Davoglio, T. R.; & Argimon, I. I. L. (2010). Avaliação de comportamentos anti-sociais e traços de psicopatas em psicologia forense. *Avaliação Psicológica*. 9 (1).

Donida, D. T.; & Araujo, R. B. (2008). Técnicas da Terapia Cognitivo-Comportamental. In: Piccoloto, N. M.; Wainer, R.; & Piccoloto, L. B. (Org.). *Tópicos especiais em terapia cognitivo-comportamental*. São Paulo: Casa do Psicólogo. 291-324.

DSM-IV-TR - *Manual diagnóstico e estatístico de transtornos mentais*. (2002). 4.ed. Porto Alegre: Artmed.

Fernandes, L. F. B.; Silveira, L. R.; Miyazaki, M. C.; Domingos, N. A. M.; Luiz, A. M. A. G.; & Micheletto, M. R. D. (2008). Eventos aversivos e depressão na adolescência: relato de caso. *Revista Brasileira de Terapias Cognitivas*. 4 (1)

Gomide, P. I. C. (2009). Reintegração do adolescente infrator ao meio social. In: S.L.R. Rovinski & R.M. Cruz. *Psicologia Jurídica – Perspectivas teóricas e processos de intervenção*. São Paulo: Vetor Editora, 171-180.

Hauck Filho, N.; Teixeira, M. A. P.; & Dias, A. C. G. (2009). Psicopatia: o construto e sua avaliação. *Avaliação Psicológica*. 8 (3).

Hawton, K.; & Kirk, J. (1997). Resolução de Problemas. In: K. Hawton; P. M. Salkovskis; J. Kirk; & D. M. Clark. (1997). *Terapia Cognitivo-Comportamental para problemas psiquiátricos: um guia prático*. São Paulo: Martins Fontes. 575-604

Hawton, K.; Salkovskis, P. M.; Kirk, J.; & Clark, D. M. (1997). *Terapia Cognitivo-Comportamental para problemas psiquiátricos: um guia prático*. São Paulo: Martins Fontes.

Henggeler, S. W.; Schoenwald, S. K.; Borduin, C. M.; Rowland, M. D.; & Cunningham, P. B. (1998). Multisystemic Treatment of Antisocial Behavior in Children and Adolescents. In: Barlow, D. H. (Editor). *When and How to Conduct Individually Oriented Interventions: cognitive-behavioral Therapies*. New York: The Guilford Press. p. 172-175.

Huss, M.T. (2011). *Psicologia Forense: pesquisa, prática clínica e aplicações*. Artmed.

Illescas, S.R.; Sanchez-Meca, J. e Genovés, V.G. (2001). Treatment of offenders and recidivism: assessment of the effectiveness of programmes aplied in Europe. *Psychology in Spain*, v.5, n.1, p.47-62.

Knapp, P.; & Beck, A. T. (2008). Fundamentos, modelos conceituais, aplicações e pesquisa da terapia cognitiva. *Revista Brasileira de Psiquiatria*. 30 (supl.2).

Morana, H.; Stone, M.; & Abdalla-Filho, E. (2006). Transtornos de Personalidade, Psicopatia e Serial Killers. *Revista Brasileira de Psiquiatria*. 28 (supl. II), 74-9.

Norcross, J. C.; Prochaska, J. O.; & Gallagher, K. M. (1989). Clinical Psychologists in 1980's: Theory, research anda practice. *The Clinical Psychologist*. 42 (3), 45-54.

Rocha, G. V. M. (2009). Psicoterapia com infratores de alto risco: trabalhando a mentira, a vergonha e a culpa. In: S. L. R. Rovinski & R. M. Cruz. *Psicologia Jurídica – Perspectivas teóricas e processos de intervenção*. São Paulo: Vetor Editora. 195-208.

Ronchetti, R. (2009). *Estudo de Revisão e Fidedignidade do Inventário de Psicopatia de Hare: Versão Jovens (PCL-YV)*. Dissertação. Programa de Pós-Graduação em Psicologia. Pontifícia Universidade Católica do Rio Grande do Sul.

Safran, J. D. (2002). *Ampliando os limites da terapia cognitiva: o relacionamento terapêutico, a emoção e o processo de mudança*. Porto Alegre: Artmed.

Schmitt, R.; Pinto, T. P.; Gomes, K. M.; Quevedo, J.; & Stein, A. (2006). Personalidade psicopática em uma amostra de adolescentes infratores brasileiros. *Revista de Psiquiatria Clínica*. 33 (6).

Serra, A. M. M. (2011). *Terapia Cognitivo, terapia cognitivo-comportamental e terapia comportamental*. Disponível em: <http://www.itcbr.com/artigo_drana_tc.shtml>. Acesso em 20 jan. 2011.

Sousa, H. K. C.; Hazboun, A. M.; Rocha, H. R. R. P.; & Lucena, M. C. M. D. (2011). *Transtorno Antisocial de la personalidad: um estúdio teorico*. 12º Congresso Virtual de Psiquiatria Interpsiquis.

Vasconcellos, S. J. L.; & Gauer, G. J. C. (2004). A abordagem evolucionista do Transtorno de Personalidade Anti-Social. *Revista de Psiquiatria do Rio Grande do Sul*. 26 (1), 78-85.

Young, J. E.; Klosko, J. S.; & Weishaar, M. E. (2008). *Terapia do Esquema: guia de técnicas cognitivo-comportamentais inovadoras*. Porto Alegre: Artmed.

CAPÍTULO 10

Adolescência e ato infracional: reflexões sobre o sentido da socioeducação na privação de liberdade

Analice Brusius[1]
Liana Lemos Gonçalves[2]

O presente trabalho é o resultado da elaboração teórica e vivenciada a partir da experiência de profissionais da área da psicologia e da educação que atuam na Fundação de Atendimento Socioeducativo do Rio Grande do Sul (FASE/RS), com adolescentes em cumprimento de medida socioeducativa de privação de liberdade. A oportunidade de discutir um tema tão polêmico e contraditório ao nosso entendimento – a socioeducação na medida de privação de liberdade – promove uma reflexão do que é realizado e do que ainda deve ser alcançado.

São incontestáveis os avanços na legislação brasileira que foram conquistados ao longo dos anos no sentido de promover regramentos às ações destinadas ao enfrentamento de situações de violência envolvendo crianças e adolescentes e que estão em consonância com a Declaração Universal dos Direitos Humanos e, em especial, com acordos internacionais na área dos direitos da criança e do adolescente da qual o Brasil é um dos signatários, sendo o próprio Estatuto da Criança e do Adolescente (ECA) um exemplo disso. Mais especificamente na área da socioeducação temos o Sistema Nacional Socioeducativo (Sinase) que atua como uma política nacional, e, no Rio Grande do Sul, o Programa de Execução de Medidas Socioeducativas de Internação e

---

[1] Psicóloga da Fundação de Atendimento Socioeducativo do Rio Grande do Sul (FASE/RS). Mestranda em Ciências Sociais pela Universidade do Vale do Rio dos Sinos (Unisinos).
[2] Pedagoga da FASE-RS. Mestre em Educação pelo Programa de Pós-graduação em Educação (PPGEDU) da Universidade Federal do Rio Grande do Sul (UFRGS).

Semiliberdade (PEMSEIS). Sem dúvida, essas regulamentações delimitam marcos referenciais importantes, numa seara que, por muito tempo, foi dominada pela falta de parâmetros, fazendo sobrar exemplos de violações de direitos e de exacerbação da violência.

Apesar dessas boas notícias, os desafios que se colocam na realidade das instituições a fim de que se consiga legitimar a socioeducação como inerente a todas as ações que se dirigem ao adolescente autor de ato infracional são imensos. Por isso, aqui buscaremos retratar um pouco desse cenário. Talvez, se pudéssemos falar abrangentemente do que ocorre, teríamos de apontar que as gestões públicas, assim como as instituições de privação de liberdade, são feitas por pessoas e que elas, por sua vez, fazem parte, assim como nós, da sociedade que produz, cada vez em maior escala, a conexão da juventude com a violência.

Assim, para que se discuta as possibilidades e os limites em promover a socioeducação de adolescentes que cumprem medida socioeducativa de privação de liberdade, iniciaremos situando o surgimento da nova legislação e da regulação da medidas socioeducativas e os seus marcos conceituais. Depois, contextualizaremos a relação do adolescente com os atos infracionais por meio de reflexões sobre a violência. Utilizaremos para tanto aportes teóricos de diferentes áreas do conhecimento, pois acreditamos que a complexidade desse tema exige uma compreensão ampla do que envolve a sua produção e perpetuação na sociedade. Além disso, buscaremos ilustrar a abordagem teórica referida com dados estatísticos quantitativos e principalmente por meio de experiências vividas junto aos adolescentes[3].

Por fim, gostaríamos de destacar que a nossa trajetória profissional ao longo dos anos foi formada junto a adolescentes, sendo que em alguns espaços institucionais eles eram vítimas de violência e em outros eram considerados autores. Atualmente, nosso trabalho com adolescentes em situação de privação de liberdade se materializa no Centro de Atendimento Socioeducativo de Novo Hamburgo (CASE/NH), uma das Unidades da FASE/RS. Entre esses adolescentes, suas histórias de vida marcadas por episódios de violência nos quais foram autores se confundem com as situações nas quais foram vítimas. É notório que muitas vezes somente quando essa condição é reconhecida durante a privação de liberdade que o adolescente consegue ter a chance de produzir um novo sentido para a própria vida.

Conquistas Importantes

Até o fim da década de 1980, a lei que "amparava" as crianças e os adolescentes de nosso país era o Código de Menores (Lei n° 6.697, de 10 de outubro de 1979). Vivia-se sob uma doutrina social e legal para meninos e meninas que era a da menoridade absoluta ou da doutrina da situação irregular.

---

[3] Gostaríamos de esclarecer que todas as falas e o breve relato de caso de um adolescente não estão identificados e são referidos de forma a não aprofundar nenhuma característica particular dos adolescentes mencionados nem o local ou período em que cumpriram medida socioeducativa, preservando, assim, o sigilo em relação a eles.

Essa doutrina via crianças e adolescentes como "menores" ou em "situação irregular". Levava-se em conta não só os atos delituosos, mas também os comportamentos de inadaptação ou irregulares que exigissem medidas de proteção ou de reeducação, devido a negligência familiar ou social. O juiz de menores, na época, aplicava as mesmas medidas tanto para casos sociais quanto para os que envolviam prática de atos infracionais sendo que a internação, por exemplo, podia ser determinada àqueles que eram considerados carentes, abandonados, inadaptados ou infratores, ocasionando o que Costa (2006) chama de "o ciclo perverso da institucionalização compulsória". A Fundação Estadual do Bem-estar do Menor (Febem) cumpriu por muito tempo com essa função, e está até hoje presente no imaginário social, como o local para onde crianças e adolescentes indisciplinados eram encaminhados ou ainda são, como a "casa dos horrores" (Craidy & Gonçalves, 2005).

Nossas crianças e adolescentes foram "vítimas" do Código de Menores até a aprovação da Constituição Brasileira de 1988 que, baseada na Doutrina da Proteção Integral, passou a vê-los como sujeitos de direitos, inimputáveis até os 18 anos e sujeitos às normas da legislação especial. Com a derrubada do Código de Menores, surge em 1990 o Estatuto da Criança e do Adolescente (ECA – Lei Federal 8.069, de 13 de julho de 1990). A partir de então, é abolido o estigmatizante termo "menor" e inicia-se a utilização dos termos "crianças" e "adolescentes" que passam a ser *cidadãos, sujeitos de direitos, pessoas em desenvolvimento* que devem ser tratadas com *prioridade absoluta*. Depreende-se, então, que, ao contrário do antigo Código de Menores que se dirigia apenas aos menores em situação irregular, o ECA destina-se a todas as crianças e os adolescentes, sem exceção alguma.

É diferente do que os defensores da velha ordem bradam e do que os pouco entendidos falam, o ECA não surgiu apenas para proteger e dar direitos a crianças e adolescentes. Ele aponta direitos e deveres e em nenhum momento é paternalista e benevolente com o adolescente autor de ato infracional, visto que o responsabiliza penalmente. Se processado e considerado responsável pela prática de um ato infracional o adolescente receberá uma medida socioeducativa que mais bem corresponda à natureza e à gravidade do ato praticado.

De acordo com o artigo 112 do ECA, verificada a prática de ato infracional, ou seja, uma conduta descrita como crime ou contravenção penal, a autoridade competente poderá aplicar ao adolescente (pessoa entre 12 e 18 anos de idade) as seguintes medidas socioeducativas: I – advertência; II – obrigação de reparar o dano; III – prestação de serviços à comunidade; IV – liberdade assistida; V – inserção em regime de semiliberdade ou VI – internação em estabelecimento educacional. Já as crianças (pessoas com até 12 anos de idade incompletos), receberão medidas protetivas, previstas no artigo 101 do ECA.

As medidas socioeducativas aplicadas a adolescentes têm como objetivo não só responsabilizá-los, demonstrando que suas condutas foram erradas, desincentivando-os a repeti-las, mas também reeducá-los. Desse modo, essas medidas pretendem incutir nos jovens valores de cidadania, viabilizando outra inserção na sociedade.

Cabe lembrar ainda que a medida socioeducativa de internação, segundo o artigo 121 do ECA,

> (...) está sujeita aos princípios de brevidade, excepcionalidade e respeito à condição peculiar de pessoa em desenvolvimento, devendo ser aplicada, de acordo com o artigo 122, quando tratar-se de ato infracional cometido mediante grave ameaça ou violência a pessoa, por reiteração no cometimento de outras infrações graves ou por descumprimento reiterado e injustificável da medida anteriormente imposta, sendo que em nenhuma hipótese poderá ser aplicada a internação havendo outra medida adequada.

O ECA já completou 20 anos. Muitos avanços foram alcançados, mas ainda temos um caminho a percorrer. Práticas pedagógicas em detrimento das punitivas são apenas alguns dos desafios propostos aos operadores do sistema de garantia de direitos.

Em 2002 a então Febem/RS lançou o Pemseis, com o objetivo principal de apresentar diretrizes gerais do atendimento socioeducativo da fundação, que vinham sendo desenvolvidas ao longo dos últimos anos, e dessa forma acabar com um pouco do vazio normativo na execução das medidas socioeducativas. Nesse mesmo ano, consolidando a promessa de transformação e renovação na política de atendimento ao adolescente em privação de liberdade, a Febem foi extinta no Rio Grande do Sul e seu atendimento foi dividido em duas áreas de atuação: a das medidas protetivas, que é responsável pela política pública de abrigamento de crianças e adolescentes, e a das medidas socioeducativas, que se destina a adolescentes autores de atos infracionais, ocupando-se mais especificamente da execução da internação ou semiliberdade de adolescentes.

O Pemseis foi resultado de um processo interno de construção coletiva, com o qual muitos puderam contribuir e que partiu de experiências positivas que já ocorriam nas unidades e também das vivências de funcionários e de contribuidores daquela gestão, ligados a questão social e a problemática da juventude. O programa passou a

> (...) definir o papel da instituição responsável pela execução de medidas socioeducativas não como espaço de segregação ou repressão, mas como uma instituição-continente que tem a tarefa de desenvolver junto a cada um de seus jovens um projeto terapêutico/pedagógico, que seja capaz de ressignificar valores, construindo junto com eles novos projetos de vida para a sua inserção social. (2002, p. 16)

Desse modo o Pemseis pressupõe dois níveis de intervenção e de organização do trabalho. O primeiro é o Plano Individual de Atendimento (PIA), que deve ser construído de forma interdisciplinar e cujas metas a serem buscadas nas diferentes áreas devem respeitar as subjetividades de cada adolescente. O segundo é o plano coletivo, que compreende várias atividades desenvolvidas na unidade e que devem estar em consonância com o projeto pedagógico. São apresentadas também as regras para a aplicação de sanções disciplinares durante o cumprimento da medida socioeducativa, a concepção e o roteiro para a elaboração do relatório avaliativo dos adolescentes, visando à uniformização dos procedimentos de avaliação entre as entidades executoras e os juizados que atuam no Rio Grande do Sul e a apresentação do "Programa de

Egressos" que estava sendo implantado na época e que já mostrava a preocupação da fundação com o adolescente após internação.

O Pemseis é norteado por princípios que consideram a unidade como um ambiente continente, mas que possibilita a ação socioeducativa, que, por sua vez, é vista como um processo de construção coletiva que considera as experiências dos adolescentes. Já o processo socioeducativo é comprometido com a inclusão social e com a transformação individual e coletiva e o atendimento organizado por meio de atividades que contemplem o adolescente em suas dimensões. A família é vista como copartícipe do processo socioeducativo e as relações institucionais buscam a construção coletiva de direitos e deveres e se baseiam nos valores da solidariedade, da justiça social, da honestidade, da não violência, da responsabilidade e do respeito às diversidades. A instituição deve ser vista como componente da rede de atendimento e deve ocorrer a formação permanente dos agentes institucionais, e uma avaliação da prática socioeducativa deve ser algo sistemático e participativo.

Em 2012, a FASE-RS realizou a reformulação do Pemseis, contando mais uma vez com a contribuição de seus funcionários. A nova versão deverá ser divulgada em breve. Esta última revisão modificou o caráter terapêutico/pedagógico das ações do programa e está alinhada as diretrizes do Sinase que compreendem o adolescente como um sujeito que responde responsavelmente por ter praticado um ato infracional desenvolvendo assim uma proposta de enfocar as ações socioeducativas realizadas durante a internação do adolescente.

Com o objetivo de mais bem atender os adolescentes autores de ato infracional, a Secretaria Especial de Direitos Humanos da Presidência da República (SEDH), por intermédio da Subsecretaria de Promoção dos Direitos da Criança e do Adolescente (SPDCA), o Conselho Nacional de Direitos da Criança e do Adolescente (Conanda) e com o apoio do Fundo das Nações Unidas para a Infância (Unicef), em 2004, sistematizou e apresentou a proposta do Sistema Nacional de Atendimento Socioeducativo (Sinase) e, em 2006, ocorreu a sua aprovação.

O Sinase consiste em um conjunto de princípios e regras de caráter jurídico, político, pedagógico, financeiro e administrativo, que envolve desde o processo da apuração do ato infracional até a execução da medida e foi elaborado por diversos especialistas que atuam na área da defesa da infância e juventude e dos direitos humanos – juízes, promotores, defensores públicos, conselheiros tutelares e técnicos.

O Sinase estabelece parâmetros de atendimento, com ênfase nas ações de educação, saúde e profissionalização, indicando como deveriam ser as equipes interdisciplinares e a estrutura das unidades de internação.

A implementação do Sinase objetiva primordialmente "o desenvolvimento de uma ação socioeducativa sustentada nos princípios dos direitos humanos. Defende, ainda, a ideia dos alinhamentos conceitual, estratégico e operacional, estruturada, principalmente, em bases éticas e pedagógicas" (Sinase, 2006, p. 16).

As diretrizes pedagógicas do atendimento socioeducativo devem ser seguidas pelas entidades de atendimento e/ou programas que executam a internação provisória e as medidas socioeducativas de prestação de serviços à comunidade, liberdade assistida, semiliberdade e internação. São elas (Sinase, 2006, p. 47-49):

1. prevalência da ação socieducativa sobre os aspectos meramente sancionatórios;
2. projeto pedagógico como ordenador de ação e gestão do atendimento socioeducativo;
3. participação dos adolescentes na construção, no monitoramento e na avaliação das ações socioeducativas;
4. respeito à singularidade do adolescente, presença educativa e exemplaridade como condições necessárias na ação socioeducativa;
5. exigência e compreensão, enquanto elementos primordiais de reconhecimento e respeito ao adolescente durante o atendimento socioeducativo;
6. diretividade no processo socioeducativo;
7. disciplina como meio para a realização da ação socioeducativa;
8. dinâmica institucional garantindo a horizontalidade na socialização das informações e dos saberes em equipe multiprofissional;
9. organização especial e funcional das unidades de atendimento socioeducativo que garantam possibilidades de desenvolvimento pessoal e social para o adolescente;
10. diversidade étnico-racial, e gênero e de orientação sexual norteadora da prática pedagógica;
11. família e comunidade participando ativamente da experiência socioeducativa;
12. formação continuada dos atores sociais.

As Violências, a Lei e os seus Sentidos

"A minha vida tá errada desde que nasci, agora não tem mais jeito." Dessa forma um adolescente se referia ao seu passado e dizia de seu sentimento de impotência diante da conversa que lhe incentivava a pensar em um futuro sem a violência em sua vida.

Mas o que significa a "vida errada" para esse adolescente? No nosso entendimento remete a um profundo sentimento de desamparo diante das experiências reais de ser agredido fisicamente desde a infância; de assistir a mãe sofrendo violência; de ver o pai sendo recolhido ao presídio por ter participado de um homicídio; de ter familiares assassinados; de viver com medo de que outros sejam assassinados também; de não ir à escola, de não receber assistência psicossocial, de não ter relações de amizade, de ter laços comunitários precários, entre diversos outros fatores que faziam com que ele se sentisse sozinho e vulnerável e que o uso da violência fosse a única forma de garantir a sua sobrevivência e das pessoas que são importantes para ele.

Trouxemos esse fragmento da fala e da vida de um adolescente para ilustrar a discussão sobre algumas das formas de violência que estiveram presentes no passado de adolescentes autores de ato infracional que cumprem medida socioeducativa de privação de liberdade e ainda se encontram perpassando suas experiências seja na institucionalização ou nas suas vivências familiares e sociais.

Ao se tratar da violência, é importante entendermos que a história do ser humano em sociedade se constrói marcada por exemplos dessa ordem. Na verdade, antes do surgimento da vida social, no tempo da barbárie, as relações passavam irremediavelmente por essa via. A cultura, segundo Freud (1974), inicia-se a partir de um ato de violência. Em seu texto *Totem e tabu*, baseado em uma extensa pesquisa antropológica, Freud conta uma história mítica sobre a fundação da civilização. Esse mito supõe que, inicialmente, os homens primitivos viviam em bandos. Eles eram dominados por um pai, tirano e autoritário. Havia uma submissão absoluta a esse genitor, que gozava de todos os privilégios. Certo dia, os filhos resolvem unir-se para matar e devorar o pai, colocando um fim à horda patriarcal. A partir do assassinato, os filhos perceberam que alguns deles poderia ter a vontade de ocupar o lugar do pai novamente, mas sabiam que quem assim o fizesse pagaria o preço de poder ser morto. Diante disso, eles criam um pacto de se constituírem apenas como um grupo de irmãos, tendo os mesmos direitos e as mesmas interdições. Assim, proteger-se-iam mutuamente contra o retorno de um pai tirano. Na origem desse pacto está uma noção de responsabilidade coletiva pela nova lei instaurada que começa a regular as relações sociais. A lei é criada, articulada em palavras e posteriormente vem a ser escrita. Ela se torna efetiva na medida em que as pessoas se implicam nela, caso contrário, ela não vigorará. Trataremos, então, de entender o que escapa e excede essa regulação e como isso acontece

Sobre a violência protagonizada pelo adolescente, destacamos que teremos uma leitura para além da infração das leis escritas na legislação, pois entendemos que a centralidade da atenção nos aspectos legais suprime a dimensão da experiência vivida e a burocratiza, transformando-a em papéis, processos judiciais, arquivos ou números. Propomos, então, que pensemos a violência como violadora de um pacto comunitário ocasionando danos para as relações e para as pessoas.

Na medida em que o ato violento desrespeita as regras de convívio social, ele é em sua origem imprevisível, difuso, irrompe de forma silenciosa até que manifeste seus efeitos destrutivos. A partir daí, se considerarmos o caminho percorrido pela agressividade irradiada, poderemos entendê-lo como uma atitude reativa, uma resposta a algum conflito, que consegue se tornar visível, mesmo que às avessas, por meio do ato transgressor do adolescente.

Segundo Rosemberg (2006), todo ato de violência é a expressão trágica de uma necessidade não atendida. O autor explica ainda que os sentimentos humanos estão ligados a necessidades que por sua vez expressam uma conexão com valores humanos universais (p. 39).

Se pensarmos no exemplo de um adolescente que pratica o delito de roubo, por exemplo, o senso comum diria que ele estava tentando por meio de sua ação o acesso facilitado a bens materiais. Entretanto, percebemos que, na verdade, o adolescente não valoriza aquilo que ele adquiriu, passando adiante com facilidade os objetos de que se apropriou porque, na realidade, ele está em busca da satisfação de alguma necessidade sua que não está sendo atendida e não consegue reivindicá-la de outra forma. O delito se constitui, então, como a única estratégia vislumbrada por ele de alcançar o que almejava. Podemos iniciar mencionando necessidades físicas como a de abrigo, alimento, água ou descanso e estendê-las para as mais subjetivas que podem ser amor, respeito, celebração, diversão, integridade, apoio, entre várias outras que, na medida em que o ser humano se sente privado delas, ele tem despertado em si sentimentos negativos, como de tristeza, raiva, desrespeito, solidão ou desespero.

A fala de um adolescente parece exemplificar isso:

> Eu sempre senti falta do meu pai, porque eu nunca tive um pai. Eu via outros guris e gurias com os pais e eu sentia raiva disso. Então na hora do recreio eu ia escondido pra sala de aula e eu roubava um monte de materiais daqueles que eu sabia que tinham pai. Era só deles que eu roubava. Só que eu nem dava bola para aquilo que eu roubava. Quando eu tava indo pra casa eu ia jogando nos pátios das casas, nos terrenos baldios. Eu roubava só por roubar, só pra saber que eles e que a família deles não iam gostar, que iam ficar chateados. Eu era bem piá quando eu fazia isso. Depois eu cresci e hoje tô aqui cumprindo uma medida por ter cometido um roubo... Deve ter uma relação, né? Só pode ter uma relação... (adolescente de 17 anos)

Brancher (2006) explica que na sua maioria as necessidades e os valores humanos essenciais já foram firmados como direitos fundamentais da pessoa humana. Sendo assim, poderíamos parafrasear o ensinamento de Rosemberg e dizer que o ato de violência é a expressão trágica de um direito fundamental da pessoa humana que não está sendo atendido.

Somente pela via trágica é que será possível ao adolescente tornar visível o conjunto de privações as quais está sendo submetido, e, pela nossa experiência, percebemos que esse processo se inicia já durante a infância e torna a sua vida uma verdadeira sucessão de episódios tristes, que muitas vezes chega a um final desastroso. Rosemberg (2006) ainda explica que as necessidades expressadas por meio do ato de violência reforçam a postura defensiva e a resistência, nesse caso em relação ao adolescente que protagonizou, afastando ainda mais as próprias pessoas cujos comportamentos lhes interessam. Nesse sentido é que ela se torna uma manifestação trágica.

Há o caso de um jovem de 14 anos, fruto da prostituição da mãe, que por sua vez sempre vendia o corpo para comprar drogas em virtude de sua dependência química, que surgiu já na infância. Mãe e filho nunca tiveram residência fixa, não possuíam uma casa da família. O adolescente, ao conviver por anos com a mãe fazendo programas e inúmeras vezes sendo agredida por clientes, guardava o "sonho" de crescer e ser forte para defendê-la, desejo justo, no nosso entendimento, de um filho para com sua mãe. Ele cumpriu medida de privação de liberdade por ter se envolvido com o tráfico de drogas. Não sabia ler nem escrever e se preocupava muito com a mãe, pois ela estava "sozinha na rua" sem ele. O tráfico de drogas fazia com que se sentisse poderoso, importante e, assim, capaz de cumprir com sua função de protegê-la. Entretanto, como consequência dessa atitude, ele colocava a própria vida em risco e tornava a mãe ainda mais vulnerável, tanto com relação à segurança pessoal quanto em função do consumo de drogas.

"Os direitos humanos são a expressão material da dignidade humana. É a tomada de consciência da universalidade, de que há algo que se deseja a todos os seres humanos" (Roseno, 2006, p. 81). No mundo contemporâneo, em que há a exacerbação da expressão da diferença e da individualidade de cada um, existe algo de comum entre as pessoas e que, de acordo com convenções construídas e firmadas socialmente por meio da história, não podem ser relativizadas.

Existe, então, no ato infracional do adolescente, a manifestação de uma dupla ruptura de pactos sociais. Sociedade e adolescente se enfrentam nesse cenário, produzindo a violência.

Sobre o pacto, poderíamos pensar que legalmente ele está posto, mas a sua fragilidade revela que socialmente ele não é efetivo. Sobre a lei a psicanálise ainda nos ensina que ela se fundamenta no discurso e é a sua capacidade de interdição que conta (Hartmann, 2005, p. 50). O discurso não é uma simples fala e está mais relacionado às relações e aos vínculos que os sujeitos podem manter entre si. O sujeito aqui é compreendido como marcado pela linguagem e, nesse sentido, ele se constituirá por uma falta. Algo escapará à via da linguagem e se perderá. Na medida em que algo fica impossibilitado, ele se torna sujeito de desejo. "Para falar, o sujeito sacrifica algo. A relação do sujeito com o mundo, a partir dessa perda, vai se dar sempre via discurso"(Hartmann, 2005, p. 48). Com a linguagem, o discurso inaugura relações fundamentais e estáveis, demarcando posições, utilizando-se de uma série de enunciados e criando um laço social específico (Quinet, 2006, p. 30).

O adolescente que se envolve com a violência conhece a legislação. Está claro para ele que, se roubar, matar ou traficar, para citar delitos graves, pode sofrer as penalidades previstas na lei. Quando está em privação da liberdade, ele demonstra interesse em saber sobre os artigos do código penal a que responde, assim como em conhecer sobre como tramita legalmente seu processo. Saber sobre isso, no entanto, não quer dizer que o adolescente se implique com a proibição que a lei propõe.

É possível pensarmos que o adolescente se interessa por essa burocracia a qual está submetido por meio da instituição judicial e do próprio local que cumpre a medida de privação de liberdade, até para poder defender-se contra ela. A burocracia serve para manter as instituições funcionando, por procedimentos padronizados, mas, com a sua perpetuação, não considera o adolescente em suas particularidades. É mais uma violência que obstrui as relações socioafetivas, colocando-se como obstáculo na convivência entre as pessoas.

Nesse sentido, o adolescente conhece a lei, mas ela não é sustentada por ele enquanto proibição de atos, enquanto discurso. A lei está fora dele, ela lhe parece falsa e por vezes até traiçoeira. Experiência, linguagem e vínculo afetivo são necessários para o reconhecimento da lei. A experiência de pessoas inseridas na cultura e que possam por meio da linguagem transmiti-la e que, acima de tudo, sejam pessoas importantes para o adolescente e o considerem também em sua humanidade e alteridade pode possibilitar uma saída da via da agressividade a fim de constituir o laço social.

Entretanto, a resposta da realidade social que propõe o encarceramento do adolescente vai numa direção contrária ao estabelecimento de alguma conexão com ele, ensejando a sua exclusão como um castigo por ele não ter agido de acordo com as regras. A pura e simples punição pode gerar um sentimento de vingança ou de submissão total naquele que a sofre, pois trata-se do exercício do monopólio estatal da violência às pessoas. Nesse sentido, Brancher (2006) coloca que os efeitos dessa intervenção institucional, quando não esvaziados no percurso, corroboram na perpetuação de uma ordem social violenta e violentadora. "A sociedade lava as mãos, mais ou menos consciente de que está armando uma bomba-relógio contra si mesma, contudo feliz, estupidamente feliz por celebrar a consagração de seus preconceitos" (Soares, 2005, p. 219).

O ato infracional praticado pelo adolescente sem dúvida provoca um mal-estar social, algo que torna visível que as coisas não vão bem. A estratégia social de punição e encarceramento vai de encontro ao funcionamento de uma sociedade que, diante do estranho, do disfuncional, exclui e o elimina, assim, ilusoriamente, acredita retornar a um estado de segurança, no qual as coisas funcionam normal, tranquilamente. Tenta-se, assim, inventar ou alcançar um lugar ou estado de bem-estar ideal que, na verdade, não existe. As diferenças individuais e os conflitos são formadores do meio social, sendo impossível, como já assinalava Freud (1974), ter uma sensação de plenitude por muito tempo, devido a própria maneira de constituição do ser humano (p. 95). Além disso, Freud (1974) explicava que o sofrimento mais penoso que o ser humano possui está no relacionamento com os outros homens e que este é inerente à vida em comum partilhada.

Então negamos e tentamos apagar e afastar o mal-estar e fingimos que é possível viver sem conflitos. No entanto, os conflitos surgem em todos os momentos e, se não conseguimos permitir que sejam experiências que tragam inquietações, por vezes até desconforto e desprazer, mas ao mesmo tempo aprendizagens, eles podem tornar-se mais intensos e incontroláveis. Como percebemos que não é possível simplesmente excluir, negar ou eliminar algo que nos aflige, sem que se opere algum efeito social em resposta a esse rechaço, experimentamos constantemente um sentimento de descrédito, inevitável diante do fracasso das instituições encarregadas de corrigir e punir os desviantes ou criminosos, e uma falta de confiança e de respeito pelas instituições políticas (Touraine, 2006, p. 127). Essas instituições fazem promessas que não lhes é possível cumprir e, aos poucos, acordamos para essa realidade. Rosemberg (2006) refere que, em culturas nas quais as pessoas pensam em termos de necessidades humanas, a violência não se manifesta tão intensamente como em outras nas quais as pessoas se rotulam como "boas" e "más" e acreditam que as "más" devem ser punidas (p. 40).

Desde já salientamos que as transformações sociais significativas para alterar a realidade dos adolescentes envolvidos com a violência, no nosso modo de conceber, não serão realizadas de uma só vez e de forma definitiva. Serão, sim, constituídas de pequenas e graduais rupturas que não prometem resolver magicamente todos os problemas, mas que a partir da percepção da humanidade do sujeito que comete o crime, responsabilize-o, assumindo o compromisso de questionar a burocracia, as leis, o sistema, humanizando-o, responsabilizando-o também, e, ao fazê-lo, distribuir responsabilidades e, principalmente, afirmar valores éticos de solidariedade, justiça e esperança (Soares, 2005, p. 125).

É importante salientarmos que, em nossa proposta de compreensão do fenômeno da violência entre os adolescentes, tentamos deslocar a estratégia social de propor a sua culpabilização exclusiva e mostrar que o que ocorre, na verdade, é o resultado de uma construção social. No entanto, é importante esclarecer que a desresponsabilização do adolescente corresponderia, verdadeiramente, à sua objetivação, à negação, de fato, da sua condição de sujeito de direitos.

Concebemos, então, que fazer com que o adolescente responda pelo seu ato é uma atitude de elevado teor pedagógico-social.

Sem deixar de considerar o adolescente como uma pessoa em condição peculiar de desenvolvimento, é notório que quando é recolhido em uma instituição de privação de liberdade está em um momento de sua vida no qual muitas experiências já estão desajustadas e que em sua história pessoal as estratégias de prevenção em relação ao pior já falharam. Então, se pensarmos em termos de necessidades humanas e não o rotularmos com algum estereótipo, nos caberá entender o que o seu ato de violência quer dizer, ou seja, qual o seu significado.

Gadea (2007) esclarece que "a violência parece encarnar o desejo por estabelecer uma relação de conflito preciso, assim como se constituir como fundadora de uma 'experiência' capaz de articular uma série de 'pautas' no campo da 'indignação moral'" (p. 20). Dessa forma, ela daria visibilidade social a conflitos que até então não eram percebidos. No mesmo sentido Hartmann (2005) coloca que, "após o ato violento temos uma definição de lugares" (p. 45). Ele xplica a sua afirmação dizendo que "esta definição diz respeito ao fato de que, depois de cometida a violência, as coisas mudam, um limite aparece, mesmo que provisório" (p. 45).

Acreditamos que, partindo desse delineamento que o ato de violência provoca, que poderemos começar a pensar na socioeducação. Tentar concebê-la seguindo o que realmente é colocado e ressalta aos olhos quando enxergamos o adolescente autor de ato infracional. Busca-se, assim, evitar abordá-lo desde pré-conceitos ou programas de trabalho cristalizados, seja em ideais inatingíveis ou em estigmas moralizantes. O que se pretende é iniciar um trabalho a partir do que o ato do adolescente instaura e o que ele e a sociedade referem sobre o que ocorreu.

Se pensarmos em termos de laço social, veremos que ele se dá entre sujeitos inseridos no campo da linguagem, mas não necessariamente os sujeitos ocupam posições nele por meio de sua fala. No caso da violência, como já foi mencionado, ela coloca em ato aquilo que justamente escapa à fala, mas não deixa, dessa forma, de expressar algo, tornando-o socialmente visível. Na medida em que a violência está no discurso, ela "é da ordem de um dizer. Um dizer é aquilo que, não sendo propriamente da ordem da fala, funda um fato" (Quinet, 2006, p. 30).

Alguns Dados Relevantes acerca da Violência e dos Adolescentes

Hoje, fala-se que os jovens são os maiores causadores da violência em nosso país, porém, se verificarmos os dados, veremos que essa informação não é verídica. Estudos têm mostrado que, na realidade, os jovens têm sido mais vítimas do que causadores dela.

Para cada adolescente que comete um ato infracional, há 1,5 que o sofre, ou seja, os adolescentes são 50% mais vítimas do que agressores (Craidy & Gonçalves, 2005, p. 68).

Tabela 1 – Números absolutos em relação a ocorrências em que crianças e adolescentes foram vítimas e infratoras, no Estado do Rio Grande do Sul, nos Anos de 2000 a 2003

Ocorrência	2000	2001	2002	2003
Criança vítima	7.373	6.593	6.687	7.348
Criança agressora	847	624	425	470
Adolescente vítima	19.299	19.734	18.380	18.713
Adolescente infrator	12.697	12.765	13.169	14.193

Fonte: Secretaria da Justiça e Segurança – Polícia Civil – Divisão de Planejamento e Coordenação – Serviço de Estatística.

Tabela 2 – Números absolutos em relação a homicídios sofridos e cometidos por adolescentes no Estado do Rio Grande do Sul, nos anos de 2000 a 2003

Homicídio	2000	2001	2002	2003
Adolescente vítima	92	88	80	84
Adolescente agressor	46	57	54	46

Fonte: Secretaria da Justiça e Segurança – Polícia Civil – Divisão de Planejamento e Coordenação – Serviço de Estatística.

Outro estudo importante é o do Mapa da Violência que traz dados impressionantes sobre o número de jovens vítimas de homicídio em nosso país, sendo que os últimos dados foram publicados em 2010. Segundo esse estudo, o Rio Grande do Sul, em 2007, ocupava o 20º lugar entre os estados do país em números de adolescentes e jovens entre 15 e 24 anos que foram vítimas de homicídios. Os números absolutos referem que em cada 100 mil adolescentes e jovens, 40,2 morreram por essa causa (Waiselfisz, 2010, p. 71). Com relação ao crescimento de adolescentes vítimas de homicídio, por exemplo, vê-se que, entre os adolescentes de 16 anos, essa taxa aumentou em 25,7% se compararmos os números do ano de 1997 com os de 2007 (Waiselfisz, 2010, p. 72).

Em 2004, morriam no Brasil 51 jovens vítimas de homicídios por dia. O total de vítimas jovens naquele ano foi de 18.599 de um total de 48.374 homicídios se considerássemos todas as idades. Para termos uma ideia do significado desses números, poderíamos compará-los com o número de mortos na guerra de dois anos entre a Chechênia e a Rússia, quando morreram 50 mil pessoas, ou seja, 25 mil por ano (Waiselfisz, 2006, p. 56). O Brasil ocupava, no ano de 2005, o sexto lugar na ordem mundial nas taxas de homicídio entre adolescentes e jovens de 15 a 24 anos, sendo que de cada 100 mil adolescentes e jovens, 50,9 foram vítimas de homicídio (Waiselfisz, 2010, p. 87).

Por fim, para termos uma noção de números de adolescentes em privação de liberdade, os dados da Secretaria Especial dos Direitos Humanos nos mostram que em 2006 tínhamos 15.426 cumprindo medida socioeducativa de internação em nosso país (Oliveira, 2006, p. 89).

Possibilidades e Limites da Relação entre Socioeducador e Socioeducando

> "Para além das ideias de certo e errado, existe um campo.
> Eu me encontrarei com você lá."
>
> *Rumi*

De acordo com o Sinase, todos os agentes institucionais que atuam em uma unidade de internação de adolescentes possuem a função da socioeducação como inerente ao seu trabalho, pois atuam com medidas socioeducativas. Todos são, portanto, socioeducadores. Diante da centralidade dessa ação pedagógica durante o cumprimento da medida de internação por parte do adolescente, optamos por tentar, neste momento, promover algumas reflexões sobre do que se trataria essa atribuição que, na realidade institucional, ao menos a que vivenciamos, nos parece tão próxima e tão distante, por vezes acessível e por vezes impossível de ser alcançada.

A novidade, então, é que a ação socioeducativa não virá por meio de um projeto específico, para ser proporcionada em uma atividade determinada para esse fim, ao contrário, ela embasará todas as ações direcionadas aos adolescentes, valorizando todo momento de contato com eles para promovê-la.

A definição da função de socioeducador por si só já estabelece lugares, que se constituem em referências importantes, na medida em que conseguem ser sustentados no dia a dia do trabalho com o adolescente. A posição ocupada então será estabelecida pelos contornos da educação. E sobre isso Paulo Freire (1987, p. 39) nos ensinou que "ninguém educa ninguém, ninguém educa a si mesmo, os homens se educam entre si, mediatizados pelo mundo", ou seja, na relação entre socioeducador e socioeducando ambos devem ser sujeitos do processo.

De acordo com o Sinase (2009, p. 46), as medidas socioeducativas possuem uma dimensão jurídico-sancionatória e uma dimensão substancial ético-pedagógica. Nesse sentido, esse novo sistema manifesta em várias passagens, ao longo de seu texto, um repúdio a ações meramente repressivas ou assistencialistas.

Como mencionamos inicialmente, as instituições são formadas por pessoas que estão inexoravelmente inseridas em um contexto histórico e social específico, sendo assim a questão do adolescente e da violência é um assunto muito polêmico, que traz à tona consigo diferentes posicionamentos e desdobramentos. Muitas vezes, a forma como o problema é tratado na cultura influencia no fazer institucional dos profissionais que lá atuam, refletindo de forma intencional ou não na relação que estabelecerão com os adolescentes.

Então, nesse momento, nos interessa discutir sobre como se engendram na prática o papel do socioeducador e os novos parâmetros propostos pelo Sinase com as "velhas" (e muito atuais) culturas da repressão e do assistencialismo.

A cultura da repressão foi amplamente disseminada em todas as instituições de privação de liberdade destinadas a atender adolescentes em cumprimento de medida socioeducativa.

Poderíamos até dizer que, de certa forma, existem padrões de agir que foram naturalizados, fazendo com que ninguém que estivesse na instituição (adolescente ou funcionário) se desse conta de que determinada conduta se trata de um ato repressivo. Com os avanços na legislação brasileira e os novos parâmetros reguladores do atendimento socioeducativo destinado aos adolescentes, acreditamos que tais condutas repressivas têm sido reduzidas, porém, não podemos nos iludir acreditando que já fazem parte do passado.

Vários são os exemplos que poderíamos citar para ilustrar como age a cultura da repressão, mas escolhemos cenas que se tornaram para nós emblemáticas pela sua repetição e para que percam a legitimidade no cotidiano institucional devem ser constantemente enfrentadas, desarticuladas e assim desconstruídas.

Uma delas seria, então, a ideia de que, se o adolescente fez algo errado, ele deve perder junto com a sua liberdade os demais direitos, como forma de castigo pelo que cometeu. Quando esses direitos são garantidos, eles são percebidos como um favor que se faz ao adolescente. Falas como "Aqui ele come de graça", "Está melhor aqui do que na rua" ou ainda, "Ele faz de tudo para voltar para cá porque aqui ele tem tudo" revelam um pouco desse tipo de pensamento. Nesse sentido, participar de uma atividade cultural ou de lazer seria um benefício, um favor, que poderá lhe ser negado a qualquer momento, não sendo considerado um direito do adolescente enquanto cumpre uma medida socioeducativa de privação de liberdade.

Outra ideia é a de que, se o adolescente respeita todas as regras da instituição, ele será bem tratado e, caso isso não ocorra, deverá ser castigado, de diferentes formas, dependendo da situação, para que assim aprenda a cumpri-las. Por fim, as punições coletivas, nas quais se procura que o adolescente não repita o que fez de errado em função das consequências que serão impostas ao grupo, revelam também uma identificação com as condutas que usam somente a repressão para prevenir comportamentos desviantes.

As concepções assistencialistas, por outro lado, destituem o adolescente de qualquer capacidade de se tornar sujeito de uma mudança, concebem-no como vítima da sociedade com um destino já traçado a partir dessa sua condição. Outra visão comum nesse sentido é que a medida socioeducativa pode servir, então, para ajudá-lo ou que ela seria um tratamento para a sua situação de pobreza ou de drogadição, por exemplo.

Diversas outras posições são assumidas e colocam-se de forma mais intermediária entre os extremos da socioeducação ou da repressão e do assistencialismo. Além disso, choques culturais, nas visões de mundo e nas concepções sobre o que é certo e errado permeiam cotidianamente o contexto institucional. Sem contar um sentimento de desamparo e solidão diante de uma tarefa tão complexa, não valorizada, em que as contradições e incertezas sobram, impulsionando as pessoas para um sentimento de menos valia ou desânimo.

Na instituição há "um campo de forças onde distintas posições (discursivas e práticas) convivem e se confrontam a todo momento, transformando os espaços institucionais em uma frente de batalha, nem sempre explicitamente declarada, nem sempre pacífica" (Oliveira, 2001, p. 132).

Para passarmos para um entendimento mais aprofundado sobre a socioeducação para adolescentes em privação de liberdade, é importante destacarmos que realizaremos um esforço para não recairmos em opiniões idealizadoras (que não percebem as contradições e limitações das instituições) ou que emitem julgamentos sem propor saídas (condenam e não mostram um novo caminho).

A sociedade, como já falamos, atingida pela violência e produtora desta, solicita maior segurança e proteção de diversas maneiras. Quando tratamos do lugar que uma instituição socioeducativa de privação de liberdade ocupa no imaginário social, percebemos que existe a demanda pela ressocialização do adolescente, no sentido de que ele possa não voltar a se envolver com atos infracionais. No entanto, a solicitação já vem acompanhada de uma desconfiança com relação a possibilidade de a instituição realizar essa incumbência. A pergunta que se formula então é: os adolescentes se recuperam depois que saem de lá? Eles mudam?

Nada é mais difícil do que mudar, provocar a mudança em alguém é ainda mais complicado (Soares, 2005, p. 217). Diante da amplitude da missão que é dada para a instituição, é normal que existam fortes suspeitas de que ela não consiga chegar à altura do que se espera dela. Nem mesmo que conte com condições plenas de se realizar um trabalho socioeducativo, tal promessa não poderia ser cumprida.

A mudança está associada a uma experiência humana dolorosa e complicada e que ninguém ainda desenvolveu uma metodologia segura para promovê-la (Soares, 2005, p. 219) .Ela implica abandonarmos o que nos sustentou, passarmos por sensações de insegurança, de instabilidade e até mesmo de sentir que "perdemos o chão", para que assim consigamos nos constituir de uma nova forma. Para que o adolescente se aventure nesse caminho, ele tem de acreditar que dias melhores o esperam. Quando ele passa por processos humilhantes e que o desumanizam, não vislumbra razões para deixar de ser o que é, mas, quando é respeitado em sua humanidade, pode ter a coragem mudar.

Há quem defenda que em condições de aprisionamento não é possível que se promova a socioeducação e, no nosso entendimento, essa opinião merece ser considerada, no entanto, não será nosso propósito entrar nessa seara, considerando os objetivos deste trabalho.

Podemos iniciar propondo que quando falamos em socioeducação no âmbito do atendimento dos adolescentes em privação de liberdade, relacionar-o-emos às aprendizagens, ao desenvolvimento e a uma ressignificação. Entretanto, essa vivência refere-se, acima de tudo, a experiências relacionadas à sensibilidade, à afetividade e a uma abertura diante das situações inesperadas que surgem diariamente, interrogando o nosso papel e fazendo-nos usar a criatividade para não cair em respostas burocráticas que em nada auxiliariam a promoção de alguma transformação.

Nessa senda, percebemos que é importante que quem trabalhe em uma unidade de internação saiba que a infração não está "no sangue" do adolescente, ela não é "parte do seu ser"; que nenhum adolescente nasce infrator. Em outras palavras, todos os socioeducadores devem saber que não estão convivendo com um infrator que por acaso é um adolescente e sim com um adolescente que, por circunstâncias da vida, cometeu um ato infracional e está sendo responsabilizado por isso (Costa, 2006).

> Eu não nasci uma pessoa má. Os sofrimentos que passei na vida me fizeram uma pessoa má, uma pessoa amarga. Só que eu acho que eu não vou ser assim pra sempre. Eu tô pagando por aquilo que eu fiz de errado e eu acho que eu vou conseguir mudar, eu acho que eu vou conseguir ser feliz. (Adolescente que estava cumprindo medida socioeducativa de internação)

É educativo que o adolescente saiba que é responsabilizado pelos seus atos e é dever dos socioeducadores buscar que o adolescente perceba isso. É importante que o adolescente se aproprie de sua ação transgressora e se dê conta das consequências dos seus atos para a vítima, para a sociedade e para ele mesmo. Espera-se que o adolescente resignificando o ato, resignificando sua vida, mostre com ações e atitudes concretas para consigo e para com os outros, que mudou:

> Eu sei que eu errei, eu sei que eu fiz muita gente sofrer. Fiz minha família sofrer e fiz outras famílias sofrerem. E eu acabei sofrendo também... Só que agora eu só penso em continuar no meu emprego e ficar junto da minha guria que é uma pessoa que me dá muita força e que eu quero muito fazer feliz. (Adolescente que estava cumprindo medida socioeducativa de internação)

Da mesma forma é imprescindível que os socioeducadores deem um bom exemplo, pois essa é, segundo Costa (2006), a única maneira de educar. Os socioeducadores com sua conduta e com seus exemplos devem ser uma referência segura para o adolescente.

> Nem na rua nem na minha família tive bons exemplos. Acho que é por isso que aqui consigo pensar diferente e planejar coisas boas para a minha vida, porque aqui tem pessoas que me dão bons exemplos. (Adolescente que estava cumprindo medida socioeducativa de internação)

Sabemos que o inverso também acontece:

> De que adianta ele (socioeducador) falar que eu devo fazer as coisas certas aqui dentro se nem ele mesmo faz?! Isso que aqui é o trabalho dele. Quem é ele pra falar em certo e errado? Que moral ele tem? (Adolescente que estava cumprindo medida socioeducativa e internação)

Percebemos que muitas vezes é quando o adolescente se vincula a um socioeducador que ele passa a superar suas dificuldades pessoais. É dessa forma que ocorre um tipo de reconciliação consigo mesmo e com os outros, pois as suas necessidades de estima, de apreço, foram alcançadas e ele foi compreendido e aceito.

> A Dona (...) foi muito importante durante o tempo em que estive aqui. Ela fez com que eu tivesse coragem para enfrentar os meus problemas e a minha dificuldade de aceitar que eu estava preso. E ela fez com que eu percebesse as coisas boas que eu tenho dentro de mim, as coisas boas que eu sei fazer. Ela também fez com que eu entendesse algumas atitudes da minha mãe que antes eu não entendia e criticava. E ela nunca me julgou nem me criticou pelas coisas

ruins que eu fiz pra vim pra cá. E eu acho que essa atitude dela fez com que eu me entendesse mais, que eu acreditasse mais em mim e que eu tivesse coragem e força pra fazer as coisas diferentes daqui pra frente.(Adolescente que estava cumprindo medida socioeducativa de internação)

O adolescente privado de liberdade necessita, além de perceber que tem valor para alguém, conseguir construir um projeto de vida, pois dessa forma a sua vida passa a ter um sentido e ele passa a olhar com outros olhos tudo o que está a sua volta. Não almejar o futuro é viver no imediatismo, é reagir somente quando somos alcançados por estímulos positivos e negativos.

Antes eu só planejava algo quando alguém fazia algo de ruim para mim. Aí sim eu planejava que eu ia fazer uma coisa no mínimo duas vezes pior para a pessoa. Hoje eu consigo planejar a minha vida, consigo saber o que eu quero estar fazendo daqui a 2, 3 anos. E eu sei o que terei que fazer pra conseguir isso que eu planejei e sei também como que eu vou fazer. Antes eu nem ligava pro futuro, não planejava nada, não pensava na minha família e não dava valor para o que eu tinha. (Adolescente que estva cumprindo medida socioeducativa de internação)

Costa (2001) costuma falar sempre sobre a importância da "Pedagogia da Presença" que, para ele, "representa um passo na direção do grande esforço, que se faz necessário, para a melhoria da qualidade da relação educador e educando, tendo como base a influência proativa, construtiva, criativa e solidária, favorável ao desenvolvimento pessoal e social dos adolescentes e dos jovens" (p. 63).

Cabe lembrar que o adolescente deve perceber que o socioeducador está gostando de estar junto com ele, seja durante o torneio de futebol, a festa de Natal, a comemoração dos aniversariantes do mês ou no atendimento técnico, por exemplo. É importante que o adolescente perceba que o socioeducador está satisfeito em dar atenção a ele naquele momento.

Eu percebo que a dona (...) presta atenção nas coisas que eu falo e que gosta de estar comigo. Eu vejo que ela não faz isso só por obrigação.

Eu não gosto dela. Eu sei que ela não tá nem aí pra mim. Eu falo coisas importantes da minha vida e eu sei que ela tá pensando em outras coisas, pois o olhar dela fica longe.

Nesse sentido, Costa (1995) aborda bem esse tipo de contato humano quando diz que "o pão, mesmo abundante, é amargo para quem o come na solidão ou no anonimato coletivo de um atendimento massivo e embrutecedor" (p. 23).

No contexto de uma instituição de privação de liberdade é natural que no dia a dia a relação vá adquirindo um certo grau de mecanização. Sabemos que a convivência diária leva ao desgaste e é por isso que atitudes simples, consideradas banais, como um sorriso, um aperto de mão, um elogio, uma gentileza, uma escuta, devem ser sempre lembradas na relação entre socioeducadores e socioeducandos e também na relação entre os próprios socioeducadores. São os "pequenos nada" (Costa, 2006), que fazem a diferença.

Estar privado da liberdade da gente não é bom. Tem vezes que me acordo muito irritado, só que quando vejo a dona (...) me dando "Bom dia!!!" com um sorrisão no rosto eu até melhoro o meu humor. Eu sei que se eu não tivesse recebido aquele bom dia e visto aquele sorriso no rosto da dona (...) o meu dia ficaria ruim até o fim e eu poderia até acabar brigando com alguém.(Adolescente que estava cumprindo medida socioeducativa de internação)

Tem vezes que eu não tô bem. Fico pensando na rua, na minha família, nas coisas que eu tô perdendo por estar preso. Aí pra piorar o meu dia chega o seu (...) gritando, dizendo que não quer ser incomodado hoje, que tá ganhando muito pouco. Que raiva que me dá dessa gente que traz os problemas de casa pro trabalho. Tenho ódio desses monitores que não fazem nenhum esforço para ajudar a gente, mesmo quando sabem que a gente não tá bem. Tem uns que parecem que querem mais que a gente se atrapalhe. (Adolescente que estava cumprindo medida socioeducativa de internação)

Sem termos um alguém que nos seja significativo, sem uma relação saudável em nossa vida, ficamos sem a capacidade de criarmos a nossa identidade, pois nos faltam exemplos, compreensão e aceitação. Só dessa forma conseguimos aceitar e compreender o outro. A presença está na origem da identidade e sem essa base o adolescente não aprende a ser e a se relacionar. O adolescente em privação de liberdade necessita de relações interpessoais de qualidade no seu dia a dia para que dessa forma possa desenvolver-se pessoal, mental e socialmente. Se não for dessa forma, nenhuma ação socioeducativa poderá ser realizada.

A música que apresentaremos a seguir foi composta por um professor da escola estadual anexa à unidade de internação onde desenvolvemos o nosso trabalho. Ela foi um presente do professor para os seus alunos e foi apresentada de surpresa para eles durante uma festividade organizada por meio de uma parceria entre a unidade e a escola. A música e o gesto do professor comprovam a existência de uma relação na qual existe o vínculo, o respeito, o apreço, a aceitação e a satisfação, quesitos essenciais na relação entre socioeducadores e socioeducandos.

Livre-arbítrio

Nasci num pago bem perto daqui
Eu vi aquilo que você não quis
Andei por ruas, por pontes e trens
Dormi no chão molhado e frio

Chorei por tudo que nunca vivi
Comi os restos e muito pedi
Tentei a vida mudar, mas caí
Aqui o meu destino assumi

Agora estou sentado com as mãos na cabeça
Agradecendo toda humildade, toda paciência
Procurando na verdade quem eu realmente sou
Para fugir desse delírio, "já é"... Show
Quer saber? Das porcarias estou fora
Quer saber? A minha vida é da hora
É que na realidade estou na "fita" meu irmão
Para entender bem o que eu sinto
Entre nesta canção

Livre estou junto a ti (repetir 3 vezes)

Professor Diego Gonçalves Amaral

Considerações Finais

Como vimos, então, a socioeducação, mesmo no contexto da privação da liberdade poderá promover efeitos significativos, principalmente relacionados a questões da responsabilização do adolescente pelos seus atos, a sua autoestima, ao desenvolvimento de vínculos afetivos e a vivência de novas experiências. No entanto, o que o ato infracional do adolescente nos convoca a vislumbrar são situações que se colocam muito além dos muros das unidades socioeducativas de internação. Não se pode esperar que nos limites da instituição socioeducativa se possa agir buscando abranger problemas sociais dos mais diversos.

O que se coloca, então, é a questão de como a nossa sociedade tem tratado os nossos adolescentes, que tipo de visibilidade tem lhes dado? Como se estabelecem relações familiares, comunitárias e sociais com eles? Como eles têm alcançado a participação social? O que se espera deles? O importante, na verdade, é que eles não sejam deixados de fora. Que sejam considerados em sua dignidade com suas vicissitudes e suas limitações, entendendo que o ato de conferir a alguém um valor é também o de lhe transmitir responsabilidades.

Referências

Brancher, L. (2006). Justiça, Responsabilidade e Coesão Social. Em C. Slakmon, M.R. Machado & P.C. Bottini (Orgs.). *Novas Direções na Governança da Justiça e da Segurança*. (pp. 667-692). Brasília: Ministério da Justiça.

Brasil. (1979/1984). *Código de Menores,Lei Federal nº 6.697/79. Concepções, anotações, histórico, informação*. (2.ed.) Brasília: Senado Federal, Subsecretaria de Edições Técnicas.

Brasil. (1990/2002). *Estatuto da Criança e do Adolescente. Lei Federal 8.069*. Brasília: Secretaria de Estado dos Direitos Humanos, Departamento da Criança e do Adolescente.

Costa, A. C. G. da. (1995). *Resiliência. Pedagogia da presença*. São Paulo: Modus Faciend.

Costa, A. C. G. da. (2001). *Pedagogia da Presença – Da Solidão ao Encontro* (2.ed.). Belo Horizonte: Modus Faciendi.

Costa, A. C. G. da. (2006). *Socioeducação: Estrutura e Funcionamento da Comunidade Educativa*. Brasília: Secretaria Especial dos Direitos Humanos.

Craidy, C. M. & Gonçalves, L. L. (2005). *Medidas Socioeducativas: da repressão à educação - a experiência do Programa de Prestação de Serviços à Comunidade da Universidade Federal do Rio Grande do Sul*. Porto Alegre: Editora da UFRGS.

Governo do Estado do Rio Grande do Sul, Secretaria do Trabalho, Cidadania e Assistência Social, Fundação de Atendimento Socioeducativo do Rio Grande do Sul.(2002) Programa de Execução de Medidas Socioeducativas de Internação e Semiliberdade do Rio Grande do Sul/ PEMSEIS. Rio Grande do Sul. Governo do Estado do Rio Grande do Sul.

Freire, P. (1987). *Pedagogia do Oprimido*. (17.ed.) Rio de Janeiro: Paz e Terra.

Freud, S. (1974). *Totem e Tabu*. Edição Standard Brasileira das Obras Completas de Sigmund

Freud. v. 13, pp. 20-191. Rio de Janeiro: Imago (Trabalho Originalmente Publicado em 1913).

Freud, S. (1974). *O mal-estar na civilização*. Edição Standard Brasileira das Obras Completas de Sigmund Freud.v. 21, pp. 75-171. Rio de Janeiro: Imago. (Trabalho Originalmente Publicado em 1930).

Gadea, C. A. (2007). *A violência e as experiências coletivas de conflito*. Trabalho apresentado no 31º Encontro Anual da Associação Nacional de Pós-Graduação em Ciências Sociais – ANPOCS, Caxambu, MG.

Hartmann, F. (2005) Violência e Discurso. IN: Hartmann, F. & Rosa Jr, N. C. dal F. (Orgs). *Violências na Contemporaneidade* (pp. 45-52). Porto Alegre: Artes e Ofícios.

Rosemberg, M. B. (2006). *Comunicação Não violenta: Técnicas para aprimorar relacionamentos pessoais e profissionais*. São Paulo: Editora Agora.

Roseno, M. (2006). Mesa-redonda: Subsídios para a construção de uma prática qualificada do psicólogo no atendimento aos adolescentes em privação de liberdade (2ª. Ed.). In *Seminário Nacional: A atuação dos psicólogos junto a adolescentes privados de liberdade*. Relatório. (pp. 72-87) Brasília: Presidência da República/ Secretaria Especial dos Direitos Humanos.

Oliveira, C. S. (2001). *Sobrevivendo no Inferno: a violência juvenil na contemporaneidade*. Porto Alegre: Sulina.

Oliveira, C. S. (2006). Mesa-redonda: Subsídios para a construção de uma prática qualificada do psicólogo no atendimento aos adolescentes em privação de liberdade (2ª. ed). Em *Seminário Nacional: A atuação dos psicólogos junto a adolescentes privados de liberdade*. Relatório. (pp.88-112) Brasília: Presidência da República/ Secretaria Especial dos Direitos Humanos.

Quinet, A. (2006). *Psicose e Laço Social*. Rio de Janeiro: Jorge Zahar.

Soares, L. E. (2005). O menino invisível se arma. : Em C. Athayde, MV Bill & L. E. Soares. *Cabeça de porco* (pp.215-219). Rio de Janeiro: Objetiva.

Secretaria Especial dos Direitos Humanos (2006). *Sistema Nacional de Atendimento Socioeducativo -Sinase*.Brasília: CONANDA.

Touraine, A. (2006). *Um novo paradigma para compreender o mundo de hoje*. Petrópolis: Vozes.

Waiselfisz, J. J. (2006) Mesa-redonda: Subsídios para a construção de uma prática qualificada do psicólogo no atendimento aos adolescentes em privação de liberdade (2. Ed.). Em *Seminário Nacional: A atuação dos psicólogos junto a adolescentes privados de liberdade*. Relatório. 2006. (pp. 47-71) Brasília: Presidência da República/ Secretaria Especial dos Direitos Humanos.

Waiselfisz, J. J. (2010). *Mapa da Violência 2010: Anatomia dos Homicídios no Brasil*. São Paulo: Instituto Sangari.

CAPÍTULO 11

A execução das medidas socioeducativas em meio aberto de prestação de serviços à comunidade (PSC) e liberdade assistida (LA): pressupostos teóricos e relato de intervenções

Patrícia Ana Neumann
Luísa Fernanda Habigzang

Adolescência: Características do Desenvolvimento

A adolescência, de acordo com o Estatuto da Criança e do Adolescente (ECA) (Brasil, 1990) e a Organização Mundial de Saúde (OMS, 1965) é o período da vida entre 12 e 18 anos. Porém, a adolescência não é simplesmente um fenômeno natural do crescimento biológico. Conforme Oliveira (2010), na adolescência ocorrem fenômenos sociais e psicológicos que caracterizam essa etapa do desenvolvimento. Aspectos como a instabilidade emocional, a postura desafiadora, o imediatismo e a tendência à ação irrefletida são observados nos adolescentes. Por outro lado, existe a presença em nossa sociedade de grande número de adolescentes que trabalham, criam e mantêm relações familiares e sociais respeitosas (Oliveira, 2010).

O adolescente típico é concebido como um indivíduo que atravessa esse período vital, apresentando sentimentos positivos em relação a si mesmo e seus familiares, desenvolvendo habilidades para formar e manter relacionamentos significativos com pessoas do mesmo sexo e do sexo oposto (Kristensen, Leon, D'Incao, & Dell'Aglio, 2004). Entretanto, diversos fatores de risco podem afetar o desenvolvimento do adolescente. Dentre eles, podem ser citados: frequência de eventos de vida estressores, baixa escolaridade, famílias numerosas, ausência de um dos pais, estresse familiar, doença mental familiar e violência (Hutz, Koller, & Bandeira, 1996).

É na adolescência que ocorrem as primeiras experiências, sexuais, sociais, profissionais, entre outras. Muitos adolescentes experimentam drogas nesse período de mudanças da vida infantil para o mundo dos adultos. Os adolescentes, por viverem um corpo e uma mente em transformações, constituem uma população de risco em relação ao uso de drogas (Outeiral, 2008). A curiosidade natural dos adolescentes é um dos fatores internos de maior influência na experimentação de substâncias psicoativas. Com relação à evolução da experimentação para o uso regular e a manutenção do uso, outros fatores internos estariam envolvidos, como insegurança e sintomas depressivos (Scivoletto & Morihisa, 2001).

Além desses fatores, o grupo tem importância na vida dos adolescentes. É sob a influência do grupo, que adolescentes tendem a experimentar e a fazer uso abusivo do álcool e de substâncias psicoativas. A cumplicidade do grupo tem papel também na prática de atos infracionais (Oliveira, 2010). O uso de drogas pode levar o adolescente a cometer atos infracionais, principalmente se os seus vínculos familiares e escolares estiverem fragilizados. A família é fundamental no período da adolescência. É na família que o adolescente deverá ter contenção, limites e afeto. Quando não encontrado, o jovem poderá buscar ser valorizado e reconhecido por meio de um ato de delinquência (Outeiral, 2008).

A escola e a mídia também podem ser consideradas fatores de risco e/ou proteção para comportamentos agressivos. O termo comportamento de risco refere-se às ações que se caracterizam como ameaças ao desenvolvimento saudável que o adolescente pode alcançar, superando situações aversivas (Martins & Szymanski, 2004; Morais & Koller, 2004; Yunes, Miranda, & Cuello, 2004). Os fatores de risco individuais estão relacionados às características como gênero, problemas genéticos, carência de habilidades sociais, intelectuais e características psicológicas limitadas. Os fatores de risco ambientais incluem a violência, a ausência ou fragilidade de suporte social e afetivo e o baixo nível socioeconômico (Paludo & Koller, 2005). Os fatores de proteção, por sua vez, dizem respeito às influências que modificam, melhoram ou alteram respostas pessoais a determinados riscos de desadaptação (Morais & Koller, 2004).

Os transtornos psiquiátricos também podem contribuir para a compreensão dos comportamentos agressivos na infância e adolescência. Dentre os transtornos psiquiátricos com início na infância e adolescência, relacionados ao comportamento agressivo, existem o Transtorno de Déficit de Atenção/Hiperatividade, o transtorno de conduta e o transtorno desafiador opositivo (DSM-IV-R, 2002). O transtorno de déficit de atenção/hiperatividade (TDAH) é caracterizado pela seguinte tríade de sintomas: desatenção, hiperatividade e impulsividade. Os principais transtornos envolvidos com a expressão de comportamentos antissociais ou desafiadores são o transtorno opositivo desafiador (TOD) e o transtorno de conduta (TC). O TOD caracteriza-se especialmente pela presença de condutas de oposição, desobediência e desafio (DSM-IV-R, 2002). O TC é um quadro mais amplo e mais complexo que o TOD, mas os sintomas de desafio, desobediência e oposição se repetem, de maneira mais severa, podendo haver agressões a pessoas e animais, furtos e violação de regras (DSM-IV-R, 2002).

As comorbidades entre os transtornos anteriormente citados são comuns. De acordo com Hutz (2002), indivíduos que apresentam distúrbios de conduta em sua infância são mais propensos a cometer atos infracionais e a engajar-se em grupos de criminosos. Os adolescentes que cometem uma infração possuem, em sua maioria, histórico de problemas comportamentais na infância. Tais problemas podem envolver padrões persistentes de comportamentos hostis, nos quais os direitos básicos dos outros ou normas sociais são violados (Gallo & Williams, 2005). O comportamento antissocial é definido como todo aquele que causa prejuízo a si ou ao outro, incluindo a mentira, piromania, pichação de patrimônio, evasão escolar, uso de drogas, comportamento agressivo, além dos delitos leves e graves (Gomide, 2003). O comportamento agressivo constitui-se de uma gama de atitudes sociais inábeis, e a expressão agressiva frequente e intensa na infância e na adolescência apresenta inúmeras consequências desfavoráveis a curto, médio e longo prazos, dentre elas, cometer um ato infracional (Barros & Silva, 2006).

O Ato Infracional

O ECA (Brasil, 1990), no artigo 103, define como ato infracional a conduta descrita como crime ou contravenção no Código Penal Brasileiro. Não existe diferença entre os conceitos de ato infracional e crime, pois, de qualquer forma, ambos são condutas contrárias ao Direito, situando-se na categoria de ato ilícito (Liberati, 2006).

O ato infracional não ocorre em função de um único motivo, mas é o resultado de diversos fatores e, por isso, compreende-se que o adolescente em conflito com a lei deve ser atendido no contexto de uma política pública de atendimento que contemple o ECA (Brasil, 1990) e o Sistema Nacional de Atendimento Socioeducativo (Sinase, 2006).

Medidas Socioeducativas

De acordo com o artigo 112 do ECA (Brasil, 1990), verificada a prática de ato infracional, a autoridade competente poderá aplicar ao adolescente as seguintes medidas:

Advertência

A advertência, conforme o artigo 115 do ECA (Brasil, 1990), consistirá em admoestação verbal, que será reduzida a termo e assinada.

Da obrigação de Reparar o Dano

No caso de um ato infracional que acarrete em prejuízos patrimoniais, a autoridade poderá determinar que o adolescente restitua a coisa, promova o ressarcimento do dano ou compense o prejuízo da vítima, conforme artigo 116 do ECA (Brasil, 1990).

Prestação de Serviços à Comunidade (PSC)

A PSC conforme o artigo 117 do ECA (Brasil, 1990) consiste na realização de tarefas gratuitas de interesse geral, por período não excedente a seis meses, junto a entidades assistenciais, hospitais, escolas e outros estabelecimentos congêneres, bem como em programas comunitários ou governamentais. Deverá ser cumprida numa jornada semanal de no máximo oito horas, conforme aptidões do adolescente, não podendo prejudicar a frequência do adolescente na escola, tampouco sua jornada de trabalho. Poderá ocorrer em dias úteis, sábados, domingos ou feriados. As atividades exercidas pelo adolescente, assim como suas horas de serviços prestados, serão supervisionadas pela instituição de encaminhamento, que enviará relatório para o Juizado da Infância e Juventude.

Liberdade Assistida (LA)

De acordo com o artigo 118 do ECA (Brasil, 1990), a LA será a medida adotada sempre que se afigurar a medida mais adequada para o fim de acompanhar, auxiliar e orientar o adolescente. Essa medida permite ao adolescente o seu cumprimento em liberdade junto à família, porém sob o acompanhamento sistemático do Juizado e da comunidade onde esse jovem esteja inserido. Deverá ocorrer durante o período mínimo de seis meses, podendo ser ampliada até dois anos. Essa medida será aplicada por algum órgão que possa encaminhar e fiscalizar o adolescente. Os encaminhamentos são para a escola, trabalho, cursos, oficinas, atendimento psicológico, acompanhamento social, lazer, segurança, promovendo ao adolescente um convívio com sua comunidade e família.

Inserção em Regime de Semiliberdade

No regime de semiliberdade, o adolescente pode realizar atividades externas, independentemente de autorização judicial. Nesse regime são obrigatória a escolarização e a profissionalização, devendo ser utilizados os recursos existentes na comunidade. Não existe um prazo determinado de tempo da medida, aplicando-se as disposições relativas à internação, conforme artigo 120 do ECA (Brasil, 1990).

Internação

De acordo com o artigo 121 do ECA (Brasil, 1990), a internação constitui medida privativa da liberdade, sujeita aos princípios de brevidade, excepcionalidade e respeito à condição peculiar de pessoa em desenvolvimento. Ela pode durar um período máximo de três anos e a liberação será compulsória caso o jovem complete 21 anos. Para a desinternação deverá haver autorização judicial e o Ministério Público deve ser ouvido. Por ser a medida extrema, a internação acontecerá somente quando tratar-se de ato infracional cometido mediante grave ameaça ou violência à pessoa, por reiteração no cometimento de outras infrações graves ou por descumprimento reiterado e injustificável da medida anteriormente imposta. Neste último caso, não poderá ser superior a três meses. A internação deverá ser cumprida em entidade exclusiva para adolescentes, em local distinto do destinado ao abrigo, obedecendo à rigorosa separação por critérios de idade, compleição física e gravidade da infração.

A Inserção do Psicólogo no Contexto das Medidas Socioeducativas

No Sinase (2006), estão previstos diferentes temas, que devem ser trabalhados no atendimento socioeducativo durante o cumprimento da medida socioeducativa, que foram divididos em eixos. Deve-se oferecer um suporte institucional e pedagógico ao adolescente; trabalhar a diversidade étnico-racial, gênero e orientação sexual; educação; esporte, cultura e lazer; saúde; abordagem familiar e comunitária; profissionalização, trabalho e previdência, e segurança (Sinase, 2006).

Conforme Rovinski (2009), o trabalho técnico do psicólogo junto às instituições de justiça tem apresentado uma crescente evolução, mas ainda marcada por certo desconhecimento, por parte dos profissionais que ingressam no mercado de trabalho, sendo a falta de preparo durante a formação acadêmica um fator determinante para essa situação. Os profissionais, com o objetivo de apropriarem-se das demandas do trabalho, buscam a formação complementar em cursos de extensão ou especializações universitárias. Dessa forma, muitos profissionais de Psicologia no interior da instituição de cumprimento das medidas socioeducativas restringem-se à utilização das técnicas de medida e avaliação, com o objetivo de emitir laudo psicológico, que em muitos casos pode funcionar como instrumento de discriminação e opressão (Francischini & Campos, 2005). As avaliações e laudos devem ter como objetivo identificar potencialidades, problemas e sintomas para contribuir para elaboração de intervenções efetivas e adequadas para o caso. Nessa perspectiva, o laudo pode oferecer caminhos alternativos para compreensão e tratamento do adolescente e não somente como instrumento de discriminação.

Tratamentos com base em punição, medo e que se concentrem no mau comportamento não têm tido sucesso (Gomide, 2009). A autora refere o tratamento punitivo, representado pelo sistema prisional comum brasileiro, estigmatiza as pessoas, rotulando-as de forma negativa. O tratamento do adolescente em medida socioeducativa pode ser baseado em diferentes linhas teóricas, dependendo da escolha e formação do profissional. No entanto, é cada vez mais evidente a necessidade de um profissional que considere o campo da subjetividade no enfrentamento da problemática da violência, investigando sua constituição e seu desenvolvimento (Francischini & Campos, 2005).

Trabalhar com os aspectos sadios dos adolescentes e a resiliência é uma das atribuições do psicólogo no contexto das medidas socioeducativas. Gomide (2009) enfatiza que a Psicoterapia é considerada uma atividade fundamental para o tratamento do adolescente infrator, tendo como objetivo proporcionar a criação e a manutenção de vínculos afetivos, favorecer a reflexão dos atos infracionais, preparar o adolescente para realizar a reparação do dano, elaborar planos para o futuro e trabalhar a externalização da culpa. Cabe ao psicólogo escutar cada história, torná-la significativa para o seu portador, e propiciar a sua reparação (Albornoz, 2009).

A Execução das Medidas Socioeducativas em Meio Aberto de Prestação de Serviços à Comunidade (PSC) e Liberdade Assistida (LA): Relato de Intervenções

Neste relato, é descrita a experiência profissional de uma psicóloga na execução das medidas socioeducativas em meio aberto de prestação de serviços à comunidade e liberdade assistida em um município da região metropolitana de Porto Alegre (RS). As medidas socioeducativas eram executadas pelo Fórum do município e por um decreto judicial foram municipalizadas, ou seja, passaram a ser realizadas por intermédio da prefeitura.

Metodologia do Serviço de Execução das Medidas Socioeducativas em Meio Aberto

Contato com o Fórum Municipal

A primeira etapa do processo de execução de MSE é o contato do advogado do serviço (CREAS) com o Fórum Municipal. Semanalmente, eram buscados os processos de execução de medida (PEM) no Juizado da Infância e Juventude, local no qual foi realizada a audiência do(a) adolescente junto de seu responsável legal e dada sua sentença. Os processos são protocolados no CREAS e registrados no livro-carga, com o nome do adolescente, data da entrada e saída do PEM no serviço. Após sua entrada, os processos são distribuídos aos técnicos, que poderão ser uma assistente social, uma psicóloga, ou ambas, dependendo da demanda do atendimento, por meio da coordenadora do serviço. Os técnicos fazem a leitura do processo, considerado segredo de justiça, e fazem anotações acerca do caso. O contato com o Fórum também se dá nos casos de conclusão, descumprimento, mudança de endereço, abandono e informações sobre o atendimento referente a cada medida.

Nesse primeiro momento, conhece-se o ato infracional cometido pelo adolescente e suas passagens pelo sistema socioeducativo, pois no processo consta se ele já esteve em medida de internação, semiliberdade ou então se foi seu primeiro delito. Muitas vezes, ao ler o processo, tem-se uma ideia de como é o perfil do adolescente, pois é possível saber se ele está ou não envolvido com drogas, se os pais o acompanharam nas audiências, enfim, o processo oferece uma noção do caso aos técnicos que o acompanharão.

Conforme informações levantadas pelo Mapeamento Nacional do Sistema de Atendimento Socioeducativo (2002) sobre o perfil dos adolescentes privados de liberdade no Brasil, existem cerca de 10 mil adolescentes internos em instituições de privação de liberdade. Conforme dados do Instituto Brasileiro de Geografia e Estatística (IBGE) (1999), os jovens em 1996, com idades entre 15 e 24 anos, constituíam 19,8% da população brasileira, totalizando em torno de 32 milhões de pessoas. Isso significa que, para cada 10 mil adolescentes brasileiros, existem em torno de três adolescentes privados de liberdade. Destes adolescentes privados de liberdade, 90% eram do sexo masculino, com idade entre 16 e 18 anos. As características relevantes desse mapeamento são as seguintes: mais de 60% dos adolescentes eram da raça negra; 51% não frequentavam a escola e 49% não trabalhavam. Destes jovens, 81% viviam com a família quando praticaram o delito. O uso de drogas apareceu em 85,6% dos adolescentes e os principais atos infracionais foram: roubo (29,5%); homicídio (18,6%); furto (14,8%) e tráfico de drogas (8,7%).

Os atos infracionais que mais ocorrem nas medidas de PSC e LA são furto, roubo, tráfico de drogas, posse de drogas, posse de armas e dirigir sem habilitação. Já foram atendidos casos de homicídio, organização e liderança de quadrilhas e abuso sexual, mas em números reduzidos comparados aos atos anteriormente citados.

Notificação

A notificação residencial ocorre uma vez por semana. Nesse dia, o técnico responsável pelo caso vai com o motorista do serviço até a casa do adolescente para entregar a notificação de comparecimento ao CREAS, com data e horário da entrevista marcada. Na notificação, grampeada por motivo de sigilo, consta o nome do adolescente e dos genitores. São realizadas, no máximo, três notificações por adolescente. Se essas três tentativas não tiverem êxito, o PEM será devolvido ao Fórum com as observações necessárias.

As visitas podem ser consideradas um instrumento de trabalho que favorece os técnicos no conhecimento da realidade dos adolescentes, sua comunidade e sua casa, mas, por outro lado, em muitas dessas situações, a família mudou de residência, ou então o endereço era inexistente, exigindo muito tempo de busca. Já aconteceram casos em que foi necessária uma manhã ou tarde em busca de um adolescente e ainda assim ele não foi encontrado. Nesses casos, os processos foram devolvidos ao Fórum para que se atualizasse o endereço.

Atendimento individual (PSC/LA)

O atendimento individual é o primeiro contato do(a) adolescente com seu técnico de referência. Na primeira entrevista, o/a adolescente vem acompanhado dos pais, ou de um dos responsáveis. Inicialmente, entra sozinho com o técnico na sala de atendimento e lhe é informada qual é a sua medida socioeducativa, já sentenciada em audiência, recebendo ainda informações sobre ela. É realizada uma reflexão sobre o ato infracional cometido, ocasião na qual também é realizado um levantamento de dados sobre sua vida atual e pregressa.

Logo após a entrevista, o adolescente aguarda na recepção enquanto seu familiar é entrevistado. Os pais são orientados a respeito da medida e relatam ao técnico sobre a história do adolescente. São questionados sobre o ato infracional e sobre a rotina dele. O(a) adolescente retorna, então, à sala e participa do atendimento junto com seu familiar. Nesse momento, são feitas as combinações de horários, tempo da medida e então é realizada a assinatura do termo de concordância, no qual o adolescente, familiar e técnico assinam um termo em que concordam com a execução da medida. O primeiro atendimento tem duração de uma hora e trinta minutos até duas horas. Os demais atendimentos individuais podem durar de trinta minutos até uma hora, dependendo de cada situação.

As entrevistas iniciais são embasamentos para os próximos atendimentos. Nelas, se tem ideia de como a família se relaciona, de como o adolescente é tratado pelos familiares e de como é sua rotina diária. Comumente, é a genitora quem acompanha o(a) adolescente no primeiro atendimento. Observou-se em grande parte dos casos atendidos que o adolescente não tem mais contato com a figura paterna, pois o pai já é falecido ou abandonou a família. Um dos casos atendido no CREAS foi de um adolescente que o pai se separou da mãe assim que ele nasceu e o visitava muito raramente. O adolescente dizia que não lembrava da última visita que havia recebido do pai. Esse caso exemplifica o que ocorre em grande parte dos casos atendidos. Nessa situação, o jovem não quis falar sobre o pai. Ele tinha como referência o irmão mais velho, que atualmente está preso. Na adolescência, os jovens têm seus ídolos e buscam imitá-los. A percepção era justamente de que o irmão era o modelo a ser seguido, e que praticar atos infracionais era uma maneira de aproximá-los, e, então, identificado com ele, cometeu os mesmos tipos de infração.

É possível constatar que os adolescentes tiveram contato ou residiam com o pai, mas a ausência de limites, a falta de comunicação, interesse ou demonstração de afeto eram identificados nos relatos. Nos atendimentos, é importante que o profissional consiga perceber essas faltas, para que possa trabalhar com o adolescente e ajudá-lo no processo de internalização de limites.

Na Prestação de Serviços à Comunidade, o técnico tem a função de encaminhar o adolescente para uma instituição conveniada e manter contato com a Referência da instituição que o acolheu para obter informações sobre o cumprimento da medida. A Referência poderá ser a diretora, coordenadora ou até um funcionário da instituição. É ele quem determina os horários e atividades do adolescente no local da PSC. O técnico faz uma guia de encaminhamento em duas vias, que o adolescente leva até a instituição. Conforme concordância do local em recebê-lo, a

Referência assina e carimba o encaminhamento, que é devolvido ao CREAS. Uma das vias fica na Instituição conveniada. A instituição conveniada também recebe os relatórios de frequência de PSC. Nesses relatórios, o adolescente assina a hora que chega e sai do local, com a atividade que realizou descrita. Os relatórios são devolvidos ao CREAS no final de cada mês e posteriormente enviados ao JIJ.

Geralmente, os adolescentes são encaminhados para a instituição de ensino. Nas escolas, eles deveriam receber atividades socioeducativas, mas muitas vezes são destinados a tarefas de serviços gerais, tais como pintura, lavar classes, secar louças. Houve casos em que as escolas que receberam os adolescentes perceberam e compreenderam o objetivo socioeducativo da medida, utilizando conhecimentos do adolescente para alguma atividade. Um exemplo é de um menino que era extrovertido e muito falante e que passou a contar histórias na biblioteca para as crianças. Ele ficou satisfeito com a realização da atividade e se propôs a continuar o trabalho como voluntário ao término de sua PSC.

Na medida de Liberdade Assistida, o adolescente permanece no mínimo seis meses em atendimento individual e/ou grupal no CREAS. Nos primeiros atendimentos individuais, é realizado o Plano Individual de Atendimento (PIA). O plano tem a função de organizar as atividades que o adolescente realizará durante o cumprimento da medida. O mesmo é construído com a participação do adolescente e sua família, traçando metas quanto à escolarização, profissão, relacionamentos interpessoais, cultura, lazer e esporte. O técnico responsável pelo adolescente exerce a função de orientador, com a atribuição de orientar, acompanhar e auxiliar o adolescente e sua família no seu desenvolvimento pessoal e profissional e na sua inserção social.

A dependência química é um fator que dificulta o processo de desenvolvimento do Plano Individual, visto que os adolescentes não comparecem ou desistem do cumprimento da medida. Exemplos podem ser citados, tais como, um adolescente com medida de Liberdade Assistida (LA), que estava temporariamente morando na casa de parentes por ser usuário de drogas. Como em sua cidade de origem havia maior risco de recaída, em função do grupo de amigos, ele passou a residir na casa de seus tios. Foi notificado que teria que comparecer a CREAS para começar o cumprimento de sua medida socioeducativa e não compareceu. Em contato telefônico, o tio informou que o adolescente teria fugido de casa, retornando para sua cidade de origem e retomado o uso de drogas. Devolvemos a informação ao JIJ. Assim como esse caso, outro adolescente de 13 anos não comparecia aos atendimentos pelo uso de substâncias químicas. A questão da drogadição aumenta significativamente a falta de adesão aos atendimentos. O uso de substâncias psicoativas nessa população afeta diretamente a cognição, a capacidade de julgamento, o humor e as relações interpessoais (Scivoletto & Morihisa, 2001). O prejuízo na capacidade de processar novas informações, as alterações na capacidade de concentração e retenção causadas pelo uso dessas substâncias podem prejudicar o desempenho desses adolescentes (Scivoletto & Morihisa, 2001).

A periodicidade dos atendimentos individuais é quinzenal, podendo ser semanal ou mensal, de acordo com a necessidade de cada adolescente. Aos adolescentes que trabalham e estudam é dada preferência ao atendimento mensal, para que eles não interrompam suas atividades, assim como adolescentes que apresentam maior demanda de encaminhamentos e acompanhamento têm atendimentos semanais.

Atendimento em Grupo – Liberdade Assistida

Os adolescentes que têm a medida de LA e disponibilidade de horários durante a semana são convidados a participar do Grupo de Reflexão de Adolescentes em LA. Esse grupo ocorre semanalmente em 12 encontros, sendo que cada encontro tem a duração de duas horas. Durante os encontros, uma psicóloga e uma estagiária de psicologia discutem com os adolescentes temas, como sexualidade, uso de drogas, violência, amizade, namoro, planos para o futuro, profissionalização, ato infracional, entre outros. Os temas são sugeridos pelos próprios adolescentes e têm como objetivo oportunizar um espaço de formação e informação aos adolescentes atendidos, a fim de produzir alternativas para transformação de suas realidades, na busca pela efetivação de seus direitos sociais e na melhoria da qualidade de vida. A discussão no grupo ocorre a partir de dinâmicas, filmes e oficinas relacionados com os temas propostos. Eventualmente, convida-se um profissional qualificado para debater determinado assunto escolhido.

O Grupo de Reflexão com adolescentes em Liberdade Assistida promoveu a expressão de pensamentos e sentimentos dos adolescentes. Nessa atividade, os adolescentes relataram suas angústias e puderam refletir que têm medos, ansiedades, desejos e realizações, que são seres de direitos, que são sujeitos com uma história além do ato infracional. Os jovens em medida socioeducativa muitas vezes são tratados com preconceito, como se fossem somente o ato que cometeram. Nesse espaço foi viabilizada a mudança de crenças distorcidas sobre a adolescência e os processos de mudança (cognitivo, físico, social) decorrentes desta etapa do desenvolvimento.

Atendimento Familiar

A família é envolvida no processo socioeducativo para o resgate da sua função protetiva e de referência ao adolescente. Os familiares são chamados ao CREAS para entrevistas individuais, recebem o contato telefônico do serviço para falar com o técnico responsável sempre que necessário, podendo, inclusive, realizar ligações a cobrar. Em parceria com o Centro de Referência de Assistência Social (CRAS) do município ocorrem palestras nos bairros mensalmente, com informações sobre adolescência, medidas socioeducativas, dependência química, violência e outros temas pertinentes a essa fase do desenvolvimento. Nesses encontros, abertos à comunidade, os pais dos adolescentes em MSE são convidados a participar.

O trabalho realizado também contemplou reuniões de equipe, nas quais foi possível identificar a validade da experiência de realização de grupos com os pais, sendo que permitiu pensar melhor a continuidade desses trabalhos no ano seguinte. A partir de tais reuniões, o Grupo de

Informação para Pais foi criado. Este seria um lugar onde ocorreriam palestras sobre temas pertinentes à adolescência. Nesse período a equipe do CRAS foi convidada a participar dos nossos encontros de organização e foi decidido que os Grupos de Informação aconteceriam nos bairros, local onde moravam essas famílias. Os Grupos aconteceram aos sábados pela manhã, tendo um encontro mensal em cada bairro. Participaram desse projeto a equipe técnica de três CRAS. As palestras foram dadas por profissionais convidados e os temas foram adolescência, medidas socioeducativas, drogas e violência.

A participação efetiva dos pais nos encontros promovidos pelos CRAS e CREAS foi a confirmação da necessidade de informação aos pais sobre seus filhos. Foi positivo e gratificante a participação da comunidade nos encontros oferecidos. Percebeu-se o quanto os pais tinham dúvidas em relação aos seus filhos adolescentes, mas, ao mesmo tempo, o quanto não conseguiam voltar no tempo e lembrar-se de sua própria adolescência.

Nos encontros, os pais puderam perceber dificuldades por eles vivenciadas nessa mesma faixa etária, que também cometeram infrações, que talvez não foram descobertos ou punidos pela Lei, mas que cometeram pequenos delitos, como fumar escondido ou dar o troco errado para alguém. Eles demonstraram perceber que seus filhos precisam de apoio, proteção e cuidados.

Visita Domiciliar

A visita domiciliar é realizada pelo técnico responsável pelo caso, podendo ser utilizada como um instrumento de contato com a realidade familiar do adolescente, a fim de conhecer sua casa e seu contexto social. A periodicidade das visitas ocorre de acordo com a necessidade de cada caso, detectada pelo técnico.

Nas visitas, foi possível conhecer a casa do adolescente e sua família. Ela é importante para casos em que os adolescentes estão em descumprimento de medida, para que se possa entender sua ausência. Já houve visitas em que não se conseguiu entrar na casa, pois o adolescente estava sob efeito de substâncias, deixando-o agressivo, sendo que a genitora orientou a voltar em outro momento. Também houve casos de que a visita possibilitou uma melhora no vínculo entre o CREAS e os adolescentes, visto que eles demonstraram, em tais ocasiões, sentirem-se mais valorizados ao receberem os técnicos na sua comunidade.

Encaminhamentos à Rede Socioassistencial

Os técnicos realizam encaminhamentos à rede socioassistencial do município a partir dos atendimentos realizados com os adolescentes e sua família e do Plano Individual de Atendimento. Os encaminhamentos são variados, tais como para tratamento da dependência química, em CAPS-AD, hospitais, unidades básicas de saúde; como também para escolas, habitação, documentação, cursos profissionalizantes, Pró-Jovem, oficinas, entre outros.

As técnicas estiveram presentes nas reuniões da rede socioassistencial do município. Nessas reuniões foi discutida a necessidade de grupos de estudo, debates e discussões sobre o tema adolescência. A adolescência ainda não está sendo efetivamente discutida pelos profissionais da rede. Sabe-se da falta de serviços para o atendimento desse público e da falta de preparo dos profissionais para recebê-los.

Reuniões de Equipe Técnica

As reuniões de equipe técnica, junto com a coordenadora do CREAS, ocorrem semanalmente. Nas reuniões são discutidos casos, encaminhamentos necessários, avisos gerais, avaliação e planejamento do trabalho dos técnicos. As reuniões da equipe de PSC/LA vêm justamente para que se possam discutir quais os métodos mais adequados de atendimento de cada caso, os encaminhamentos a serem dados e a parceria com a rede de atendimento municipal. Essas reuniões podem ser consideradas produtivas quando possibilitam fazer a equipe repensar suas atividades.

Nas reuniões ocorrem trocas de experiências, fala-se sobre as angústias e se encontra apoio nos outros profissionais, que atendem em diversas áreas. Elas podem facilitar o crescimento profissional e oferecer suporte.

Reuniões da Rede de Medidas Socioducativas

A equipe técnica do CREAS junto com a equipe que atende a medida de internação da região começou a discutir a necessidade de um espaço de troca e discussão sobre as medidas socioeducativas. Foi criada, então, a reunião de rede das medidas socioeducativas, na qual participam os técnicos do município e da região que atendem as MSE, nos três principais regimes: meio aberto, semiliberdade e internação. Nessas reuniões, que ocorrem uma vez por mês, discutem-se as MSE, o trabalho realizado, casos e intervenções, a relação com o JIJ, os encaminhamentos e organizações de eventos, tais como seminários e grupos de estudo. As reuniões são realizadas em locais diversos, sendo que cada instituição que participa oferece seu espaço físico para o encontro e fica responsável pela organização quando ocorre em seu respectivo espaço. Convidados também participam da reunião, tais como membros do JIJ, representantes de Conselhos de Assistência Social, técnicos que atendem egressos do sistema socioeducativo, técnicos que trabalham no projeto que atende adolescentes ameaçados de morte, entre outros.

As reuniões durante o ano de 2010 foram muito produtivas, sendo um espaço de planejamento e reflexão. Essas reuniões culminaram na criação de um projeto de capacitação nas escolas, onde serão debatidas as MSE, que foi criado pelo grupo. O projeto foi elaborado por uma comissão do grupo e está, atualmente, aguardando a aprovação do Conselho da Criança e Adolescente de um dos municípios participantes.

Discussão

As medidas socioeducativas de PSC e LA contribuem para garantir aos adolescentes em conflito com a lei aspectos de interação com a comunidade, por meio de cursos profissionalizantes, escolarização, convívio familiar e garantia de direitos humanos. Diferente da internação, onde há uma situação de confinamento, nas medidas em meio aberto o adolescente repensa seu ato infracional, mas continua convivendo livremente na sociedade. É importante considerar a possibilidade de resgate do sujeito cuja sanção pelo ato infracional é praticada sem a segregação social, ou seja, o adolescente não é retirado do seio de sua família e comunidade (Capitão & Gurski, 2009). Quanto mais incentivo existir para que o trabalho de execução de medidas em meio aberto ofereça resultados positivos, menor a chance de reincidência dos adolescentes e, consequentemente, uma redução do número de internações ocorrerá.

Não ocorrem atos infracionais somente com adolescentes em situação de vulnerabilidade social, pois há atos que ocorrem com frequência, tais como dirigir sem habilitação ou aborto, que não é a condição social que determina, mas fatores como falta de limites na família ou negligência. Aspectos como a instabilidade emocional, a postura desafiadora, o imediatismo e a tendência à ação irrefletida são observados nos adolescentes. Por outro lado, existe a presença em nossa sociedade de grande número de adolescentes que trabalham, criam e mantêm relações familiares e sociais respeitosas (Oliveira, 2010). Nesse sentido, pode-se pensar a importância da avaliação de cada caso atendido, que pode ser conhecido inicialmente por meio da primeira entrevista e ficha de dados, para então elaborar um plano de intervenção. Francischini e Campos (2005) questionam qual é o caráter educativo das medidas. Em outras palavras, educar para o quê, para o exercício de uma profissão, de uma vida em família? O que o adolescente que se encontra em conflito com a lei demanda das instituições formadoras?

Ouvir o adolescente como um sujeito além do ato infracional, que está em fase de desenvolvimento é fundamental para o cumprimento positivo da medida. Os adolescentes não são um recipiente passivo ou objeto controlado por influências familiares ou sociais, nem por determinações externas (Schenker & Minayo, 2005). Além disso, é necessário desconstruir alguns mitos da sociedade. Volpi (1999) cita os três mitos construídos ao longo dos anos pela sociedade: o hiperdimensionamento, a periculosidade e a irresponsabilidade penal. O primeiro mito, do hiperdimensionamento, aponta que a maior parte da violência urbana é praticada por adolescentes, embora os adultos sejam em maior número. O segundo mito, da periculosidade, faz acreditar que os adolescentes são violentos e oferecem perigo à sociedade e o terceiro é de que o Estatuto da Criança e do Adolescente (ECA) não responsabiliza penalmente os adolescentes pelos seus atos (Volpi, 1999). Esses mitos devem ser discutidos e refletidos pela equipe que trabalha com os adolescentes autores de atos infracionais para que se possa buscar a explicação de sua existência e ser realizado um trabalho de desconstrução dos mesmos. Entretanto, é necessário considerar que alguns adolescentes são violentos e podem oferecer riscos à sua comunidade. Nessas situações a presença de transtornos disruptivos é frequente e tais sintomas devem ser considerados para o plano de intervenção.

O grupo com adolescentes proporcionou diálogos e trocas de experiências, ajudando na elaboração individual dos problemas. No grupo, os participantes perceberam que não estão sozinhos e que fazem parte de uma rede maior, que vai além da família ou do trabalho. O grupo possibilitou um maior nível de compreensão quanto ao fato dos adolescentes perceberem que pertencem a uma comunidade, que forma uma sociedade e que é influenciada por uma cultura. Eles também falaram sobre a dependência química e os prejuízos que ela traz. Prejuízos que são muito significativos na execução das medidas, gerando fatores negativos neste trabalho.

Muitos adolescentes foram ou são usuários de drogas e alguns permanecem na vida delitiva em função da dependência, seja realizando furtos para o consumo ou envolvidos em delitos com traficantes. Muitos não cumprem sua medida pela dependência química. De acordo com Schenker e Minayo (2005), o uso de drogas é um fator de risco, pois, com o desejo de obter prazer, o adolescente se coloca em risco de se tornar dependente e comprometer a realização de tarefas normais do desenvolvimento e a aquisição de habilidades essenciais para o próximo estágio de vida, o adulto jovem.

A prática com a família dos adolescentes também funcionou positivamente. A participação efetiva dos pais nos encontros promovidos pelos CRAS e CREAS foi a confirmação da necessidade de informação aos pais sobre aspectos do desenvolvimento de seus filhos. Yunes (2003) cita que os estudos sobre família enfatizam os aspectos deficitários e negativos da convivência familiar e que o interesse pela resiliência em famílias vem contribuir para que se possa focar e pesquisar os aspectos sadios e de sucesso do grupo familiar em vez de seus desajustes e falhas. Dessa forma, a proposta de intervenção, baseada na capacidade de superação dessas famílias e que busca dar um novo significado aos seus aspectos saudáveis apresentou condições de resultados positivos.

O preconceito aos adolescentes ainda é muito forte e um fator que prejudica o trabalho. O preconceito, que é citado pelos adolescentes durante os atendimentos, é um aspecto negativo no momento da realização de encaminhamentos, visto que empresas e escolas não querem recebê-los nas suas instituições. Muitos encaminhamentos são realizados durante as medidas, mas a efetividade do atendimento não é sempre que ocorre. Os profissionais, tanto da área da educação, quanto da saúde, precisam ser capacitados para atender melhor suas demandas. Freire (2003) afirma que ao fazer educação numa perspectiva crítica, progressista, o educador se obriga, por coerência, a engendrar, a estimular, a favorecer, na própria prática educativa, o exercício do direito à participação por parte de quem esteja direta ou indiretamente ligado ao fazer educativo. Ele considera que o educador progressista é leal à radical vocação do ser humano para a autonomia e se entrega aberto e crítico à compreensão da importância da posição de classe, de sexo e de raça para a luta da libertação.

O psicólogo passa a ser uma referência para o adolescente em cumprimento de MSE, pois ele ouve o jovem e ajuda na reconstrução de sua vida na comunidade. O vínculo entre o psicólogo e adolescente se forma, possibilitando mudanças na história do (a) menino(a). Em suma, o sucesso de um acompanhamento de egresso depende basicamente da identificação imediata do problema e da apropriada intervenção (Gomide, 2009).

Considerações Finais

A realização deste estudo é importante, visto que compartilhar experiências é uma maneira de multiplicar saberes. As medidas socioeducativas são pouco debatidas no Brasil, sendo este trabalho um dispositivo para reflexões e novos debates, sobre possibilidades e desafios para a Psicologia no atendimento de um(a) adolescente que cometeu um delito.

O tema descrito neste trabalho permite que algumas conclusões sejam feitas acerca das medidas socioeducativas, tais como de que a medida não deve ter um caráter apenas punitivo, mas sim que possa permitir a socioeducação do adolescente e de que a dependência química é um fator de risco para que o jovem cometa um ato infracional. Essas conclusões tornam possível que muitas indagações comecem a surgir, dando início a uma nova pesquisa, ou incentivando que discussões se sucedam a partir desses questionamentos. Qual é o perfil do adolescente que comete ato infracional?

Sugere-se que seja realizado um levantamento, por meio de análise documental de uma amostra de casos de medidas socioeducativas atendidas pelo Centro de Referência Especializado de Assistência Social (CREAS). As informações necessárias para realização deste trabalho poderão ser coletadas pelo banco de dados do CREAS, que estão preenchidas no instrumento de coleta de dados. A partir das informações é possível realizar análises descritivas e de frequência dos dados do instrumento da coleta de dados, buscando identificar o perfil do adolescente, do ato infracional e características da família. Conhecer o perfil desses adolescentes pode contribuir para o planejamento de intervenções preventivas e terapêuticas mais efetivas.

Referências

Albornoz, A. C. (2009). Perspectivas no abrigamento de crianças e adolescentes vitimizados. In: R. M. Cruz & S. L. Rovinski (Eds.), *Psicologia jurídica: Perspectivas teóricas e processo de intervenção* (pp. 181-194). São Paulo: Vetor Editora.

Associação Psiquiátrica Americana (APA) (2002). Manual Diagnóstico e Estatístico de Transtornos Mentais. (4. Ed.) *Revista (DSM-IV-TR)*. Porto Alegre: Artmed.

Barros, P. & Silva, F. B. N. (2006). Origem e manutenção do comportamento agressivo na infância e adolescência. *Revista Brasileira de Terapias Cognitivas*, 2(1), 55-66.

Brasil. (1990). *Diário Oficial da União*. Estatuto da Criança e do Adolescente, Lei Federal nº 8.069, de 13 de julho de 1990, Brasília, DF.

_____. (2006). *Sistema Nacional de Atendimento Socioeducativo (SINASE)*. Secretaria Especial de Direitos Humanos. Conselho Nacional dos Direitos da Criança e do Adolescente. Brasília, DF.

Capitão, L. D. & Gurski, R. (2009). Incentivo às medidas socioeducativas de meio aberto no Rio Grande Do Sul: Uma experiência intersetorial. *Revista Brasileira de Adolescência e Conflitualidade*, 1(1), 102-122.

Francischini, R. & Campos, H. R. (2005). Adolescente em conflito com a lei e medidas socioeducativas: Limites e (im)possibilidades. *Psico*, 36(3), 267-273.

Freire, P. (2003). *Política e Educação*. São Paulo: Cortez.

Gallo, A. E. & Williams, L. C. D. A. (2005). Adolescentes em conflito com a lei: uma revisão dos fatores de risco para a conduta infracional. *Psicologia: Teoria e Prática*, 7(I), 81-85.

Gomide, P. I. C. (2003). Estilos parentais e comportamento antissocial. In: A. Del Prete. & Z. A. P. Del Prete (Eds.), *Habilidades Sociais, desenvolvimento e aprendizagem: questões conceituais, avaliação e intervenção*. (pp. 21-60). Campinas: Alínea.

Gomide, P. I. C. (2009). Reintegração do adolescente infrator ao meio social. In: R. M. Cruz & S. L. R. Rovinski (Eds.), *Psicologia jurídica: Perspectivas teóricas e processo de intervenção* (pp. 171-180). São Paulo: Vetor Editora.

Hutz, C. S.; Koller, S. H.; & Bandeira, D. R. (1996). Resiliência e vulnerabilidade em crianças em situação de risco. *Coletâneas da ANPEPP*, 1(12), 79-86.

Hutz, C. S. (2002). *Situações de risco e vulnerabilidade na infância e na adolescência: Aspectos teóricos e estratégias de intervenção*. São Paulo: Casa do Psicólogo.

Instituto Brasileiro de Geografia E Estatística – IBGE. (1999). *Síntese de Indicadores Sociais*. Disponível em: <http://www.ibge.gov.br. Acessado em: novembro de 2010.

Kristensen, C. H.; Leon, J. S.; D'Incao, D. B.; & Dell'Aglio, D. D. (2004). Análise da frequência e do impacto de eventos estressores em uma amostra de adolescentes. *Interação Psicologia*, 8(1), 45-55.

Liberati, W. D. (2006). *Comentários ao Estatuto da Criança e do Adolescente*. São Paulo: Malheiros Editores.

Martins, E. & Szymanski, H. (2004). A abordagem ecológica de Urie Bronfenbrenner em Estudos com famílias. *Estudos e Pesquisa em Psicologia*, 1(4), 66-77.

Ministério Público Estadual – Rio Grande do Sul. *Mapeamento Nacional do Sistema de Atendimento Socioeducativo: Sumário dos resultados*. Disponível em: <http://www.mp.rs.gov.br/infancia/estudos/id423. Acessado em: dezembro de 2010.

Morais, N. A. & Koller, S. H. (2004). Abordagem ecológica do desenvolvimento humano, psicologia positiva e resiliência: Ênfase na saúde. In: S. H. Koller (Ed.). *A ecologia do desenvolvimento humano: Pesquisa e intervenções no Brasil* (pp. 91-108). São Paulo: Casa do Psicólogo.

Oliveira, M. C. S. L. (2010). *O adolescente como pessoa em desenvolvimento e a contemporaneidade*. Disponível em: <http://www.educar.tv/sinase. Acessado em: novembro de 2010.

Outeiral, J. (2008). *Adolescer*. Rio de Janeiro: Revinter.

Organización Mundial de la Salud (OMS). (1965). *Problemas de salud de la adolescência. [Série de Informes técnicos]*. Geneva: OMS, 308, 29p.

Paludo, S. S. & Koller, S. H. (2005). Resiliência na rua: Um estudo de caso. *Psicologia: Teoria e Pesquisa*, 2(21), 187-195.

Rovinski, S. L. R. (2009). Psicologia jurídica no Brasil e na América Latina: Dados históricos e suas repercussões quanto à avaliação psicológica. In: R. M. Cruz & S. L. R. Rovinski, (Eds.), *Psicologia jurídica: Perspectivas teóricas e processo de intervenção* (pp. 11-22). São Paulo: Vetor Editora.

Schenker, M. & Minayo, M. C. S. (2005). Fatores de risco e proteção para o uso de drogas na adolescência. *Ciência & Saúde Coletiva*, 10(3), 707-717.

Scivoletto, S. & Morihisa, R. S. (2001). Conceitos básicos em dependência de álcool e outras drogas na adolescência. *Jornal Brasileiro de Dependência Química*, 2(1), 30-33.

Volpi, M. (1999). *O adolescente e o ato infracional*. São Paulo: Cortez.

Yunes, M. A. M. (2003). Psicologia positiva e resiliência: O foco no individuo e na família. *Psicologia em Estudo*, 8, 75-84.

Yunes, M. A. M.; Miranda, A. T.; & Cuello, S. E. S. (2004). Um olhar ecológico para os riscos e as oportunidades de desenvolvimento de crianças e adolescentes institucionalizados. In: S. H. Koller (Ed.), *A ecologia do desenvolvimento humano: Pesquisa e intervenções no Brasil* (pp. 197-218). São Paulo: Casa do Psicólogo.

CAPÍTULO 12

A pertinência das práticas restaurativas no contexto do atendimento ao adolescente em conflito com a lei

Jana Gonçalves Zappe[1]
Cristiane Rosa dos Santos[2]
Ana Cristina Garcia Dias[3]

O Adolescente em Conflito com a Lei e o Sistema Socioeducativo

A adolescência configura-se como um processo psicológico e social que está inserido no processo mais amplo de desenvolvimento do sujeito, caracterizando-se pela busca de autonomia e reconhecimento social. Oliveira (2001) salienta que essa operação de busca de reconhecimento social torna-se dramática na atualidade, tendo em vista que há uma grande escassez de chances sociais e oportunidades de reconhecimento num contexto de amplas desigualdades sociais. Assim, a violência e a identificação com a criminalidade podem se constituir como um caminho para a obtenção de reconhecimento social, ainda que às avessas.

De acordo com Gonçalves e Garcia (2007), o ato infracional pode surgir como *script* de um drama atravessado por conflitos pessoais e sociais, os quais dificultam o processo de construção

---

[1] Psicóloga, especialista em Criança e Adolescente em Situação de Risco (Unifra), mestre em Psicologia (UFSM). Psicóloga da Fundação de Atendimento Socioeducativo do Rio Grande do Sul (FASE-RS) e docente da Faculdade Integrada de Santa Maria (FISMA).

[2] Psicóloga, especialista em Transtornos do Desenvolvimento da Infância e Adolescência, Abordagem Interdisciplinar (Lydia Coriat), mestranda em Psicologia, Ênfase Psicologia da Saúde (UFSM), bolsista CAPES/CNPQ.

[3] Psicóloga, doutora em Psicologia (USP/SP). Professora do Programa de Pós-graduação em Psicologia da Universidade Federal de Santa Maria (UFSM).

da identidade do jovem. Inclui-se nesse drama a dificuldade de inserção no mercado de trabalho, a busca de inclusão social que é frustrada, a precariedade de educação, profissionalização e trabalho que caracterizam as vivências da grande maioria dos jovens brasileiros que se tornam autores de atos infracionais.

Entendendo a adolescência como um momento do desenvolvimento caracterizado por turbulências tanto físicas quanto psíquicas, Marin (2009) indica que o adolescente precisa ser conduzido a construir defesas para que elas o ajudem a dar um significado para essas vivências. Com relação a isso, ele pode se sentir abandonado por não saber ao certo que direção seguir: de um lado, o seu desejo, que em sua produção ilusória o torna capaz de tudo, e, de outro lado, a limitação imposta pela configuração social, que resulta em uma crise. O jovem autor de ato infracional pode ser considerado alguém que busca chamar a atenção do outro, que de alguma forma falhou com ele, sendo essa a oportunidade de dar ênfase à sua história e reconstruir sua existência (Marin, 2009).

O Estatuto da Criança e do Adolescente (ECA), que regulamenta os direitos das crianças e dos adolescentes, inspirado pelas diretrizes fornecidas pela Constituição Federal de 1988, congrega uma série de normativas internacionais – em especial a Doutrina da Proteção Integral (Brasil, 1990) –, é a legislação que regulamenta o cenário de ação e proteção aos adolescentes que cometem atos infracionais. Segundo Costa (2005), a função principal dessa doutrina é assegurar que sejam mantidas condições adequadas ao pleno desenvolvimento de crianças e adolescentes, independentemente de sua situação jurídica.

Os programas socioeducativos direcionados aos jovens privados de liberdade devem respeitar as peculiaridades de cada pessoa em desenvolvimento, assim como devem assegurar proteção à vida desses jovens, evitando a discriminação por meio de rótulos que expõem esses indivíduos a situações que os impeçam de superar as dificuldades. Além disso, devem viabilizar sua inclusão social na sociedade. Assim, considera-se as medidas socioeducativas ações pedagógicas que visam a reeducação e a prevenção de novos delitos (Brasil, 1990).

O processo socioeducativo deve considerar que o adolescente está em um momento de crise, em que se supõe a possibilidade de crescimento. Portanto, trata-se de um momento favorável ao questionamento do ato infracional e de sua própria situação de vida, em todos os seus aspectos sociais, históricos, jurídicos, políticos, culturais. É um momento que possibilita a criação de novas perspectivas, a partir do desenvolvimento de uma nova consciência e reflexividade no adolescente que cometeu o ato infracional, buscando que ele ressignifique sua história (Oliveira, 2003). Dessa forma, a medida socioeducativa deve ser planejada no sentido de oferecer novas oportunidades de desenvolvimento pessoal e social, visando à superação das dificuldades que levaram o jovem à prática do ato infracional (Costa, 2006; Volpi, 1997).

Porém, apesar dessas diretrizes estarem garantidas pela lei, observa-se que, na prática, ainda não contamos com propostas realmente efetivas e eficazes para intervir com sucesso junto aos casos de adolescentes em conflito com a lei. As dificuldades do sistema socioeducativo são numerosas e têm sido apontadas em estudos de diferentes áreas, como direito, psicologia, educação, pedagogia, sociologia entre outras (Brasil, 2006; Oliveira, 2001; Soares, 2000; Volpi, 1997).

Desse modo, ainda há muito a ser feito em se tratando do contexto socioeducativo. Gonçalves e Garcia (2007) apontam que a efetivação das políticas sociais previstas no ECA ainda está em andamento, já com avanços bastante significativos na vida de crianças e adolescentes no Brasil. As ações mais focadas seriam relativas à proteção social (educação fundamental, programas de suplementação de renda familiar associados à frequência escolar e ao combate ao trabalho infantil, atenção primária a gestantes e recém-nascidos etc.), o que favorece a prevenção da violência e da prática de atos infracionais. No entanto, as autoras apontam que é justamente nas relações sociais com os adolescentes em conflito com a lei que ainda existem barreiras para a efetivação da noção ampliada de cidadania, aspecto no qual o ECA ainda não tenha consolidado a sua prática. Nesse contexto, um dos principais desafios seria a superação das práticas criminalizantes, amparadas por uma cultura política que estigmatiza o adolescente autor de ato infracional e exige que ele simplesmente seja excluído e banido do convívio social numa espécie de higienização social.

É preciso lembrar que a abordagem da situação do adolescente autor de atos infracionais teve sempre uma visão penitenciarista, com o predomínio de uma tendência à punição, não sendo considerados princípios de suporte, educação ou desenvolvimento do jovem que cometeu atos infracionais. Essa perspectiva de intervenção, que surgiu desde longa data, ainda se mantém, embora esteja evidente que a mera prisão não é suficiente para a recuperação e o desenvolvimento desses jovens (Soares, 2000).

Quanto à medida de internação particularmente, cabe ressaltar que ela tem sido alvo de críticas frequentes, que se direcionam a diferentes aspectos da execução das medidas privativas de liberdade. Segundo Costa (2006), atualmente encontramos um sistema que, além de privar os adolescentes de sua liberdade, priva-os de outros direitos, como o respeito ao respeito, à dignidade, à privacidade, à identidade e à integridade física, psicológica e moral. É um grande desafio nesse sistema reconhecer que, ainda que tenha violado direitos de outrem, o adolescente permanece sendo sujeito de direitos, não podendo ser privado de nenhum outro direito, a não ser aquele objeto de decisão judicial (Oliveira, 2003). Uma consequência imediata dessa realidade de desrespeito aos direitos dos jovens é a ocorrência constante de revoltas, rebeliões, motins, levantes e, principalmente, os grandes índices de reincidência dos adolescentes institucionalizados. Esses fenômenos apontam para o fracasso do sistema de intervenção junto aos jovens que cometem atos infracionais, pois na prática ainda não consegue efetivar a garantia dos direitos desses jovens, prevista nos textos legais.

Costa (2005) salienta que a prevalência de experiências negativas, aliada à lacuna de experiências exitosas nesse contexto, tende a reforçar concepções que vinculam ao comportamento infracional um alto padrão de repetição e estabilidade. Percebe-se a sugestão que os sujeitos enredados nas tramas da prática infracional tenderão a continuar protagonizando infrações e crimes. Contudo, desconsidera-se ou é pouco avaliado como o próprio sistema de atendimento a essa população promove a repetição e a reincidência de atos infracionais, na medida em que não oferece condições concretas de recuperação e desenvolvimento desses indivíduos.

Do ponto de vista da estruturação das instituições de internação para adolescentes que cometem atos infracionais, Oliveira (2001) observa uma precarização generalizada dos serviços ofertados e condições de trabalho de profissionais que trabalham com essa população. Quanto aos jovens, não são garantidos as condições e os direitos propostos pelo ECA, pois essas instituições atuam superlotadas, em instalações físicas precárias, sem o atendimento técnico adequado, e ainda permitem a prática de maus-tratos aos internos. Quanto aos profissioinais, as condições de trabalho proporcionadas são bastante desfavoráveis. Eles não possuem um plano de carreira ou formação adequada, a jornada de trabalho é extremamente desgastante, inexistem espaços apropriados para refeições e outras atividades.

Em um sentido mais amplo, considera-se o estresse de quem coloca a vida em risco, e ainda o estigma relacionado ao desempenho desses funcionários, que frequentemente são desrespeitados ao receber qualificações como "incompetentes" e "violentos", por exemplo. Em virtude disso, torna-se um entrave para os funcionários trabalhar a partir da valorização da resiliência dos internos, justamente porque a própria instituição se descobre, na cena social, desamparada. Nesse sentido, a experiência institucional de internos e funcionários caracteriza-se por um intenso abandono (Oliveira, 2001), reproduzindo o descaso da sociedade com esses casos, que tende a querer eliminá-los do convívio (Gonçalves & Garcia, 2007; Oliveira & Assis, 1999).

Soares (2000) é enfático ao afirmar que todos sabemos que o sistema de internação é falido desde o seu nascimento. A cadeia pode ser considerada uma sociedade dentro de outra sociedade, com regras e leis próprias. O que ocorre nas cadeias pode, em certa medida, ser transposto para o sistema de internação para cumprimento de medida socioeducativa. A privação de liberdade por si só causa transtorno indelével ao comportamento de qualquer ser, de forma que é preciso enfatizar os efeitos positivos de outras práticas que ocorrem no contexto institucional para que a medida socioeducativa alcance seus objetivos no sentido da reconstrução do projeto de vida do jovem.

A esse respeito, Costa (2005) afirma que é inegável que a privação de liberdade produz efeitos, mas cabe aos trabalhadores do sistema socioeducativo garantir se esses efeitos serão positivos ou negativos na vida dos jovens. Essa autora salienta que o fator decisivo para direcioná-los como positivos ou negativos é considerar o encontro que se dá no contexto socioeducativo como um encontro caracterizado pelo estabelecimento de relações interpessoais. Assim, a perspectiva dos trabalhadores do sistema socioeducativo, bem como suas expectativas sobre os jovens, são fatores determinantes para o bom desenvolvimento do trabalho. Em outras palavras, a autora afirma que as históricas práticas coercitivas e estigmatizantes das instituições de privação de liberdade foram capazes de destituir o adolescente da condição de sonhador e construtor de um projeto de vida. Dessa forma, entende-se que por meio de novas práticas de proteção e promoção de cidadania pode-se promover o seu retorno à condição de sonhador, de construtor de seu projeto de vida e de participante de um projeto coletivo. Isso possibilitaria que mudanças significativas efetivamente ocorressem na trajetória de vida desses adolescentes.

O trabalho do psicólogo nesse contexto encontra algumas dificuldades específicas. Rosa (2006) observa dois obstáculos para os psicólogos que interferem no atendimento a esses jovens, são eles: I) o fato de que o adolescente em conflito com a lei não busca tratamento espontaneamente, ou seja, ele é *obrigado* a tratar-se; e II) a solicitação de atendimento das fontes encaminhadoras é da realização de um trabalho corretivo, ortopédico e de padronização às normas.

Quanto ao primeiro obstáculo, observamos que o mesmo interfere significativamente na construção da relação terapêutica. Sabe-se que é necessária uma demanda para atendimento formulada pelo próprio sujeito, sem o quê não é possível dar andamento a um trabalho terapêutico. Sem isso, o trabalho do psicólogo torna-se inviável, já que a relação com esse profissional será marcada pelas demais relações institucionais, caracterizadas pela imposição autoritária e pela desconsideração do desejo do adolescente.

Quanto ao segundo obstáculo – a demanda por tratamentos corretivos, ortopédicos e de formatação às normas – entende-se que essa demanda acarreta limitações ao próprio discurso e posicionamento do adolescente diante do psicólogo, que tenderá a corresponder a essas demandas ou então negá-las, conforme o caso. Essa situação impede a formulação de uma demanda própria, necessária para o estabelecimento da relação terapêutica e do próprio trabalho terapêutico.

Assim, o trabalho é delicado nesse campo de intervenções, pois, em um extremo, aborda-se o viés da opressão social, sustentando a queixa de que o adolescente é apenas vítima de um mundo repleto de injustiças; e, em outro extremo, aborda-se o viés da compreensão educativa, que desconsidera o sujeito e a manifestação de seu desejo (Rassial, 1999).

Nesse sentido, entende-se que o psicólogo precisa encontrar alternativas para enfrentar tais obstáculos que se impõem ao exercício do trabalho junto aos adolescentes autores de atos infracionais. O presente trabalho busca realizar uma reflexão e proposta de atendimento para adolescentes em conflito com a lei, a partir dos princípios da justiça restaurativa. Essa forma de trabalho objetiva a restauração de relações fragilizadas, utilizando recursos simbólicos para a superação de um funcionamento que prioriza a passagem ao ato.

Inicialmente apresentaremos algumas considerações sobre a dinâmica psíquica de adolescentes em conflito com a lei, fruto de estudos de caso empíricos com cinco adolescentes privados de liberdade para o desenvolvimento da dissertação de mestrado "Adolescência, Ato Infracional e Processos de Identificação: Estudo de Caso com Adolescentes Privados de Liberdade", junto ao Programa de Pós-graduação em Psicologia da Universidade Federal de Santa Maria. Então, discutem-se os princípios da justiça restaurativa e sua possibilidade de aplicação com adolescentes em conflito com a lei, pois se considera que essa forma de trabalho propicia, justamente, o desenvolvimento de vínculos, simbolizações e sentidos, que se encontravam precários ou ausentes em adolescentes que cometem atos infracionais.

A Dinâmica Psíquica dos Casos de Adolescentes em Conflito com a Lei: Fragilidade Psíquica e Passagem ao Ato

A partir da realização de estudos de caso empíricos com cinco adolescentes privados de liberdade para o desenvolvimento da dissertação de mestrado "Adolescência, Ato Infracional e Processos de Identificação: Estudo de Caso com Adolescentes Privados de Liberdade" (Zappe, 2011), junto ao Programa de Pós-graduação em Psicologia da Universidade Federal de Santa Maria, foi possível conhecer um pouco da dinâmica psíquica desses jovens.

Os jovens que pariciparam do estudo foram os seguintes: Igor[4], 18 anos de idade, interno há um ano e 11 meses pela prática de homicídio; Anderson, 18 anos de idade, interno há um mês pela prática de tentativa de homicídio; Cristofer, 15 anos de idade, interno há quatro meses pela prática de furtos; Pedro, 16 anos de idade, interno há três meses pela prática de furtos e Tiago, 17 anos, interno há um ano e dois meses pela prática de furtos.

As falas dos adolescentes evidenciaram alguns aspectos que estão associados com a prática de atos infracionais, como o uso de drogas, a presença de violência em suas trajetórias de vida e as fragilidades em suas relações familiares. Esses aspectos apontam para a existência de dificuldades no processo de construção de identidade, tendo em vista a falta de um quadro de referência. Essa expressão – quadro de referência – para Winnicott (1994) designa a função de sustento, amparo que a família deve exercer em relação a seus membros.

Em todos os casos investigados, identificamos no relato dos adolescentes que o uso de drogas foi a principal motivação para a prática de atos infracionais. Ao analisarmos a literatura, observamos que do ponto de vista da dinâmica psíquica, esse resultado encontrado apoia a ideia de que fenômenos como a drogadição e a delinquência possuem uma mesma estrutura psíquica subjacente, que tem origem na qualidade das relações objetais. Segundo Ranna (1998), existem três tipos de desarmonia nas relações objetais que estão implicadas na origem dessas estruturas: 1) a caracterizada pela privação decorrente de mãe depressiva, ausente ou deslibidinizada; 2) a caracterizada pela instabilidade e inconstância, na qual há grande desorganização quanto aos cuidados do bebê, a mãe com características agressivas e impulsivas, e a presença de violência nas relações familiares; 3) a caracterizada pela ausência da falta, pois o bebê possui uma mãe que é só presença, sem a vivência da ausência ou da falta.

Assim, o uso de drogas e a adoção de comportamentos delinquentes se configuram como sintomas de uma organização psíquica precária, que tende à passagem ao ato. Essa organização parece ser insuficiente para estabelecer a contenção dos impulsos e proteger do desamparo vivido por esses sujeitos. Nesse sentido, é compreensível termos encontrado, em nosso estudo, uma relação entre uso de drogas e prática de atos infracionais em praticamente todos os casos investigados.

O desamparo é uma noção que retoma a importância do outro na constituição subjetiva, pois indica uma situação em que alguém se encontra incapaz de sair-se bem por si próprio, ou seja, é dependente do outro. Freud (1930/1996) relaciona o desamparo com duas condições:

uma de prematuridade do recém-nascido, que depende totalmente do outro para satisfazer suas necessidades vitais, e outra existencial humana, na qual os indivíduos buscam encontrar um sentido para a vida. Assim, o desamparo refere-se a um estado de impotência diante de uma situação vivida como traumática ou desorganizadora. O caráter traumático está associado com a presença de um excesso de tensão ou excitação, que o aparelho psíquico não dá conta de elaborar, ou seja, que ultrapassa a capacidade de elaboração psíquica (Marin, 2002).

Essa incapacidade de simbolização, que caracteriza a situação de desamparo, está associada com a falta do outro como suporte e continência para o desenvolvimento psíquico, acarretando o que Marin (2002) designou como uma "situação catastrófica" diante de um trauma necessário, o trauma da separação. A possibilidade de representação dessa vivência, para que não se configure como catastrófica "depende justamente que o adulto significativo para essa criança (...) seja capaz de interpretar (simbolizar) as necessidades de sua cria, assumindo-a como um ser diferenciado dela" (Marin, 2002, p. 103). Isso significa que a mãe precisa ser um porta-voz eficiente para as demandas do filho, oferecendo um continente corporal adequado, pelo estabelecimento da "preocupação materna primária" (Winnicott, 1994).

O processo de diferenciação torna-se catastrófico, ou seja, insuportável, quando ssa relação adaptativa falha. Assim, fortes vivências de desamparo oriundas do temor da perda ou da falha das figuras de proteção e amor caracterizam o processo de subjetivação, e a passagem ao ato aparece como uma saída para dar conta do excesso não simbolizado. Assim, entendemos como, diante de vivências catastróficas que dificultam ou impossibilitam o processo de separação e individuação, a violência pode ser um recurso na busca desesperada de afirmação de um Eu.

Para Winnicott (1994), a agressividade, como uma forma de manifestação da violência, possui dois sentidos: por um lado, é uma reação à frustração e, por outro, é uma energia vital. Neste segundo sentido, ela está ligada ao prazer corporal, à busca de limites e à possibilidade de ir ao encontro com algo exterior. Assim, "a agressão está sempre ligada, desta maneira, ao estabelecimento de uma distinção entre o que é e o que não é o eu" (Winnicott, 1994, p. 98)

Winnicott (1994) apresenta uma descrição que liga a delinquência à privação da vida familiar, no sentido da falta de um quadro de referência, a partir do qual a criança poderia se desenvolver e construir sua identidade pessoal, operando a distinção entre o eu e o não eu. Assim, entende-se que a criança antissocial está buscando na sociedade o quadro de referência que necessita para transpor os primeiros estágios de seu desenvolvimento emocional, já que ela não o encontrou no meio familiar. Ela busca estabilidade e segurança, por meio do controle externo, que espera como resposta a seus atos antissociais, de forma que a delinquência pode ser entendida como um SOS, "pedindo o controle de pessoas fortes, amorosas e confiantes" (Winnicott, 1994, p. 122).

As representações de família, mãe e pai apresentadas pelos adolescentes que participaram do estudo de caso indicaram a falta do quadro de referência necessário para o desenvolvimento psicológico saudável, conforme desenvolvemos anteriormente. Nos relatos dos adolescentes, identificamos que as famílias vivenciam diversas fragilidades que dificultam o exercício de suas funções. Identificou-se, também, a presença de violência entre as relações familiares, desde momentos precoces do desenvolvimento dos participantes da pesquisa até dias atuais.

De um modo mais amplo, pode-se pensar que a presença de violência, principalmente doméstica, na história de vida desses adolescentes, é um indício da presença de outras violências, sobretudo uma violência estrutural, relacionada às condições socioeconômicas de vida. Os adolescentes pesquisados vivem em regiões precárias, fortemente marcadas pela presença de criminalidade e do tráfico de drogas. As fragilidades identificadas nas composições familiares de adolescentes que cometem atos infracionais também fazem parte desse contexto de violência estrutural, à medida que essas fragilidades se encontram carentes de amparo social. Estudos como os desenvolvidos por Dell'aglio, Benetti, Deretti, D'incao e Leon (2005), Feijó e Assis (2004), Carvalho e Gomide (2005), Priulli e Moraes (2007) e Rosa (1999) encontraram resultados similares aos aqui descritos.

Alguns dos adolescentes entrevistados apresentaram um relato, no qual a mãe é uma figura bastante valorizada, enquanto apontam dificuldades na relação com o pai. A valorização da mãe é questionada em alguns estudos, que sugerem tratar-se mais de uma idealização que uma construção baseada em vivências concretas. Essa ideia também está presente nos estudos realizados por Assis e Souza (1999) e Violante (1995), que demonstram que os adolescentes que cometeram atos infracionais mantêm imagens mais idealizadas de suas famílias. A presença de violência doméstica, o histórico de maus-tratos e as fragilidades encontradas nessas famílias também são fatores que apontam para a necessidade de uma problematização dessa idealização da figura materna. Assim, parece que a relação com o pai, embora descrita como ruim, parece estar mais próxima da realidade vivida por esses jovens.

Aqui retomamos a ideia de que delinquência e drogadição estão associadas com falhas em momentos precoces do desenvolvimento, principalmente com falhas relativas à relação mãe-bebê, as quais dificultaram o estabelecimento das experiências de separação e frustração, necessárias ao estabelecimento do eu (Marin, 2002; Ranna, 1998; Steffen, 2006). Lembramos que Winnicott (1994) salientou que a mãe suficientemente boa é aquela que sabe administrar a adaptação às necessidades do bebê, assim como a gradual desadaptação necessária para que a criança desenvolva uma existência pessoal. Dessa forma, é a mãe que vive a fusão com o filho e, gradualmente, desfaz essa fusão, ou seja, deixa de ser tudo para o filho. Diante disso, acreditamos que a mãe idealizada que aparece no discurso de alguns adolescentes seria a mãe da experiência fusional, a qual é construída no imaginário do adolescente justamente para dar conta da sua falta ou da impossibilidade de abandoná-la. Da mesma forma, seria esta a mãe buscada no furto, conforme proposto por Winnicott (1994), assim como a relação fusional que seria buscada por meio dos comportamentos de risco como a drogadição.

Apesar da relação com o pai ser vista pelos adolescentes como negativa, parece que o pai é efetivamente tomado como um modelo de identificação em alguns casos, sendo que essa identificação está diretamente relacionada com a prática de atos infracionais. O pai dos adolescentes foi apontado tanto como autor de violência doméstica (sendo as vítimas os próprios adolescentes, a mãe e/ou outros membros da família), quanto como autor de crimes contra terceiros como assaltos ou homicídios. Alguns já haviam sido presos pela prática desses crimes.

Acreditamos que essas representações de mãe e pai são indicativas da falta do quadro de referência necessário para o desenvolvimento psicológico saudável, conforme proposto por Winnicott (1994). A idealização da figura materna, que encobriria uma falta ou a incapacidade de separação, parece indicar que não se estabeleceu entre mãe e filho a relação adaptativa necessária como suporte ao desenvolvimento, ou ainda que essa relação não pôde ser abandonada para possibilitar uma existência pessoal. O pai, em muitos casos, ele mesmo autor de violência e usuário de drogas, falha ao introduzir a lei como suporte à renúncia da satisfação dos impulsos, já que sua própria submissão à lei parece precária. Assim, trata-se de situações em que a família falhou em seu papel de se constituir como um amparo, um suporte ao desenvolvimento.

No planejamento do estudo desenvolvido buscamos priorizar a fala dos adolescentes, incentivando a narrativa livre, o que se mostrou, para alguns, uma tarefa difícil. A maioria dos jovens entrevistados precisou ser questionado e incentivado para falar, sendo que isso variou de um caso para o outro. De modo geral, acreditamos que a dificuldade para falar que alguns participantes apresentaram estiveram relacionadas com as dificuldades na simbolização que eles apresentam e também com questões presentes ao contexto institucional. Com relação às falhas no processo de simbolização, elas estariam relacionadas com falhas no processo de estruturação psíquica e remetem às dificuldades no estabelecimento da distinção eu-outro (Marin, 2002; Ranna, 1998; Steffen, 2006). Com relação às questões institucionais, acredita-se que os jovens se mostraram resistentes em revelar aspectos de si e da própria vida, que poderia não estar condizente com o que eles acreditam que se espera deles (tanto no quanto às normas institucionais quanto às sociais). Além disso, alguns jovens demonstraram preocupação quanto ao destino de seus relatos, temendo que pudessem interferir em sua situação jurídica.

Assim, para entender a dinâmica psíquica dos casos de adolescentes em conflito com a lei, salientamos a pertinência das formulações de Winnicott (1994) para compreender o desenvolvimento humano, que associa a delinquência à privação da vida familiar, à falta de um quadro de referência a partir do qual a criança poderia se desenvolver e construir sua identidade pessoal, operando a distinção entre o eu e o não eu. Acreditamos que elementos pertencentes aos procedimentos de intervenção e filosofia da justiça restaurativa podem auxiliar significativamente no trabalho com adolescentes em conflito com a lei.

A Intervenção Direcionada aos Casos de Adolescentes em Conflito com a Lei: a Pertinência das Práticas Restaurativas

Na medida em que identificamos a falta de um quadro de referência familiar como suporte ao desenvolvimento dos jovens que se tornam autores de atos infracionais, ressalta-se a importância de trabalhos de cunho preventivo, no sentido da oferta de ambientes protetivos e favoráveis ao desenvolvimento. Essa proposta tem sido defendida em alguns estudos (Assis & Constantino, 2005; Del'Iaglio, Santos & Borges, 2004; Laranjeira, 2007; Oliveira & Assis, 1999).

A suscetibilidade demonstrada pelos adolescentes à nossa influência, bem como os aspectos relacionados à desejabilidade social merecem destaque. Trata-se de jovens em busca de referências para a construção de suas identidades e, assim, altamente suscetíveis à influência do outro, aspectos que podem ser explorados no contexto do trabalho institucional. Esses jovens parecem apresentar uma demanda primária de amor e identificação (Violante, 1995) em função das diversas privações psíquicas vivenciadas ao longo do desenvolvimento (Marin, 2002; Winnicott, 1994), de modo que a oferta de novos modelos de identificação se torna crucial para redirecionar seus projetos de vida. Dessa forma, é preciso superar as históricas práticas coercitivas e estigmatizantes que acarretam um distanciamento entre os socioeducadores e os jovens, acrescentando ainda mais danos à vida dos jovens institucionalizados (Oliveira & Assis, 1999).

A ênfase em trabalhos familiares e comunitários é outro aspecto que deve ser mencionado, pois a rede social tem um papel fundamental na compreensão, prevenção e no tratamento de jovens autores de atos infracionais, sendo a família um aspecto crucial a ser considerado (Branco, Wagner & Demarchi, 2008). Com isso, pode-se oferecer ao jovem o desenvolvimento da noção de pertencimento, de reconhecimento no coletivo do grupo comunitário, atendendo, assim, a uma necessidade fundamental do adolescente (Diógenes, 2008).

A ênfase na disciplina e na coerção que caracterizam as atuais práticas de trabalho com jovens institucionalizados favorece o acirramento das dificuldades do adolescente e precisa ser revistas. De modo mais amplo, acredita-se que as práticas do atual sistema de justiça enfatizam apenas a responsabilização, não oferecendo alternativas no sentido da reparação ou resolução de conflitos, as quais também precisam ser revistas para atender às necessidades do adolescente em conflito com a lei. Nesse sentido, propomos uma discussão a respeito dos procedimentos da Justiça Restaurativa (JR) como alternativas que favoreçam o desenvolvimento do adolescente e se mostram coerentes com o entendimento teórico que construímos a respeito do desenvolvimento do adolescente que comete ato infracional.

Nossos resultados demonstram os casos de adolescentes em conflito com a lei que se diferenciam dos casos clássicos, a partir dos quais a psicanálise foi inventada e se estabeleceu teórica e clinicamente. Assim, não se relacionam com os conflitos edípicos relativos à identidade sexual, mas com eventos mais precoces do ponto de vista da constituição psíquica, conforme podemos encontrar nas formulações de Ranna (1998), Marin (2002) e Steffen (2006). Esses casos, assim como exigem reformulações quanto ao modelo de entendimento, são situações que cobram também novos modos de intervenção. Winnicott (1994) já indicava essa necessidade, quando afirmava que o tratamento para a delinquência não é a psicanálise, mas uma provisão ambiental capaz de curar as fraturas psíquicas existentes.

Nesse sentido, acreditamos que procedimentos restaurativos se constituem como metodologias capazes de dar conta dessas questões, principalmente porque valorizam o desenvolvimento da autonomia, da restauração de relações fragilizadas e da comunicação como um meio privilegiado para a resolução de conflitos (Brancher, Todeschini & Machado, 2008). Assim se configuram como práticas que podem levar ao estabelecimento de um quadro de referência como suporte para o jovem prosseguir em seu desenvolvimento, além de enfatizar a utilização de recursos simbólicos, notadamente a fala, oportunizando a superação de um funcionamento que prioriza a passagem ao ato.

O modelo de Justiça Restaurativa (JR) se apresenta como uma alternativa ao atual sistema de justiça. Segundo Slakmon (2005), a JR se constitui como uma construção teórica, mas fundamentalmente como um modelo de práticas já testado e incorporado por diversos países, sendo, inclusive, recomendado pela Organização das Nações Unidas (ONU).

As ideias sobre a JR surgiram na década de 1970 nos Estados Unidos sob a forma de mediação entre réu e vítima. Depois disso, passaram a ser adotadas em outros países, como Chile, Argentina e Colômbia, com destaque para a experiência da Nova Zelândia. No Brasil, sua presença ainda é incipiente, por meio de experiências isoladas, como a da Terceira Vara do Juizado da Infância de Porto Alegre, iniciada em 2002, segundo dados divulgados por Slakmon (2005).

Segundo Brancher, Todeschini e Machado (2008), a JR é um novo modelo de Justiça cuja ênfase recai na restauração das relações prejudicadas por situações de violência. Valoriza a autonomia e o diálogo, criando oportunidades para que as pessoas envolvidas em conflitos possam conversar e entender a situação, buscando formas não violentas para superá-la. Uma das premissas da JR é a de que os conflitos se originam em situações de carência, em que necessidades fundamentais não foram satisfeitas. Nesse sentido, pode-se afirmar que o modelo da JR parte de um pressuposto bastante semelhante ao entendimento que propomos neste estudo, a partir da consideração de Winnicott (1994) que liga a delinquência à privação da vida familiar e de um quadro de referência.

As práticas da JR se concentrarão no atendimento dessas necessidades como necessário ao enfrentamento das situações de conflito, sendo que um dos valores considerados fundamentais nesse modelo é o de empoderamento. Esse significa o fortalecimento dos sujeitos envolvidos em situações de violência e conflito, que buscam o atendimento de suas necessidades. Sua abordagem tem o foco nas necessidades determinantes e emergentes do conflito, de forma a aproximar e corresponsabilizar todos os participantes, procurando, assim, restaurar laços sociais, compensar danos e gerar compromissos futuros mais harmônicos. O modelo da JR se materializa por intermédio das práticas circulares, entre elas, o Círculo Restaurativo.

O Círculo Restaurativo é um encontro entre pessoas diretamente envolvidas em uma situação de violência ou conflito, seus familiares, seus amigos e a comunidade. Esse encontro, orientado por um coordenador, segue um roteiro predeterminado, proporcionando um espaço seguro e protegido onde as pessoas podem abordar o problema e construir soluções para o futuro. Ao privilegiar a presença de familiares e da comunidade, essas práticas atendem ao que apontam alguns estudos que abordam os casos de adolescentes em conflito com a lei. As práticas que enfatizam a participação da família e da comunidade têm se mostrado mais bem-sucedidas, como apontam os estudos de Oliveira e Assis (1999) e Costa (2005), entre outros.

As práticas restaurativas compreendem um conceito ampliado de justiça, que transcende a aplicação meramente judicial de princípios e valores da JR. Sendo assim, essas práticas podem ser pensadas no sentido do trabalho cotidiano com adolescentes institucionalizados. Como um procedimento que valoriza a palavra e busca a restauração de relações fragilizadas, parece-nos adequado para atender às necessidades de adolescentes autores de atos infracionais. Como vimos, os participantes desse estudo apresentaram histórias que se caracterizaram pela existência de rupturas e carências afetivas ao longo do desenvolvimento, o que pode ser trabalhado a partir de práticas restaurativas. Algumas iniciativas, nesse sentido, já têm sido desenvolvidas em instituições socioeducativas, as quais têm se mostrado bastante apropriadas, embora ainda precisem ser mais bem compreendidas e investigadas.

Por fim, acredita-se que o modelo da JR possibilita a superação do tradicional modelo de justiça, que enfatiza apenas a identificação de culpados e a punição. Isso se mostra insuficiente para o atendimento dos casos de adolescentes em conflito com a lei que, como vimos, apresentam necessidades mais fundamentais, como de um quadro de referência que possibilite superar o desamparo em vista do desenvolvimento pessoal.

Referências

Assis, S. G. & Constantino, P. (2005). Perspectivas de prevenção da infração juvenil masculina. *Ciência e Saúde Coletiva*, 10 (1), 81-90.

Assis, S. G. & Souza, E. R. (1999). Criando Caim e Abel – Pensando a prevenção da infração juvenil. *Ciência & Saúde Coletiva*, 4 (1), 131-144.

Brancher, L., Todeschini, T. B. & Machado, C. (2008). *Justiça para o Século 21: instituindo práticas restaurativas. Círculos restaurativos: como fazer? Manual de procedimentos para coordenadores*. Porto Alegre, RS: AJURIS.

Branco, B. M., Wagner, A. & Demarchi, K. A. (2008). Adolescentes infratores: rede social e funcionamento familiar. *Psicologia: reflexão e crítica*, 21 (1), 125-132.

Brasil (2006). *Direitos Humanos: um retrato das unidades de internação de adolescentes em conflito com a lei*. Brasília-DF: Conselho Federal de Psicologia, 2006.

Brasil. (1990). *Estatuto da criança e do adolescente*. Brasília-DF: CONANDA, 1990.

Costa, A. C. G. (2006) *Parâmetros para formação do socioeducador: uma proposta inicial para reflexão e debate*. Brasília: Secretaria Especial dos Direitos Humanos.

Costa, C. R. B. S. F. da (2005). É possível construir novos caminhos?: Da necessidade de ampliação do olhar na busca de experiências bem-sucedidas no contexto socioeducativo. *Estudos e Pesquisas em Psicologia*, 5 (2), 79-95.

Dell'aglio, D. D., Benetti, S. P. C., Deretti, L., D'incao, D. B. & Leon, J. S (2005). Eventos estressores no desenvolvimento de meninas adolescentes cumprindo medidas socioeducativas. *Paideia*, 15 (30), 119-129.

Dell'aglio, D. D., Santos, S. S. & Borges, J. L (2004). Infração Juvenil Feminina: Uma Trajetória de Abandonos. *Interação em Psicologia*, 8 (2), 191-198.

Diógenes, G. (2008). *Cartografias da Cultura e da Violência: Gangues, galeras e movimentos hip hop*. São Paulo: Annablume.

Freud, S. (1996). O mal-estar na civilização. In: FREUD, S. *Obras psicológicas completas de Sigmund Freud: edição standard brasileira*. Rio de Janeiro: Imago. (Original published in 1930)

Goncalves, H. S. & Garcia, J. (2007). Juventude e sistema de direitos no Brasil. *Psicologia, ciência e profissão*, Brasília, 27 (3), p.

Laranjeira, C. A (2007). A análise psicossocial do jovem delinquente: uma revisão de literatura. *Psicologia em estudo*, 12 (2), 221-227.

Marin, I. S. K (2002). *Violências*. São Paulo: Escuta/Fapesp.

Marin, I. S. K. (2009). A clínica institucional da adolescência (Entre o aborrescente e o herói: quem é o adolescente na escuta psicanalítica? *Revista Brasileira Adolescência e Conflitualidade*, 1 (1): xxxii-xiii.

Oliveira, C. S. de (2001). *Sobrevivendo no inferno: a violência juvenil na contemporaneidade*. Porto Alegre, Sulina.

Oliveira, E. R (2003). *Ensinando a não sonhar: a antipedagogia oficial destinada a adolescentes infratores no Rio de Janeiro*. Katalysis, 6 (1), 85-95.

Oliveira, M. B. & Assis, S. G. (1999). Os adolescentes infratores do Rio de Janeiro e as instituições que os "ressocializam". A perpetuação do descaso. *Cadernos de Saúde Pública*, 15 (4), 831-844.

Ranna, W (1998). Violência no corpo – violência na mente. In: LEVISKY, D. L. (org.) *Adolescência: pelos caminhos da violência: a psicanálise na prática social* (pp. 65-73). São Paulo: Casa do Psicólogo.

Rassial, J. J (1999). *O adolescente e o psicanalista*. Rio de Janeiro: Companhia de Freud.

Rosa, M. D (1999). O discurso e o laço social dos meninos de rua. *Psicologia USP*, 10 (2), 205-217.

Rosa Junior, N. C. D. F. da (2006). *Adolescência e violência: Direção do tratamento psicanalítico com adolescentes em conflito com a lei*. Dissertação (Mestrado em Psicologia), Universidade Federal do Rio Grande do Sul.

Slakmon, C. et al. (orgs) (2005). *Justiça Restaurativa: coletânea de artigos*. Brasília, Ministério da Justiça.

Soares, J. J. B. S. (2000).O Sistema Socioeducativo no âmbito do estado do Rio de Janeiro: panorama atual e perspectivas. In: BRITO, L. M. T. (Coord.). *Responsabilidades: ações socioeducativas e políticas públicas para a infância e juventude no Estado do Rio de Janeiro* (pp. 27-46). Rio de Janeiro: EdUERJ, 2000.

Stefen, M. I. M (2006). Delinquência: privação, trauma e passagem ao ato. *Pulsional Revista de Psicanálise*, XIX (188), 82-86.

Violante, M. L. V (1995). *A criança mal-amada. Estudo sobre a potencialidade melancólica*. Rio de Janeiro: Vozes.

Volpi, M (1997). *O adolescente e o ato infracional*. São Paulo: Cortez.

Winnicott, D. W (1994). *Privação e delinquência*. São Paulo: Martins Fontes.

Zappe, J. G. (2011). *Adolescência, Ato Infracional e Processos de Identificação: Estudo de Caso com Adolescentes Privados de Liberdade*. Dissertação (Mestrado em Psicologia), Universidade Federal de Santa Maria.